Harry Zingel

IFRS Arbeitsbuch

Harry Zingel ist Diplom-Betriebswirt und Programmierer. Er leitet Lehrgänge zum Bilanzbuchhalter an der IHK und prüft u.a. im Lehrgang »Bilanzbuchhalter International«. Darüber hinaus ist er Autor mehrerer Bücher zu den Themen Rechnungswesen und Controlling sowie Programmierer und Autor der BWL-CD.

Harry Zingel

IFRS Arbeitsbuch

WILEY-VCH Verlag GmbH & Co. KGaA

1. Auflage 2006

Bibliografische Information Der Deutschen Bibliothek
Die Deutsche Bibliothek verzeichnet diese Publikation in der Deutschen Nationalbibliografie; detaillierte bibliografische Daten sind im Internet über <http://dnb.ddb.de> abrufbar.

© 2006 WILEY-VCH Verlag GmbH & Co. KGaA, Weinheim.

Alle Rechte, insbesondere die der Übersetzung in andere Sprachen, vorbehalten. Kein Teil dieses Buches darf ohne schriftliche Genehmigung des Verlages in irgendeiner Form – durch Photokopie, Mikroverfilmung oder irgendein anderes Verfahren – reproduziert oder in eine von Maschinen, insbesondere von Datenverarbeitungsmaschinen, verwendbare Sprache übertragen oder übersetzt werden. Die Wiedergabe von Warenbezeichnungen, Handelsnamen oder sonstigen Kennzeichen in diesem Buch berechtigt nicht zu der Annahme, dass diese von jedermann frei benutzt werden dürfen. Vielmehr kann es sich auch dann um eingetragene Warenzeichen oder sonstige gesetzlich geschützte Kennzeichen handeln, wenn sie nicht eigens als solche markiert sind.

Gedruckt auf säurefreiem Papier.

Printed in the Federal Republic of Germany.

Druck Strauss GmbH, Mörlenbach
Bindung Litges & Dopf Buchbinderei GmbH, Heppenheim

ISBN-13: 978-3-527-50208-0
ISBN-10: 3-527-50208-4

Inhaltsübersicht

1. Einführung der IFRS in Deutschland 9
2. Grundgedanken der internationalen Rechnungslegung 21
3. Der internationale Regelungsgeber 25
4. Grundstruktur der Standards 29
5. Übersicht über die einzelnen IAS 61
6. Übersicht über die einzelnen IFRS 187
7. Anhang 207

Inhaltsverzeichnis

1. **Einführung der IFRS in Deutschland** 9
1.1. Warum internationale Rechnungslegung? 9
1.1.1. Politische Gründe 9
1.1.2. Sachliche Gründe 9
1.2. Die erste Einführung 1998 11
1.3. Die erweiterte Einführung ab 2005 11
1.3.1. IFRS für (fast) alle 13
1.3.2. Das Zulassungsverfahren 14
1.3.3. Reformen im Handelsrecht im Vorfeld der IFRS-Einführung ... 15
1.3.3.1. Einführen und eingemeinden 15
1.3.3.2. Das Zehn-Punkte-Programm 16
1.3.3.3. Anlegerschutz statt Vorsichtsprinzip 19

2. **Grundgedanken der internationalen Rechnungslegung** 21
2.1. Grundlegende Rechtsbereiche 21
2.2. Normen-Philosophie 22

3. **Der internationale Regelungsgeber** 25
3.1. Das IASB und seine Grundstruktur 25
3.2. Die Organe des IASB 25
3.3. Repräsentation internationaler Organisationen 27

4. **Grundstruktur der Standards** 29
4.1. IAS und IFRS 29
4.2. Gesamtstruktur der Standards 31
4.3. Übersicht über das Framework 32
4.4. Übersicht über die Standards 34
4.5. Übersicht über die Interpretations 37
4.6. Ziele und grundsätzliche Eigenschaften der IFRS-Rechnungslegung ... 39
4.6.1. Grundgedanken im Framework 39
4.6.2. Das Gesamtkonzept 42
4.6.3. Grundsätzliche Definitionen 43
4.6.4. Bewertungsprobleme 48
4.6.5. Bestandteile des Jahresabschlusses 51
4.6.5.1. Mindestumfang der Bilanz 52
4.6.5.2. Die Eigenkapitalveränderungsrechnung 54
4.6.5.3. Mindestumfang der GuV 56
4.6.5.4. Weitere Inhalte des Jahresabschlusses 57
4.7. Fristen, Termine, Stichtage 57
4.7.1. Abschlußstichtag und Rechnungsperiode 57
4.7.2. Fast close 57

5.	Übersicht über die einzelnen IAS	61
5.1.	IAS 1: Presentation of Financial Statements	61
5.1.1.	Grundsätzliche Prinzipien	62
5.1.2.	Die Bilanz	64
5.1.3.	Die GuV-Rechnung	67
5.1.1.	Weitere Inhalte	70
5.2.	IAS 2: Inventories	74
5.3.	IAS 7: Cash Flow Statements	77
5.4.	IAS 8: Accounting Policies, Changes in Accounting Estimates, and Errors	80
5.4.1.	Die Behandlung von Bilanzfehlern	81
5.4.2.	Steuerliche Probleme bei Bilanzkorrekturen	83
5.4.3.	Das Bilanzkontrollverfahren	84
5.5.	IAS 10: Events After the Balance Sheet Date	85
5.6.	IAS 11: Construction Contracts	88
5.7.	IAS 12: Income Taxes	92
5.8.	IAS 14: Segment Reporting	96
5.9.	IAS 16: Property, Plant and Equipment	100
5.10.	IAS 17: Leases	105
5.11.	IAS 18: Revenue	111
5.12.	IAS 19: Employee Benefits und IAS 26: Accounting and Reporting by Retirement Benefit Plans	113
5.13.	IAS 20: Accounting for Government Grants and Disclosure of Government Assistance	120
5.14.	IAS 21: The Effects of Changes in Foreign Exchange Rates	122
5.15.	IAS 23: Borrowing Costs	126
5.16.	IAS 24: Related Party Disclosures	129
5.17.	IAS 27: Consolidated and Separate Financial Statements	132
5.18.	IAS 28: Investments in Associates	140
5.19.	IAS 29: Financial Reporting in Hyperinflationary Economies	143
5.20.	IAS 30: Disclosures in the Financial Statements of Banks and Similar Financial Institutions	145
5.21.	IAS 31: Financial Reporting of Interests in Joint Ventures	148
5.22.	IAS 32: Financial Instruments: Disclosure and Presentation und IAS 39: Financial Instruments: Recognition and Measurement	151
5.22.1.	Grundlegende Definitionen	152
5.22.2.	Häufige Arten von Financial Instruments	154
5.22.3.	Derivate	155
5.22.4.	Sicherungsgeschäfte	157
5.22.5.	Bewertung und bilanzieller Ausweis	158
5.23.	IAS 33: Earnings per Share	160
5.24.	IAS 34: Interim Financial Reporting	162
5.25.	IAS 36: Impairment of Assets	164
5.25.1.	Identifikation des wertgeminderten Vermögensgegenstandes	164
5.25.2.	Grundgedanken der Bewertung	165
5.25.3.	Ausweis des Wertverlustes	166
5.25.4.	Weitere Impairment-Fälle	167
5.26.	IAS 37: Provisions, Contingent Liabilities and Contingent Assets	168
5.27.	IAS 38: Intangible Assets	172
5.27.1.	Definitionen	172
5.27.2.	Erstbewertung	173
5.27.3.	Forschung und Entwicklung	173
5.27.4.	Folgebewertung	174

5.27.5.	Angaben	175
5.27.5.	Exkurs 1: Markenrechte als immaterielle Vermögensgegenstände	175
5.27.6.	Exkurs 2: Bilanzierung von Webseiten	179
5.28.	IAS 40: Investment Property	181
5.29.	IAS 41: Agriculture	184
5.30.	Die nächsten Standards	186
6.	**Übersicht über die einzelnen IFRS**	**187**
6.1.	IFRS 1: First-time Adoption of International Financial Reporting Standards	187
6.2.	IFRS 2: Share-based Payment	190
6.3.	IFRS 3: Business Combinations	194
6.4.	IFRS 4: Insurance Contracts	198
6.5.	IFRS 5: Non-current Assets Held for Sale and Discontinued Operations	202
6.6.	IFRS 6: Exploration for and Evaluation of Mineral Assets	205
7.	**Anhang**	**207**
7.1.	Synoptische Übersicht HGB–IFRS/IAS	207
7.2.	Glossar wichtiger Begriffe	220
7.3.	Abkürzungen	229
7.4.	Literatur	231
7.4.1.	Print	231
7.4.2.	Internet	232
7.5.	Index	233

1.
Einführung der IFRS in Deutschland

1.1. Warum internationale Rechnungslegung?

1.1.1. Politische Gründe

Ganz einfach: in einer globalisierten Welt sind globalisierte Standards erforderlich. Wenn Güter, Kapital und Menschen grenzüberschreitend beweglich sein sollen, dann ist es ein großes Hindernis, wenn jedes Land noch seinen eigenen Rechnungslegungsvorschriften folgt. Spätestens seit dem Ende des kalten Krieges wurde daher der Bedarf nach Vereinheitlichung immer sichtbarer; der Vertrag von Maastricht, der ab 1992 den einheitlichen europäischen Wirtschaftsraum begründete, enthält damit zugleich auch den Keim einer Vereinheitlichung und Öffnung auf dem Gebiet des Rechnungswesens. In gewisser Weise könnte man also sagen, daß die Einführung der IFRS eine Folge aus den vier Freiheiten[1] des EU-Vertrages sind.

Wie wir es von Europa gewohnt sind, dauert es aber noch Jahrzehnte, bis es auch endlich passiert.

1.1.2. Sachliche Gründe

Nach und nach geriet der deutsche Jahresabschluß in den vergangenen Jahren immer mehr in den Mittelpunkt der Kritik, und das sind die Hauptargumente der Kritiker:

- Durch die Möglichkeit, stille Reserven zu bilden, um sie in wirtschaftlich »schlechteren« Zeiten aufzulösen, entsteht eine Verschleierung der tatsächlichen wirtschaftlichen Situation des Unternehmens.
- Das Vorsichtsprinzip und das Maßgeblichkeitsprinzip, zwei wichtige Grundsätze deutscher Rechnungslegung, schränken die Infor-

[1] Der Vertrag von Maastricht sah erstmals die Dienstleistungsfreiheit, die Personenverkehrsfreiheit, die Warenverkehrsfreiheit und die Kapitalverkehrsfreiheit als unmittelbare Rechte des einzelnen vor.

mationsfunktion erheblich ein. Die Aussagefähigkeit wird weiterhin von der Bewertung der Bestände beeinflußt. Sie sind höchstens zu Anschaffungs- oder Herstellungskosten oder zu niedrigen Stichtags- oder Buchwerten bewertet. Gegenüber den Bilanzwerten können die Zeitwerte am Bilanzstichtag aber höher sein. Nach deutscher Bilanztradition soll der Kaufmann »eher zu arm als zu reich rechnen«, damit vor allem zum Gläubigerschutz, aber auch zur Vermeidung ungerechtfertigter Gewinnausschüttung die Jahresabschlüsse keine überhöhten Vermögenswerte und Ergebnisse ausweisen. Oft wird daher behauptet, die Bilanz vermittele kein den wirklichen Gegebenheiten entsprechendes Bild der Vermögens- und Ertragslage des Unternehmens, obwohl genau dies aber in § 238 Abs. 1 Satz 2 HGB gefordert wird.

In den IFRS ist der Jahresabschluß fast ausschließlich an der Informationsfunktion orientiert. F 9 zählt ausdrücklich Abschlußadressaten auf. Das äußert sich in wesentlich realitätsnäheren Bewertungen und vollständiger Erfassung der Bilanzobjekte. Die Regelungen der Standards ähneln daher vielfach denen des deutschen Steuerrechts, das ja ebenfalls kein überbordendes Vorsichtsprinzip kennt. Der Schwerpunkt der internationalen Rechnungslegung liegt dabei auf der Darstellung des Periodenergebnisses sowie seiner Entstehung und Zusammensetzung. Die Eigen- und Fremdkapitalgeber und sonstigen Bilanzleser werden informiert, wie profitabel das Unternehmen arbeitet und wieviel liquide Mittel sie durch eine Investition aus dem Unternehmen abschöpfen können (F 12 ff). Durch die Vermittlung der Unternehmensinformation soll ein Beitrag zur Effizienz der Märkte geleistet werden. Aufgrund dieser Dominanz der Informationsfunktion und der hohen Konzernquote besitzt der Konzernabschluß eine wesentlich höhere Bedeutung als der Einzelabschluß.

Dies verdeutlich auch, daß Banken aufgrund von Abschlüssen, die nach den internationalen Regelungen gefertigt sind, die Bonität ihrer Kreditschuldner besser bewerten und insbesondere Insolvenzgefahren leichter erkennen können. Das wird relevant, wenn demnächst die Neuregelungen durch das Basel-II-Abkommen greifen und ein Rating-Prozeß zur Voraussetzung für die Kreditvergabe gemacht wird.

Durch die »wahrheitsgemäßere« Präsentation wirtschaftlicher Sachverhalte ist die internationale Rechnungslegung daher auch besser als Führungsinstrument geeignet. Das artikuliert sich auch in einer viel geringeren Unterscheidung zwischen »Kosten« und »Aufwendungen«: die im deutschen internen Rechnungswesen so hohen und verbreiteten kalkulatorischen Kosten spielen in einem auf den IFRS aufgebauten Rechnungswesen nur eine untergeordnete Rolle.

Wieweit die deutsche Politik aber mit Einführung der IFRS auch das eigene Haus aufräumt, bleibt abzuwarten: während das sogenannte Maßgeblichkeitsprinzip von einer prinzipiellen Deckung des handelsrechtlichen und des steuerrechtlichen Abschlusses ausgeht, wurde diese Übereinstimmung im deutschen Recht mit den Jahren schleichend aufgegeben. Insbesondere nach dem Antritt der rot-grünen Bundesregierung im Herbst 1998 wurden eher widersprüchliche Neuregelungen in Kraft gesetzt. Die teilweise Abschaffung der Teilwertabschreibung im Steuerrecht (§ 6 Abs. 1 Nr. 1 und 2 EStG), die jedoch im Handelsrecht nach wie vor als »außerordentliche« Abschreibung vorgeschrieben blieb, ist ein gutes Beispiel, denn so widersprechen einander die Handels- und die Steuerbilanz nunmehr direkt: Solche Widersprüche wird es auch zwischen den IFRS und dem deutschen Steuerrecht geben, um so mehr, als die Standards von einer übernationalen Einrichtung geschaffen werden, die sich um die deutschen Steuergesetze vermutlich nicht sehr kümmern werden. Also wieder ein Standortnachteil? Warten wir's ab...

1.2. Die erste Einführung 1998

Durch das damalige Kapitalaufnahme-Erleichterungsgesetz (KapAEG) wurde am 20. April 1998 der damalige § 292a HGB in das Handelsgesetzbuch eingefügt. Durch diese Regelung wurde es erstmals möglich, daß ein begrenzter Kreis deutscher Unternehmen ihre Rechnungslegung nach internationalen Standards führt und offenlegt. Die Bundesregierung unter Helmut Kohl hatte damit zwar keinen großen Wurf, sondern einen ersten, bescheidenen Schritt auf die Internationalisierung der deutschen Wirtschaft hin getan. Dennoch haben sich aufgrund der nebenstehenden Neuregelung die International Financial Reporting Standards (IFRS) seitdem in der deutschen Bilanzwelt etabliert, nachdem sie zuvor viele Jahre recht stiefmütterlich behandelt und teilweise sogar schon »heimlich«, d.h. ohne Verpflichtung angewandt worden sind. Das zeigt einerseits, daß es trotz der hohen Steuern und Arbeitskosten noch immer eine ganze Zahl von Konzernmuttergesellschaften mit Sitz in Deutschland gibt; andererseits ist es aber auch ein Indiz für die wachsende internationale Verflechtung der deutschen Wirtschaft.

Ab 2005 wurde die Verpflichtung zur Rechnungslegung nach IFRS erheblich erweitert.

1.3. Die erweiterte Einführung ab 2005

Ab 2005 werden nach dem neuen § 315a HGB alle in der EU ansässigen Mutterunternehmen, auf die Artikel 4 der Verordnung (EG) Nr. 1606/2002 des Europäischen Parlaments und des Rates vom 19. Juli 2002 betreffend die Anwendung internationaler Rechnungslegungsstandards (ABl. EG Nr. L 243 S. 1) in der jeweils geltenden Fassung keine Anwendung findet, in die internationale Rechnungslegung einbezogen. Sogenannte »kapitalmarktnahe« Unternehmen, für die bis zum jeweiligen Bilanzstichtag die Zulassung eines Wertpapiers im Sinne des § 2 Abs. 1 Satz 1 WpHG zum Handel an einem organisierten Markt im Sinne des § 2 Abs. 5 WpHG beantragt worden ist, werden dann verpflichtet, die internationale Rechnungslegung anzuwenden:

> Artikel 4 der Verordnung (EG) Nr. 1606/2002 des Europäischen Parlaments und des Rates vom 19. Juli 2002:
>
> **Konsolidierte Abschlüsse von kapitalmarktnahen Gesellschaften**
>
> »Für Geschäftsjahre, die am oder nach dem 1. Januar 2005 beginnen, stellen Gesellschaften, die dem Recht eines Mitgliedslandes unterliegen, ihre konsolidierten Abschlüsse nach den internationalen Rechnungslegungsstandards auf, die nach dem Verfahren des Artikels 6 Abs. 2 übernommen wurden, wenn am jeweiligen Bilanzstichtag ihre Wertpapiere in einem beliebigen Mitgliedsstaat zum Handel in einem geregelten Markt im Sinne des Artikels 1 Abs. 13 der Richtlinie 93/22/EWG des Rates vom 10. Mai 1993 über Wertpapierdienstleistungen zugelassen sind.«

Andere Konzernunternehmen sind zur Rechnungslegung nach IFRS berechtigt. Auf diese Weise wird das Rechnungswesen deutscher Konzerne in erheblicher Weise internationalisiert und übernational vereinheitlicht.

Faktisch war das übrigens eine Einführung schon 2004: Da ein IFRS-Abschluß nämlich Vorjahreszahlen benötigt, mußten diese in 2005 schon für 2004 vorliegen, um für 2005 den ersten IAS-konformen Jahresabschluß vorlegen zu können.

Für Unternehmen, die bisher schon nach US-GAAP bilanzieren, gibt es übrigens eine Übergangsfrist bis 2007, was einerseits bedeutet, daß US-GAAP nach diesem Zeitpunkt in Europa nicht mehr angewandt werden darf, andererseits aber auch, daß US-GAAP und die IFRS dann möglicherweise so ähnlich geworden sind, daß der Umstieg keinen nennenswerten Aufwand mehr bedeutet. Auf diese Art grenzt Europa sich auch von den USA ab und wird damit selbstbewußter. Die faktische Abschaffung von US-GAAP entspricht dem Prozeß, den die Wirtschaftswissenschaftler als »Triadisierung« bezeichnen, d.h., als die Aufteilung der Welt in Machtblöcke mit fortschreitender wirtschaftlicher und institutioneller Integration.

1.3.1. IFRS für (fast) alle

Von der Verordnung sind zunächst nur etwa 7.000 börsennotierte Unternehmen in der EU unmittelbar betroffen. Sie erstellen ihre konsolidierten Abschlüsse ab 2005 nach den IFRS, was oft eine erneute Umstellung bedeutet, denn viele haben schon gegen Ende des alten bzw. Anfang des neuen Jahrtausends auf US-GAAP umgestellt. Offengelassen wurden im wesentlichen drei Fragen, nämlich die nach den anzuwendenden Vorschriften bei den

- Konzernabschlüssen nicht kapitalmarktorientierter Unternehmen,
- Einzelabschlüssen kapitalmarktorientierter Unternehmen und
- Einzelabschlüssen anderer Unternehmen.

Diese bleiben nach Lage der Dinge zunächst bei den jeweils nationalen Regelungen, obwohl die Verordnung den Mitgliedsstaaten freie Hand für eigene Regelungen läßt. Es zeichnet sich aber ab, daß in nicht zu ferner Zukunft auch diese Unternehmen und sogar kleine und mittelständische Unternehmen in die Verpflichtung zur Anwendung der IFRS einbezogen werden.

Der Übergang zu den IFRS bedeutet zunächst erhebliche zusätzliche Kosten, vor allem im ersten Jahr der Anwendung (und, wegen der Vergleichszahlen, im Jahr zuvor). Zu diesen Kosten gehören insbesondere

- Anpassung (*customization*) von Softwaresystemen wie SAP® oder Navision®,
- Schulung der Mitarbeiter,
- externe Beratungsleistungen.

Diese Investition wird sich jedoch langfristig durch mehr Transparenz, Synergieeffekte und Kosteneinsparungen bezahlt machen. Dies wird zu einer Steigerung der Wettbewerbsfähigkeit der europäischen Wirtschaft beitragen.

Tatsächlich trägt es aber auch zu wachsender Bedrohung von Arbeitsplätzen im Rechnungswesen in Deutschland bei, denn durch einheitliche Standards können aufgrund der Dienstleistungsfreiheit auch Mitarbeiter aus dem Rechnungswesen anderer europäischer Länder in Deutschland tätig werden oder deutsche Unternehmen ihr Rechnungswesen in Drittstaaten auslagern. Es wundert daher nicht, daß viele große Unternehmen bereits heute ihre Rechnungslegung nach Osteuropa verlagert haben, wo Buchhalter zu einem Bruchteil der deutschen Personalkosten zu haben sind.

Hier befindet sich übrigens ein erhebliches Problem, das derzeit noch immer völlig ungelöst ist. So regelt § 146 Abs. 2 AO, daß in Deutschland ansässige Steuerpflichtige auch in Deutschland Bücher führen müssen. Eine Verlagerung der Buchführung ins Ausland, also ein Outsourcing der Dienste des Rechnungswesens, wäre nach dieser Regelung unzulässig – offensichtlich, um deutschen Steuerpflichtigen etwas besser auf die Finger und in die Bücher schauen zu können.

Diese Regelung steht aber im direkten Widerspruch zum EGV, der ausländische Diensteanbieter in Deutschland ausdrücklich zuläßt – nachzulesen übrigens auch im Steuerberatungsgesetz, das in § 3 Nr. 4 StBerG Anbieter aus anderen EU-Staaten (und sogar der Schweiz!) ausdrücklich zur geschäftsmäßigen Hilfeleistung in Steuersachen in Deutschland zuläßt. Das Steuerrecht befindet sich damit in direktem Widerspruch zum Europarecht. Die überfällige Lösung dieses Problems wird vermutlich wieder einer unberechenbaren Rechtsprechung überlassen.

1.3.2. Das Zulassungsverfahren

Die Verordnung sieht keine vollständige Einführung der IAS/IFRS-Vorschriften auf einer »As-it-is«-Basis vor. Vielmehr müssen alle Standards zunächst von einem europäischen Gremium bestätigt und zur Anwendung zugelassen werden (»*endorsement mechanism*«). Offensichtlich mißtraut man also immer noch der marktnahen, privatwirtschaftlichen Reglementierung des Rechnungswesens. Insbesondere gibt es für diesen Zweck einen auf politischer Ebene angesiedelten Regelungsausschuß und einen mit Fachleuten besetzten technischen Ausschuß. Letzterer ist die *European Financials Reporting System Advisory Group* (EFRAG), die zur Kontrolle neuer IFRS-Regelungen und zur Ausarbeitung von Stellungnahmen eingerichtet wurde. Entscheidungsführendes Gremium ist das ARC (*Accounting Regulatory Committee*), das sich aus Vertretern der Regierungen und Aufsichtsbehörden zusammensetzt.

Diese beiden Gremien verfahren dann wie folgt:

- Die Kommission schlägt dem Ausschuß die Annahme (oder Ablehnung) eines bestimmten IAS bzw. IFRS vor. Dem Vorschlag liegt ein Bericht der Kommission bei, in dem der betreffende Rechnungslegungsgrundsatz beschrieben und seine Vereinbarkeit mit den geltenden Rechnungslegungsrichtlinien sowie seine Eignung als europäische Rechnungslegungsnorm geprüft wird.
- Die EFRAG nimmt dann innerhalb eines Monats zu dem Kommissionsvorschlag Stellung. Es gelten dieselben Abstimmungsregeln wie im Rat (d.h. qualifizierte Mehrheit). Stimmt die EFRAG dem Vorschlag der Kommission zu, trifft die Kommission die erforderlichen Vorkehrungen, damit der Rechnungslegungsgrundsatz in der Europäischen Union angewandt werden kann.
- Gibt der Ausschuß keine oder eine ablehnende Stellungnahme ab, kann die Kommission den Technischen Ausschuß mit der Frage befassen oder die Angelegenheit vor den Rat bringen.

Insgesamt sind inzwischen fast alle Standards in das EU-Recht übernommen und offiziell im Amtsblatt publiziert wurden. Nur in wenigen Fällen hat die EU Standards nur teilweise übernommen oder verändert (so z.B. bei IAS 39). Die neu als IFRS erscheinenden Standards werden i.d.R. innerhalb einiger Monate ebenfalls in EU-Recht übernommen. Das ist auch gut so, denn eine Einheitlichkeit zwischen EU-Recht und dem IFRS-Gesamtwerk ist wünschenswert – schon um die Verwirrung bei den Unternehmen, die das IFRS-Regelwerk erstmalig anwenden, klein zu halten und mit Unternehmen oder Konzerngesellschaften außerhalb der EU vergleichbar zu bleiben.

Das Amtsblatt der EU ist übrigens eine gute Quelle, die Texte in allen Amtssprachen der Union kostenfrei herunterzuladen – als ungeschützte PDF-Datei!

1.3.3. Reformen im Handelsrecht im Vorfeld der IFRS-Einführung

Schon am 25.03.2003 hatte das Bundesjustizministerium nun die Eckpunkte von Reformen zu »Anlegerschutz und Unternehmensintegrität« vorgestellt, die auch für die erweiterte IFRS-Einführung ab 2005 relevant waren. Eine Vielzahl der damals beschlossenen Punkte wurde inzwischen umgesetzt. Insbesondere hat das Bilanzrechtsreformgesetz (BilReG) ab 2005 eine Zahl neuer Vorschriften in das HGB eingeführt. Durch den politischen Stillstand in Deutschland ist jedoch auch dieser Reformprozeß ins Stocken geraten.

1.3.3.1. Einführen und eingemeinden

Offensichtlich sollen flankierende Reformen im Handelsrecht nicht nur nach den diversen Pleiten und Skandalen der letzten Zeit Anlegerschutz und Unternehmensintegrität stärken, sondern zugleich auch das HGB den IFRS annähern. Während das HGB ja für Einzelabschlüsse zumindest mittelfristig noch bestehen bleiben soll, sollte es doch in vielen Details IFRS-kompatibler werden. Man spricht daher auch von der »Eingemeindung« der Standards in das Handelsrecht:

- Angeblich nicht mehr zeitgemäße HGB-Regelungen sollen »entrümpelt« werden. Das betrifft insbesondere die Passivierung von Aufwandsrückstellungen und die diversen Bewertungsvereinfachungsrechte gemäß § 240 Abs. 3 und 4 sowie § 256 HGB. Insbesondere ist an die Abschaffung der LIFO-Methode gedacht, was ja auch im Steuerrecht beabsichtigt wird;

- Einführung der *Fair-value*-Bewertung für Finanzierungsinstrumente im Konzernabschluß, soweit hierfür liquide Märkte bestehen;
- Prüfung weiterer Möglichkeiten zu Ansatz und Bewertung von Vermögensgegenständen und Rückstellungen;
- bei der Prüfung sind die Auswirkungen auf die steuerliche Gewinnermittlung wegen der Maßgeblichkeit der Handels- für die Steuerbilanz besonders zu berücksichtigen;
- Verkürzung der Offenlegungsfristen der Jahresabschlüsse von Kapitalgesellschaften bei Veröffentlichung in Papierform auf sechs Monate und bei elektronischer Offenlegung auf drei Monate, so daß der »Fast Close« auch in Deutschland zum Standard wird;
- Offenlegung der Prüferberichte bei Insolvenz der geprüften Gesellschaft auf Verlangen der Gläubigerversammlung, aber Widerspruchsrecht des Insolvenzverwalters bei Offenlegung von Betriebs- und Geschäftsgeheimnissen.

Eine Reihe dieser Punkte wurde durch das Bilanzrechtsreformgesetz mit Wirkung ab 2005 erreicht; das schon für Sommer 2004 geplante Bilanzrechtsmodernisierungsgesetz, das noch immer nicht in Kraft ist, soll weitere Neuregelungen insbesondere hinsichtlich der Bewertung bringen. Hier ist noch kein Zeitpunkt des Inkrafttretens ersichtlich.

1.3.3.2. Das Zehn-Punkte-Programm

Zugleich hat die Bundesregierung einen Maßnahmenkatalog zur »Stärkung der Unternehmensintegrität und des Anlegerschutzes« bekanntgegeben, der folgende zehn Punkte enthält:

- Persönliche Haftung von Vorstands- und Aufsichtsratsmitgliedern gegenüber der Gesellschaft: Verbesserung des Klagerechts der Aktionäre. Das Recht der Aktionäre, eine Haftungsklage der Gesellschaft gegen ihre Organe durchzusetzen (Klageerzwingungsrecht gemäß § 147 AktG), soll gestärkt werden. Unter anderem soll für das Minderheitenrecht künftig ein wesentlich geringerer Aktienbesitz als bisher, nämlich im Umfang von 1 % des Grundkapitals (statt bisher 10 %) oder mit einem Börsen- oder Marktwert von 100.000 Euro (statt bisher 1 Mio. Euro), ausreichen.
- Einführung der persönlichen Haftung von Vorstands- und Aufsichtsratsmitgliedern gegenüber Anlegern für vorsätzliche oder grob fahrlässige Falschinformationen des Kapitalmarktes; Verbesserung der kollektiven Durchsetzung von Ansprüchen der Anleger. Die mit dem Vierten Finanzmarktförderungsgesetz begonnene Verbesserung der Ansprüche von Anlegern bei Falschinformationen des Kapitalmarkts (§§ 37b, 37c Wertpapierhandelsgesetz)

soll weiter fortgeführt werden: Künftig soll nicht nur der Emittent von Wertpapieren, d.h. das Unternehmen selbst, den Anlegern gegenüber haften, sondern zusätzlich auch die verantwortlichen Vorstands- und Aufsichtsratsmitglieder persönlich.
- Weiterentwicklung des Deutschen Corporate Governance Kodex, insbesondere zur Transparenz von aktienbasierten oder anreizorientierten Vergütungen (»Aktienoptionen«) der Vorstände. Hierzu sollen zahlreiche neue Offenlegungspflichten in den Kodex aufgenommen werden. Dies ist zwischenzeitlich in der generellen Debatte um die Offenlegung von Manager-Entgelten aufgegangen und wird in den Standards im Zusammenhang mit IFRS 2 geregelt.
- Fortentwicklung der Bilanzregeln und Anpassung an internationale Rechnungslegungsgrundsätze (vgl. oben). Die Anwendung der International Financial Reporting Standards sollte über den Pflicht-Anwendungsbereich der EU-Verordnung (Konzernabschluß kapitalmarktorientierter Unternehmen) hinaus jeweils als Unternehmenswahlrecht vorgesehen werden für den Konzernabschluß der nicht-kapitalmarktorientierten Unternehmen, beschränkt auf Informationszwecke (Offenlegung nach den §§ 325 bis 329 HGB) auch für den Einzelabschluß sowohl der kapitalmarktorientierten als auch der übrigen Unternehmen.
- Stärkung der Rolle des Abschlußprüfers: Sicherung der Unabhängigkeit des Abschlußprüfers durch Unvereinbarkeit bestimmter Beratungsdienstleistungen mit der Abschlußprüfung, d.h. insbesondere Verbot der Buchführung (wie bisher), Entwicklung und Einrichtung von finanziellen Informationssystemen, Bewertungsgutachten, Aktuartätigkeit, Einrichtung, Überwachung oder die Durchführung der Innenrevision, Managementfunktion, Tätigkeit als Finanzdienstleister. Geprüft wird auch ein Verbot der Rechtsberatung (einschließlich Steuerberatung), soweit mit – gerichtlicher oder außergerichtlicher – Vertretung des Mandanten verbunden. Dies wurde zu großen Teilen ab 2005 bereits im Bilanzrechtsreformgesetz verwirklicht.
- Überwachung der Rechtmäßigkeit konkreter Unternehmensabschlüsse durch eine unabhängige Stelle (»*enforcement*«), d.h. Überwachung der Rechtmäßigkeit konkreter Unternehmensabschlüsse durch eine außerhalb des Unternehmens stehende, nicht mit dem gesetzlichen Abschlußprüfer (Wirtschaftsprüfer) identische unabhängige Stelle. Ziel ist ein privatrechtlich verfaßtes Gremium unter staatlicher Aufsicht nach dem Vorbild des DRSC. Dieser Punkt ist durch das Bilanzkontrollgesetz (BilKoG) ab 2005 umgesetzt worden.
- Fortführung der Börsenreform und Weiterentwicklung des Aufsichtsrechts durch Fortsetzung der mit dem Vierten Finanzmarktförderungsgesetz begonnenen Börsenreform im Hinblick auf die zunehmend komplexeren Anforderungen an Effizienz, Sicherung

des Anlegerschutzes und internationale Zusammenarbeit; Überprüfung des Verhältnisses von Börsenaufsicht, öffentlich-rechtlicher Börse und Börsenträger. Erlaß einer Rechtsverordnung zur Konkretisierung des Verbots der Kurs- und Marktpreismanipulation und Abgrenzung zur erlaubten Kurspflege; Überprüfung des überkommenen Systems der Teilung der Börsenaufsicht in Bundes- und Länderzuständigkeiten daraufhin, inwieweit es den hohen Anforderungen an Anlegerschutz und Effizienz noch entspricht; Verbesserung der Markttransparenz, z.B. bezüglich Wertpapier-Leerverkäufen; Sicherstellung eines anlegerfreundlichen Zugangs zu Unternehmensbekanntmachungen durch Bündelung der Informationskanäle, z.B. unter Einsatz des elektronischen Bundesanzeigers; Befugnis des Bundesamtes für Finanzdienstleistungsaufsicht (BaFin), gegenüber Vorstands- und Aufsichtsratsmitgliedern börsennotierter Gesellschaften bei wiederholten oder schweren Verstößen gegen kapitalmarktrechtliche Verhaltenspflichten ein befristetes Bestellungsverbot anzuordnen; Veröffentlichung von Sanktionen für kapitalmarktrechtliche Pflichtverletzungen.
- Verbesserung des Anlegerschutzes im Bereich des sog. »Grauen Kapitalmarkts« durch bessere Aufklärung der Verbraucher durch Bundesregierung, Verbände, Medien und in den Schulen über die Funktionen des Kapitalmarkts, Risiken der Anlagen, bestehende Schutzvorschriften bzw. Möglichkeiten von Schadensersatzansprüchen; zudem die Einführung einer Prospektpflicht für öffentlich angebotene Kapitalanlagen, bei denen besonders hohe Schäden der Anleger festzustellen sind.
- Sicherstellung der Verläßlichkeit von Unternehmensbewertungen durch Finanzanalysten und Rating-Agenturen, was mit der bevorstehenden Einführung von Basel II kompatibel sein dürfte; zudem Weiterentwicklung und Ausdehnung der Wohlverhaltens- und Compliance-Regeln für Finanzanalysten.
- Verschärfung der Strafvorschriften für Delikte im Kapitalmarktbereich, insbesondere bessere Abgrenzung der Tatbestandsmerkmale und Anhebung des Strafrahmens.

Auch hier ist vieles erreicht worden – besonders durch das Bilanzkontrollgesetz, das ab 2005 eine der US-Börsenaufsicht ähnliche, zusätzlich zur »normalen« Abschlußprüfung verbindliche Bilanzkontrolle eingeführt hat. Der diesbezügliche Reformprozeß dürfte aber ebenfalls noch nicht abgeschlossen sein. Es wird sich zeigen, wann und wie hier weitere Schritte folgen.

1.3.3.3. Anlegerschutz statt Vorsichtsprinzip

Insgesamt ist erkennbar, daß das alte (»überkommene«) Vorsichtsprinzip (§ 252 Abs. 1 Nr. 4 HGB) zumindest teilweise dem Anlegerschutz weichen soll. Offensichtlich nicht vorsichtige Bewertungsprinzipien wie »*fair value*« sollen gerade bei kaum »*fair*« zu bewertenden Vermögensgegenständen wie Finanzderivaten eingeführt werden. Offensichtlich will die Bundesregierung den Finanzmarkt weiter stärken, was auch mit Blick auf die zwangsweise Einführung des Handels mit Emissionszertifikaten sinnvoll ist, denn hierdurch ist eine neue Klasse von Derivaten entstanden. Statt vorsichtiger Kaufleute und produzierender Wirtschaft wird durch diese Reform also die Kasinowirtschaft der Finanzspekulanten und Aktienjongleure gefördert; allerdings soll der Anleger besser geschützt werden. Das mag die Sache für eine Weile etwas sicherer machen; vor dem großen Crash kann man die Anleger freilich nicht schützen. Der wird um so größer, je weiter man den Karren zunächst in den Derivatesumpf gefahren hat. Und, daß statt Kapitalmarktreform ein Verbot der Derivatgeschäfte und entschädigungslose Entwertung aller Derivatkontrakte erforderlich gewesen wäre, hat die Bundesregierung nicht eingesehen. Vielleicht glaubt sie auch, es nicht mehr zu können, etwa angesichts der Tatsache, daß die schon im Sommer 2005 vorhandenen Eventualverbindlichkeiten die Höhe des Bruttosozialproduktes Deutschlands bei weitem übersteigen – eine tickende Zeitbombe! Doch wer heute den Kopf in den Sand steckt, knirscht morgen mit den Zähnen.

2. Grundgedanken der internationalen Rechnungslegung

2.1. Grundlegende Rechtsbereiche

Wie die deutschen Rechnungslegungsvorschriften umfassen auch die International Financial Reporting Standards und die zugehörigen Vorschriftensysteme drei grundlegende Rechtsbereiche:

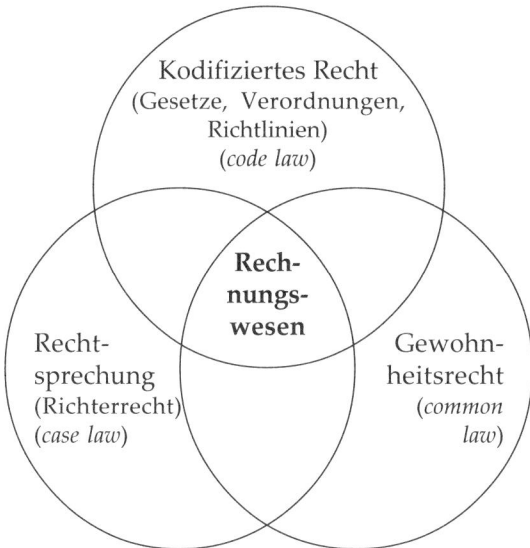

Abbildung 2.1: Grundlegende Rechtsbereiche

Zum *code law* gehören in Deutschland in dieser Reihenfolge:
1. übernationale Regelungen, speziell der Vertrag von Maastricht in seiner jeweiligen Fassung;
2. das Grundgesetz;
3. Bundesgesetze und die dazugehörenden Verordnungen;
4. Landesgesetze und die dazugehörenden Verordnungen;
5. Richtlinien und Verwaltungsvorschriften.

Das *case law* kennt nach Grundgesetz und Gerichtsverfassungsgesetz (GVG) in Deutschland die folgenden Rechtsquellen:

1. das Bundesverfassungsgericht in Karlsruhe;
2. die obersten Gerichtshöfe des Bundes: BGH (Bundesgerichtshof), BVG (Bundesverwaltungsgericht), BFH (Bundesfinanzhof), BAG (Bundesarbeitsgericht) und BSG (Bundessozialgericht);
3. Oberlandesgerichte (OLG);
4. Landgerichte (LG);
5. Amtsgerichte (AG).

Case law entsteht nur, wenn ein Urteil Grundsatzwirkung entfaltet, d.h. andere Richter sich danach richten. Das ist um so wahrscheinlicher, je höher die das Urteil sprechende Instanz angesiedelt ist und je wichtiger und grundsätzlicher der abgeurteilte Sachverhalt ist.

Zum *common law* gehören in Deutschland alle Sachverhalte, die keiner gesetzlichen Regelung unterliegen, aber dennoch üblich sind. Aufgrund der bekannten deutschen Lust am Reglementieren sind das recht wenige Sachverhalte, aber aufgrund der §§ 157, 242 BGB (»Treu und Glauben«) sowie der Regelungen der ordnungsgemäßen Buchführung in den §§ 238 ff HGB treten zahlreiche gewohnheitsrechtliche Elemente auch in das deutsche Rechtssystem und insbesondere in die deutschen Vorschriften über Rechnungslegung ein. So ist beispielsweise in keinem Gesetz direkt vorgeschrieben, daß »Soll an Haben« zu buchen ist. Es ist lediglich vorgeschrieben, daß ein sachverständiger Dritter sich in angemessener Zeit durch den Jahresabschluß durchfinden und sich ein Bild von der Lage des Unternehmens und den Geschäftsfällen verschaffen können muß. Das setzt aber indirekt eine Verpflichtung zur Anwendung »üblicher« Methoden voraus, so daß der »allgemeine« Sachverstand des Dritten ausreicht, die Inhalte der Buchhaltung nachzuvollziehen. Damit ist ein gewohnheitsrechtliches Element indirekt gesetzlich vorgeschrieben.

2.2. Normen-Philosophie

Mit den International Financial Reporting Standards (IFRS) gewinnt nun erstmals in Deutschland ein Normensystem Geltung, das sich nur teilweise nach dieser traditionellen Unterteilung fassen läßt.

Anders als es in Deutschland Brauch und Sitte ist, werden die IFRS von keinem Parlament, sondern von einem Zusammenschluß privatwirtschaftlich organisierter Unternehmen, dem International Accounting Standards Board (IASB), entwickelt und verabschiedet. Ihnen liegt damit weder ein parlamentarischer noch ein formaljuristischer Prozeß zugrunde. Entgegen den antiplebiszitären deutschen Verhältnissen, die allenfalls eine Pauschalbewertung der Regierungsarbeit im Wege allgemeiner Bundestagswahlen alle vier Jahre zulassen, entstehen die internationalen Standards ferner unter breiter Beteiligung der Öffentlichkeit, die zu Stellungnahmen und Kommentaren eingeladen wird. Dabei spielt, wiederum anders als im deutschen Bereich, das Internet inzwischen eine zentrale Rolle.

Dabei fehlt das für deutsche Verhältnisse so typische Zwangselement vollkommen. Das IASB denkt nicht in Verwaltungsakten, sondern in Entwicklungs- und Abstimmungsprozessen. Im »*common law system*« kann jeder Einzelfall zum »*precedent*« werden und damit die weitere Regelung (mit)formen. Dieser Abstimmungsprozeß ist zwar ebenso langwierig wie der Gesetzgebungsweg, geht dafür aber viel sachkundiger und ohne das Parteiengezänk und die wohlbekannte überflüssige Selbstbedienungsmentalität mancher (nicht nur) deutscher Staatsdiener vonstatten.

Weiterhin ist der elementare Gedanke der internationalen Rechnungslegung der *true and fair view*, d.h., die *fair presentation* wirtschaftlicher Sachverhalte, während z.B. im deutschen Handels-, Bau-, Gewerbe- und Umweltrecht die Gedanken der Gefahrenabwehr und der Kontrolle und Staatslenkung die liberalen Grundprinzipien des § 252 Abs. 1 HGB inzwischen so weitgehend überwuchert haben, daß von einer einheitlichen Rechnungslegungsnorm schon lange nicht mehr die Rede sein kann.

Das Normierungsverfahren des IASB:

1. Aufnahme des Projektes in das Arbeitsprogramm: Draft Point Outline
2. Forschung, Abstimmung mit dem Framework: Point Outline
3. Beratung mit dem Board: Draft Statement of Principles
4. Kommentierung durch die Öffentlichkeit: Statement of Principles
5. Beratung mit dem Board: Draft Exposure Draft
6. Diskussion/Überarbeitung durch den Board: Exposure Draft
7. Kommentierung durch die Öffentlichkeit: Proposed IFRS
8. Verabschiedung durch den Board: IFRS

Übersicht über die grundlegenden Charakteristika der Normensysteme

	anglo-amerikanische Länder	Continental Europe
Staatssystem	Republikanisch-liberaler »Nachtwächterstaat« mit relativ geringer Eingriffs- und Kontrolldichte.	Subordinationsstaat mit allumfassender Kontrolle und Detailsteuerung. Umweltschutz und gewerberechtliche Gefahrenabwehr als Zentralmotiv.
Rechtssystem	Begrenzte Zahl gesetzlicher Regelungen (*code law*) und umfangreiche Rechtsprechung (*case law*); dazu ein relativ umfangreiches Gewohnheitsrecht (*common law*).	Sehr hohe gesetzliche Regelungsdichte und dennoch ausufernde Rechtsprechung; ferner zahlreiche »Übergriffe« aus fremden Rechtsgebieten wie Umweltrecht.
Steuersystem	Handels- und Steuerbilanz sind voneinander unabhängig.	Maßgeblichkeitsprinzip (und umgekehrte Maßgeblichkeit) und damit Abhängigkeit zwischen Handels- und Steuerrechnungslegung.
Eigentums- und Kapitalmarktstruktur	Ausgeprägte Aktienkultur. Die Aktie ist eine verbreitete, volksnahe Form der Investition. Risikobereitschaft ist bei den Anlegern gegeben. Kleinaktionäre und institutionelle Aktionäre sind typische Eigentümer.	Geringfügig ausgeprägte Aktienkultur, wenig Risikobereitschaft. Versicherungsmentalität. Sehr große Macht der Banken durch Depotstimmrecht.
Stellung des Berufsstandes	Hoher Organisationsstand. *Closed shop* ist erlaubt und wird praktiziert. Voller Wettbewerb.	Kleiner Berufsstand. *Closed shop* ist verboten. Kein Wettbewerb durch Zwangspreise, Werbeverbote, Abmahnungen. Spätform des mittelalterlichen Zünftesystems.
Rechtssetzungsverfahren	Beteiligung des Berufsstandes (und letztlich jeder Einzelperson) am Normsetzungsprozeß. Offenes Normsetzungsverfahren mit Beteiligung aller relevanten Gruppen.	Subordinationsrecht. Verwaltungsakt als typische Handlungsfigur. Ausschließlich parlamentarisches System mit Pauschalkontrolle und Bewertung durch Wahl alle 4 Jahre. Kaum direkter Einfluß auf Normsetzung.
»Grundphilosophie« der Normsetzung	»*True and fair view/fair presentation*« des Unternehmens den Anteilseignern, Mitarbeitern und Behörden gegenüber. Interessenausgleich.	Kontrolle und Offenlegung, Vorsichtsprinzip, Imparität. Steuerung des Unternehmens durch staatliche Eingriffe z.B. mit umwelt-, bau-, gewerbe- oder sozialrechtlicher Intention. Gefahrengedanke.

3.
Der internationale Regelungsgeber

3.1. Das IASB und seine Grundstruktur

Da das IASB keine staatliche Organisation ist, verfügt es auch über keine parlamentarische Struktur. Dennoch ist es demokratischer organisiert als manche politische Interessenvertretung, denn es können sich Vertreter von Unternehmen und Verbänden und sogar die allgemeine Öffentlichkeit am Normensetzungsverfahren beteiligen.

3.2. Die Organe des IASB

Die Organisationsstruktur des Standardsetters wurde in den vergangenen Jahren mehrfach verändert. Die Skizze auf der folgenden Seite zeigt den seit 2003 bestehenden Zustand, ist aber wegen häufiger Änderungen möglicherweise nicht sehr endgültig.

Grundsätzliche Organisationsform ist nunmehr die der Stiftung, was prinzipiell sinnvoll ist. Die *International Accounting Standards Committee Foundation* wurde im März 2001 in Delaware gegründet. Ab April 2001 wurde das *International Accounting Standards Board* (IASB) als Nachfolger des bisherigen *International Accounting Standards Committee* (IASC) zum neuen Standardsetter.

Die Stiftung hat zwei Hauptkörperschaften: die *Trustees* (Treuhänder) und das *International Accounting Standards Board* (IASB) sowie das *Standards Advisory Council* und das *International Financial Reporting Interpretations Committee* (IFRIC). Die IASC-Stiftung bestimmt und überwacht die IASB-Mitglieder und beschafft die erforderlichen Finanzmittel, während das IASB ausschließlicher Urheber der Standards ist (vgl. auch die nachfolgende Abbildung).

- Das *Board* ist im wesentlichen das Geschäftsführungsorgan der Institution. Die Boardmitglieder sollen Fachkenntnis und Erfahrung auf internationaler Ebene verbinden und die Mitglieder der Stiftung repräsentieren.

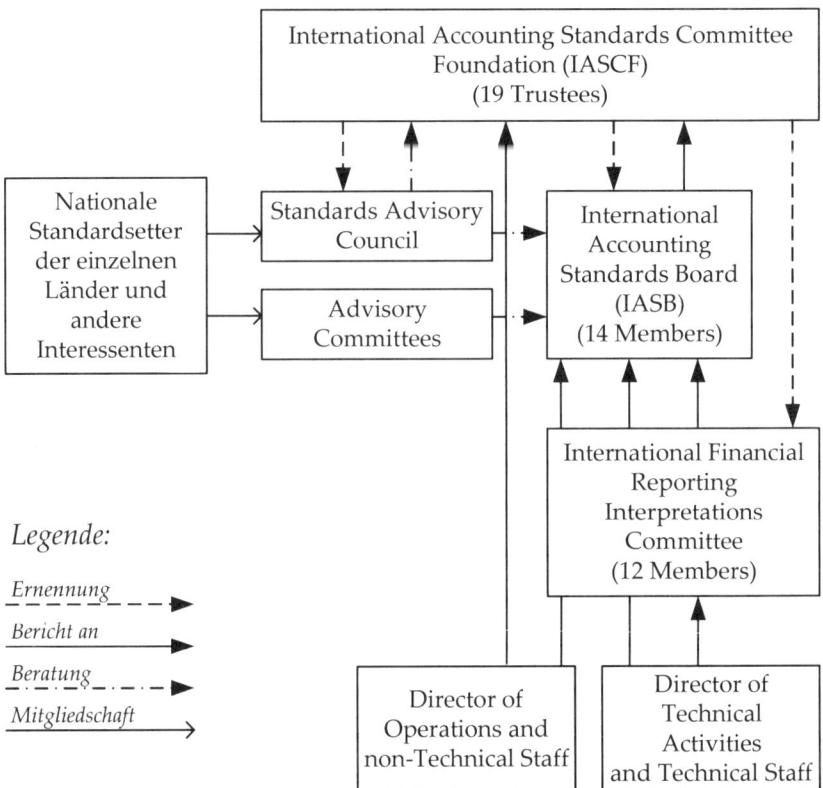

Abbildung 3.1: Organisatorische Struktur des internationalen Regelungsgebers[1]

- Die beiden *Advisory Councils* beraten das Board und unterstützen es bei seinen Entscheidungen, repräsentieren die verschiedenen internationalen Standardsetter, die in ihnen Mitglieder sind, und bereiten deren Ansichten und Stellungnahmen zu Fragen der Rechnungslegung für das Board auf.
- Das *International Financial Reporting Interpretations Committee* beobachtet die Anwendung der Standards und interpretiert die Standards, wenn Einzelfragen auftauchen, die im Text der Standards nicht explizit geregelt sind. Hierbei unterscheidet man sog. »*mature issues*«, d.h. die Praxis bestehender Standards, und »*emerging issues*«, d.h. neu entstehende Themenbereiche, die in zukünftigen Standards geregelt werden sollten.

1 Quelle: http://www.iasb.org

- Die *trustees* (Treuhänder) schließlich sind (derzeit) 19 Personen aus den verschiedensten internationalen Unternehmen, die die Arbeit des IASCF jährlich überprüfen, bewerten, das Budget festlegen und die Mitglieder des Boards, des *Standing Interpretations Committees* und des *Standing Advisory Council* bestimmen. Außerdem obliegt den *trustees* die Verfassung der *IASC Foundation* und die Festlegung des Budgets.

3.3. Repräsentation internationaler Organisationen

Folgende internationale Standardsetter sind im IASCF vertreten:

- *Australien und Neuseeland*: Australian Accounting Standards Board (AASB) und Financial Reporting Standards Board (FRSB)
- *Kanada*: Accounting Standards Board (AcSB)
- *Frankreich*: Conseil Nationale de la Comptabilité (CNC)
- *Deutschland*: German Accounting Standards Committee (DRSC)
- *Japan*: Accounting Standards Board (ASBJ)
- *United Kingdom*: Accounting Standards Board (ASB)
- *United States*: Financial Accounting Standards Board (FASB)

Diese breite Repräsentanz stellt einen Interessenausgleich zwischen den einzelnen beteiligten Staaten und die Einführung der Standards in den jeweiligen Ländern sicher. Rechtsquelle für die Beteiligung des DRSC ist § 342 HGB.

Über die Mitglieder des IASC sind zahlreiche internationale Organisationen indirekt vertreten, u.a. die EU, die Weltbank, der IMF, internationale Konzerne und viele andere.

Die *IASC-Foundation* (d.h. die *trustees*) sind zusätzlich geographisch in die drei Hauptherkunftsgebiete »North America«, »Europe«, »Asia-Pacific« sowie in den Bereich »Other« aufgeteilt. Mit je sechs Mitgliedern haben Europa und die USA damit die stärkste Vertretung; der asiatisch-pazifische Raum ist mit vier Vertretern präsent und unter »Other« fallen je ein Vertreter aus der Schweiz, aus Brasilien und aus Südafrika.

4. Grundstruktur der Standards

4.1. IAS und IFRS

Das Regelwerk besteht im Kern aus einzelnen *Standards*, die die wesentlichen Vorschriften enthalten. Jeder Standard behandelt ein bestimmtes Thema des Rechnungswesens. Da permanent neue Standards in Kraft treten, wird die Regelungsdichte immer höher. Die anfänglich scheinbar zusammenhanglose Sammlung von Vorschriften deckt daher inzwischen fast alle Themen der Rechnungslegung ab. Bis März 2002 hießen diese Regelwerke »*International Accounting Standard*« (IAS). Inzwischen werden sie unter dem Titel »*International Financial Reporting Standard*« (IFRS) herausgegeben. Die Umbenennung drückt die Erweiterung des Inhalts (von »*accounting*«, also »Buchführung«, hin zu »*financial reporting*«, also »Rechnungslegung«) aus, ist aber eben auch nur eine Umbenennung. Alte IAS behalten diese Bezeichnung. Die neuen IFRS werden wie einst die IAS ab 1 numeriert (»IFRS 1«, »IFRS 2«, ...). Es gibt daher gleichzeitig einen IAS 1 und einen IFRS 1. Die Nummern außer Kraft tretender alter Standards werden aber nicht mehr neu besetzt. Es gibt daher keinen IAS 3 mehr, weil dieser von einer neueren Regelung ersetzt (*superseded*) wurde. Die Liste hat damit »Löcher«.

»IFRS« ist aber zugleich der Oberbegriff für das Gesamtwerk sämtlicher vom Regelungsgeber *International Accounting Standards Board* (IASB) erlassenen Rechtsvorschriften. Das offizielle Regelwerk hat daher auch den Titel »*International Financial Reporting Standards*« mit Untertitel »*Incorporating the International Accounting Standards and Interpretations*«.

Grundlagenfragen (*fundamental accounting assumptions*) werden im sogenannten »Rahmenkonzept« (*framework*) behandelt. Anders als es bei Gesetzen der Fall ist, sind hier alle Grundannahmen und fundamentalen Methoden an einem Ort übersichtlich zusammengefaßt. Auch das *framework* war schon bei Gründung des IASB Bestandteil der damaligen Standards und wurde unverändert übernommen. Es ist damit ebenfalls ein Teil der heutigen IFRS.

Neben den Standards und dem *framework* stehen die Interpretationen des *International Financial Reporting Interpretations Committee* (IFRIC), bis 2001 *Standing Interpretations Committee* (SIC), die Detail- und Zweifelsfragen in der Auslegung der Standards klären sollen. Auch diese gehören zu dem IFRS-Gesamtwerk. Die selbst auch als SIC bezeichneten Interpretationen werden oft in der Zukunft zu neuen Standards, wenn sich ein Thema als wichtig erweist.

Dieses Werk konzentriert sich auf den Inhalt der eigentlichen Standards; SIC werden nur in Einzelfällen herangezogen.

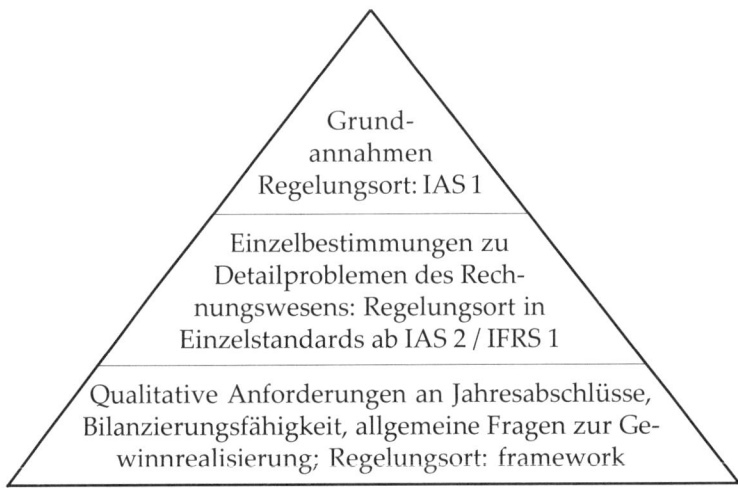

Abbildung 4.1: Grundstruktur des IFRS-Regelwerkes

Die einzelnen IAS bzw. IFRS haben eine erstaunlich klare Struktur, die sich wohltuend von der deutscher Gesetze unterscheidet. Jeder Standard hat ein eigenes Inhaltsverzeichnis. Zu Beginn wird stets der Zweck (*scope*) des Standards dargestellt. Die meisten Standards haben zunächst eine Einführung. Auf diese folgt der eigentliche Inhalt, der in Paragraphen gegliedert ist. Wie auch in Gesetzen haben Paragraphen oft Buchstaben und Unternummern; ein Satzzähler ist aber nicht enthalten. Die Standards werden daher mit ihrem Namen, der Standardnummer und der Paragraphennummer zitiert, z.B. »IAS 16.31« oder »IAS 16.3 a)«. Die Einführung heißt »*introduction*« und hat eine separate Numerierung. Eine Zitierung wäre beispielsweise »IAS 16.IN3«.

Besonders erfrischend ist, daß alle für einen Standard relevanten Definitionen in den ersten Paragraphen stehen. Die begrifflichen Grundlagen findet man also

- zunächst im Rahmenkonzept (*framework*) und
- dann am Anfang der jeweiligen Standards.

Während das Rahmenkonzept überall gleichermaßen gilt, können sich relevante Definitionen von einem Standard zum nächsten unterscheiden, denn hier werden jeweils Definitionen im Zusammenhang mit dem Thema des Standards vorangestellt.

Wie bei Gesetzen enden die Standards mit einem Hinweis auf den Zeitpunkt des Inkrafttretens und Übergangsvorschriften.

Leider werden bei vielen Standards bei einer Überarbeitung durch das Board auch die Paragraphennummern verändert. Der Standard enthält dann eine Konkordanztabelle. Solche Änderungen sind äußerst hinderlich, weil alte Zitierungen dadurch unrichtig werden.

Viele Standards enthalten zudem Anhänge und Beispiele. Das macht besonders numerische Probleme wesentlich übersichtlicher und verständlicher.

4.2. Gesamtstruktur der Standards

Während das Rahmenkonzept (*framework*) die Grundannahmen (*fundamental accounting assumptions*) der Rechnungslegung enthält, befinden sich die Grundannahmen der Aufstellung des Jahresabschlusses in IAS 1 »Presentation of Financial Statements« (Darstellung des Abschlusses). IAS 1 ist also ein »Fundamentalstandard«, obwohl in vielen Büchern die neueren IFRS den IAS vorangestellt werden. Alle weiteren Standards, gleich ob IAS oder IFRS, enthalten Detailregelungen zu den jeweiligen Einzelfragen des Rechnungswesens.

Derzeit existieren die IAS 1 bis IAS 41, wobei hier schon eine Vielzahl von Standards durch Neuregelungen ersetzt wurden und daher außer Kraft getreten sind. In der neuen IFRS-Reihe sind derzeit die Nummern 1 bis 6 besetzt. Die alte IAS-Reihe wird nicht mehr fortgesetzt. Da IFRS-Neuregelungen die alten IAS ersetzen können, dürfte sich die Zahl der noch gültigen IAS im Laufe der Zeit verringern. Sowohl der inhaltliche als auch der mengenmäßige Gesamtumfang übersteigt den des HGB um ein Vielfaches.

Alle existenten Standards, alle Interpretationen und alle Inhalte des *framework* sind gleichermaßen rechtskräftig und verbindlich, aber nicht alle gleichermaßen anwendbar (beispielsweise IAS 29: »*Financial Reporting in Hyperinflationary Economies*«).

Die Entwicklung der IFRS erstreckt sich über inzwischen mehr als ein Vierteljahrhundert und vermittelt nicht immer den Eindruck systematischer kohärenter Rechtsetzung, sondern kasuistischer, an aktueller Notwendigkeit (»*emerging issues*«) orientierter Rechtsetzung. Man hat also auf den ersten Blick das Gefühl, eine etwas unsystematische Regelungsquelle vor sich zu haben. In seiner Summe kann das Regelwerk jedoch inzwischen alle relevanten unternehmerischen Sachverhalte abbilden und stellt damit eine Art Universalerkenntnisquelle über das Rechnungswesen dar.

Während die IAS/IFRS-Vorschriften über Einkommensteuer gewiß die nationalen Regelungsquellen niemals ablösen werden, scheint es doch wahrscheinlich, daß internationale Vorschriften nach und nach die nationalen Regelungen außer Kraft setzen werden. Je mehr die Zahl und Regelungstiefe der Standards ansteigt, desto weniger sind nationale Rechtsquellen noch erforderlich – zumal durch den *standard setting process* des IASB eine weitaus bessere Anpassung an die Erfordernisse der Wirtschaft gegeben ist als durch einen traditionellen parlamentarischen Willensbildungsprozeß.

Die grundlegende Struktur der Normierung ist dem deutschen (und im wesentlichen kontinentaleuropäischen) Gesetzgebungssystem weitgehend fremd. Dennoch sind auf diese Art Elemente aller drei Rechtsarten in den Standards manifest:

1. *code law* liegt in den Regelungen insofern vor, als Vertreter staatlicher Organisationen (z.B. der Europäischen Kommission) an der IAS-Normsetzung mitwirken und weiterhin Elemente aus gesetzlichen Regelungen übernommen wurden;
2. *case law* liegt vor, weil bei der IAS-Normsetzung durch das IASB die aktuelle Rechtsprechung berücksichtigt wird;
3. *common law* dringt durch die Beteiligung der Öffentlichkeit ein.

4.3. Übersicht über das Framework

Jedes Regelwerk hat zugrundeliegende Basisannahmen, die sich in den einzelnen Vorschriften manifestieren. Im bürgerlichen Recht sind diese Basisannahmen nirgends nachzulesen und stehen gleichsam unausgesprochen »hinter« den Paragraphen; im Handelsrecht findet man sie irgendwo mittendrin (z.B. in § 252 HGB). In den IFRS stehen solche Grundannahmen jedoch einheitlich und übersichtlich im Rahmenkonzept (*framework*). Dieses enthält Regelungen, Definitionen und Vorschriften zu folgenden Themen und Bereichen, die generell bedeutsam sind:

- Zugrundeliegende Annahmen (*underlying assumptions*): Prinzip der Periodenabgrenzung (*accrual basis*), Prinzip der Unternehmensfortführung (*going concern*)
- Qualitative Eigenschaften des Jahresabschlusses (*qualitative characteristics of financial statements*): Verständlichkeit (*understandability*), Relevanz (*relevance*), Wesentlichkeit (*materiality*)
- Verläßlichkeit (*reliability*): Glaubwürdige Darstellung (*faithful representation*), Wirtschaftliche Betrachtungsweise (*substance over form*), Neutralität (*neutrality*), Vorsicht (*prudence*), Vollständigkeit (*completeness*), Vergleichbarkeit (*comparability*)
- Beschränkungen für relevante und verläßliche Informationen (*constraints on relevant and reliable information*): Zeitnähe (*timeliness*), Ab-

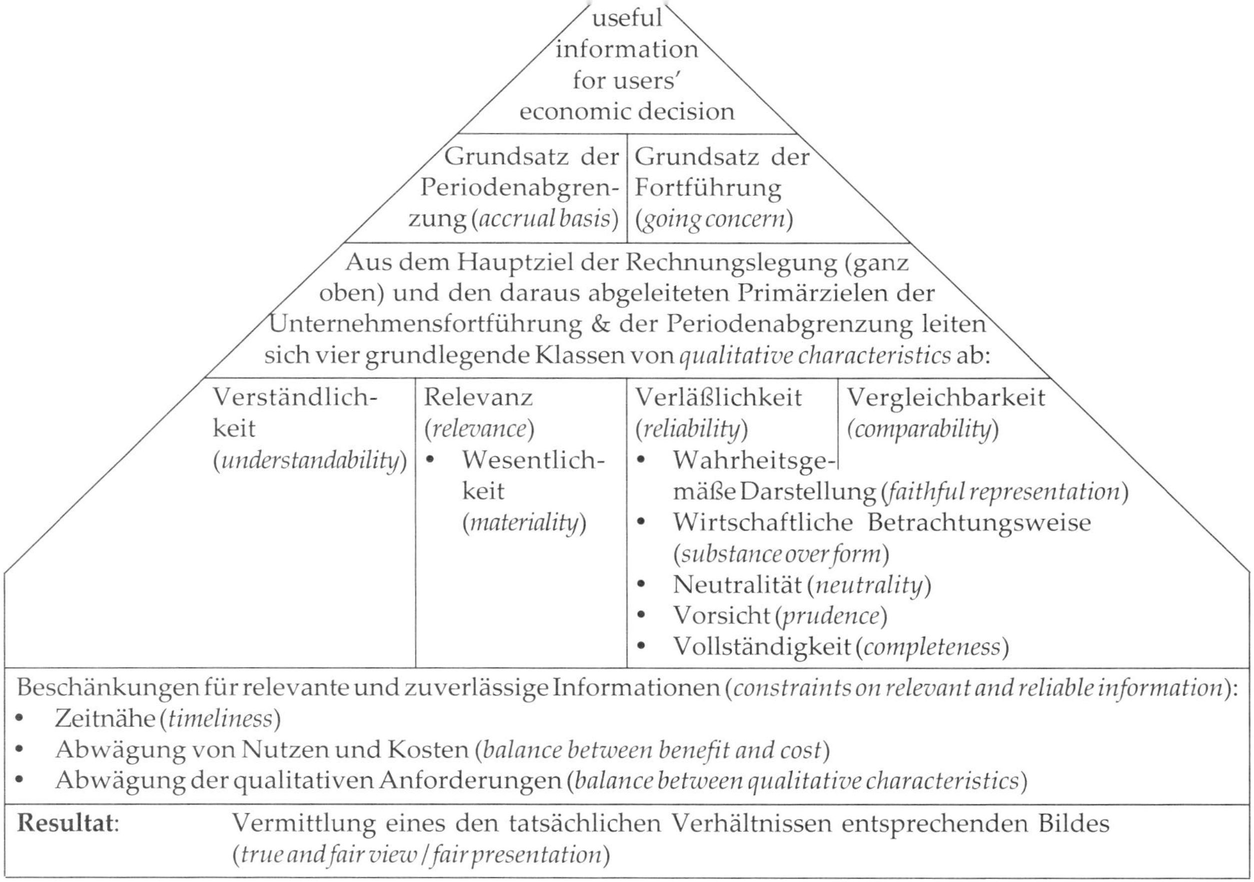

useful information for users' economic decision

Grundsatz der Periodenabgrenzung (*accrual basis*)	Grundsatz der Fortführung (*going concern*)

Aus dem Hauptziel der Rechnungslegung (ganz oben) und den daraus abgeleiteten Primärzielen der Unternehmensfortführung & der Periodenabgrenzung leiten sich vier grundlegende Klassen von *qualitative characteristics* ab:

Verständlichkeit (*understandability*)	Relevanz (*relevance*) • Wesentlichkeit (*materiality*)	Verläßlichkeit (*reliability*) • Wahrheitsgemäße Darstellung (*faithful representation*) • Wirtschaftliche Betrachtungsweise (*substance over form*) • Neutralität (*neutrality*) • Vorsicht (*prudence*) • Vollständigkeit (*completeness*)	Vergleichbarkeit (*comparability*)

Beschänkungen für relevante und zuverlässige Informationen (*constraints on relevant and reliable information*):
- Zeitnähe (*timeliness*)
- Abwägung von Nutzen und Kosten (*balance between benefit and cost*)
- Abwägung der qualitativen Anforderungen (*balance between qualitative characteristics*)

Resultat: Vermittlung eines den tatsächlichen Verhältnissen entsprechenden Bildes (*true and fair view / fair presentation*)

Abbildung 4.2: Übersicht über das framework.

wägung von Nutzen und Kosten (*balance between benefit and cost*), Abwägung der qualitativen Anforderungen an den Abschluß (*balance between qualitative characteristics*)
- Vermittlung eines den tatsächlichen Verhältnissen entsprechenden Bildes (*true and fair view / fair presentation*)
- Abschlußposten (*elements of financial statements*): Vermögenswerte (*assets*), Verbindlichkeiten (*liability*), Eigenkapital (*equity*), Ertragskraft (*performance*), Erträge (*income*), Aufwendungen (*expenses*)
- Erfassung von Abschlußpositionen (*recognition of the elements of financial statements*)
- Bewertung von Abschlußpositionen (*measurement of the elements of financial statements*)
- Kapital- und Kapitalerhaltungskonzepte (*concepts of capital and capital maintenance*)

Die im IFRS-Framework enthaltenen Grundgedanken dienen im wesentlichen der Entwicklung neuer und der Anwendung bestehender Standards, der Harmonisierung bestehender Regelungen und als Richtlinie bei der Interpretation bestehender Standards hinsichtlich neuer, in den Standards zunächst noch nicht berücksichtigter Fragen. Sie enthalten damit die Leitprinzipien, die sich in den einzelnen Standards manifestieren.

Die Skizze auf der vorhergehenden Seite zeigt einen Versuch der Systematisierung der im Rahmenkonzept (*framework*) zugrundegelegten Prinzipien der Rechnungslegung.

Das *framework* ist nicht selbst ein Standard und enthält daher keine konkreten Vorschriften zu Einzelfragen der Rechnungslegung oder Offenlegung unternehmerischer Sachverhalte; es kann (und sollte) jedoch in Zweifelsfällen vom Bilanzierenden herangezogen werden.

Anders als im Handelsrecht hat der internationale Regelungsgeber die dem Rechnungswesen zugrundeliegenden Prinzipien übersichtlich an einer Stelle zusammengefaßt. Während man einige Grundprinzipien im Handelsrecht mittendrin findet (z.B. in § 252 HGB), andere gar nicht (was beispielsweise kann der »sachverständige Dritte« des § 238 HGB, d.h., was ist im Wege des Gewohnheitsrechts vorgeschrieben und was nicht?), gibt es in den IFRS diesbezüglich Klarheit. Das macht das Regelwerk übersichtlich und leichter nutzbar.

4.4. Übersicht über die Standards

Die Standards enthalten die konkreten Einzelvorschriften zu den einzelnen Teilgebieten des Rechnungswesens. Sie sind damit das eigentliche Vorschriftenwerk, das den Bilanzierenden leitet. Da sich die Entwicklung der Standards an einzelnen Fragen orientiert, entsteht zunächst vielfach der Eindruck eines mehr oder weniger ungeordneten Regelwerkes. Inzwischen ist jedoch ein gewisser Grad an umfassender Vollständigkeit entstanden.

Derzeit existieren die folgenden Standards:

- IAS 1: »Darstellung des Abschlusses« (»*Presentation of Financial Statements*«)
- IAS 2: »Vorräte« (»*Inventories*«)
- IAS 7: »Kapitalflußrechnungen« (»*Cash Flow Statements*«)
- IAS 8: »Bilanzierungs- und Bewertungsmethoden, Änderungen von Schätzungen und Fehler« (»*Accounting Policies, Changes in Accounting Estimates, and Errors*«)
- IAS 10: »Ereignisse nach dem Bilanzstichtag« (»*Events After the Balance Sheet Date*«)
- IAS 11: »Fertigungsaufträge« (»*Construction Contracts*«)
- IAS 12: »Ertragsteuern« (»*Income Taxes*«)
- IAS 14: »Segmentberichterstattung« (»*Segment Reporting*«)
- IAS 16: »Sachanlagen« (»*Property, Plant and Equipment*«)
- IAS 17: »Leasingverhältnisse« (»*Leases*«)
- IAS 18: »Erträge« (»*Revenue*«)
- IAS 19: »Leistungen an Arbeitnehmer« (»*Employee Benefits*«)
- IAS 20: »Bilanzierung und Darstellung von Zuwendungen der öffentlichen Hand« (»*Accounting for Government Grants and Disclosure of Government Assistance*«)
- IAS 21: »Auswirkungen von Änderungen der Wechselkurse« (»*The Effects of Changes in Foreign Exchange Rates*«)
- IAS 23: »Fremdkapitalkosten« (»*Borrowing Costs*«)
- IAS 24: »Angaben über Beziehungen zu nahestehenden Unternehmen und Personen« (»*Related Party Disclosures*«)
- IAS 26: »Bilanzierung und Berichterstattung von Altersvorsorgeplänen« (»*Accounting and Reporting by Retirement Benefit Plans*«)
- IAS 27: »Konzern- und separate Einzelabschlüsse nach IFRS« (»*Consolidated and Separate Financial Statements*«)
- IAS 28: »Anteile an assoziierten Unternehmen« (»*Investments in Associates*«)
- IAS 29: »Rechnungslegung in Hochinflationsländern« (»*Financial Reporting in Hyperinflationary Economies*«)
- IAS 30: »Angaben im Abschluß von Banken und ähnlichen Finanzinstitutionen« (»*Disclosures in the Financial Statements of Banks and Similar Financial Institutions*«)
- IAS 31: »Anteile an Joint Ventures« (»*Interests in Joint Ventures*«)
- IAS 32: »Finanzinstrumente: Angaben und Darstellung« (»*Financial Instruments: Disclosure and Presentation*«)
- IAS 33: »Ergebnis je Aktie« (»*Earnings per Share*«)
- IAS 34: »Zwischenberichterstattung« (»*Interim Financial Reporting*«)
- IAS 36: »Wertminderung von Vermögenswerten« (»*Impairment of Assets*«)

IAS 37: »Rückstellungen, Eventualverbindlichkeiten und Eventualforderungen« (»*Provisions, Contingent Liabilities and Contingent Assets*«)
IAS 38: »Immaterielle Vermögenswerte« (»*Intangible Assets*«)
IAS 39: »Finanzinstrumente: Ansatz und Bewertung« (»*Financial Instruments: Recognition and Measurement*«)
IAS 40: »Als Finanzinvestition gehaltene Immobilien« (»*Investment Property*«)
IAS 41: »Landwirtschaft« (»*Agriculture*«)

IAS 41 war der letzte vom ehemaligen IASC in Kraft gesetzte Standard. Weitere Regelwerke werden vom IASB unter dem Titel »*International Financial Reporting Standards*« (»IFRS«) entwickelt. Sachlich liegt im Grunde eine Fortsetzung nach IAS 41 vor, nur der Name wurde verändert. Derzeit bestehen folgende IFRS:

IFRS 1: »Erstmalige Anwendung der International Financial Reporting Standards« (»*First-time Adoption of International Financial Reporting Standards*«)
IFRS 2: »Anteilsbasierte Vergütung« (»*Share-based Payment*«)
IFRS 3: »Unternehmenszusammenschlüsse« (»*Business Combinations*«)
IFRS 4: »Versicherungsverträge« (»*Insurance Contracts*«)
IFRS 5: »Zur Veräußerung gehaltene langfristige Vermögenswerte und aufgegebene Geschäftsbereiche« (»*Non-current Assets Held for Sale and Discontinued Operations*«)
IFRS 6: »Exploration und Bewertung ungehobener Bodenschätze« (»*Exploration for and Evaluation of Mineral Assets*«)

Für eine Reihe weiterer IFRS liegen bereits Entwürfe vor. Insbesondere soll ab 2006 ein neuer IFRS 7 »*Capital Disclosures*« mit Offenlegungsvorschriften über das Eigenkapital erscheinen, der Änderungen u.a. auch in den Ausweisvorschriften des IAS 1 und im Konzernrechnungswesen mitbringen wird. Zum Zeitpunkt der Abfassung dieses Werkes liegt der Text des neuen Standards jedoch noch nicht vor. Das Beispiel zeigt aber gut, daß auch die »alten« IAS-Standards nicht »tot« sind, sondern ständigen Änderungen und Aktualisierungen unterliegen.

Die in der vorstehenden Liste »fehlenden« Standards wurden im Laufe der Zeit durch neue Standards ersetzt (»*superseded*«). Fällt ein alter Standard fort, so bleibt sozusagen eine »Lücke«, da bestehende Nummern nicht verändert werden. Die bislang durch neue Regelwerke ersetzten Standards sind:

IAS 3: »Konzernbilanzen« (»*Consolidated Financial Statements*«), in 1989 ersetzt durch IAS 27 und IAS 28.
IAS 4: »Abschreibung« (»*Depreciation Accounting*«), in 1999 ersetzt von IAS 16, 22 und 38.

IAS 5:	»Im Jahresabschluß offenzulegende Informationen« (»*Information to Be Disclosed in Financial Statements*«), ab 1997 von IAS 1 ersetzt.
IAS 6:	»Rechnungslegung bei Preisänderungen« (»*Accounting Responses to Changing Prices*«), von IAS 15 ersetzt.
IAS 9:	»Rechnungslegung über Forschungs- und Entwicklungsaktivitäten« (»*Accounting for Research and Development Activities*«), seit 1999 von IAS 38 ersetzt.
IAS 13:	»Darstellung von Umlaufvermögen und kurzfristigen Verbindlichkeiten« (»*Presentation of Current Assets and Current Liabilities*«), von IAS 1 ersetzt.
IAS 22:	»Unternehmenszusammenschlüsse« (»*Business Combinations*«), ab 31.03.2004 von IFRS 3 ersetzt.
IAS 25:	»Rechnungslegung über Finanzinvestitionen« (»*Accounting for Investments*«), von IAS 39 und IAS 40 ersetzt.
IAS 35:	»Aufgabe von Geschäftsfeldern« (»*Discontinuing Operations*«), von IFRS 5 ab 2005 ersetzt.

Neben der Außerkraftsetzung wurden einige Standards auch umbenannt bzw. tiefgreifend verändert.

4.5. Übersicht über die Interpretations

Die *Standing Interpretations* entstehen aufgrund konkreter Fragen, die an das IASB herangetragen werden und die nach Meinung der Beteiligten nicht oder nicht ausreichend in den IAS bzw. IFRS geregelt sind. Sie konkretisieren also lediglich die IAS, können aber als *emerging issue* oft in die Schaffung eines neuen Standards münden. Ähnlich wie die Standards sind sie numeriert, werden von Zeit zu Zeit verändert und ggfs. auch wieder außer Kraft gesetzt, so daß derzeit nicht alle Nummern »belegt« sind. Durch neue Standards (und Updates bestehender Regulierungen) werden hier mehr alte Texte außer Kraft gesetzt als bei den Standards selbst; es ist also weniger »übrig«.

Die derzeit vorhandenen Interpretations sind:

SIC 7:	»Einführung des Euro« (»*Introduction of the Euro*«)
SIC 10:	»Beihilfen der öffentlichen Hand – Kein spezifischer Zusammenhang mit betrieblichen Tätigkeiten« (»*Government Assistance – No Specific Relation to Operating Activities*«)
SIC 12:	»Konsolidierung – Zweckgesellschaften« (»*Consolidation – Special Purpose Entities*«)
SIC 13:	»Gemeinschaftlich geführte Einheiten – Nicht monetäre Einlagen durch Partnerunternehmen« (»*Jointly Controlled Entities – Non-Monetary Contributions by Venturers*«)

SIC 15: »Operate-Leasing – Anreizvereinbarungen« (»*Operating Leases – Incentives*«)

SIC 21: »Ertragsteuern – Realisierung von neubewerteten und nicht planmäßig abzuschreibenden Vermögenswerten« (»*Income Taxes – Recovery of Revalued Non-Depreciable Assets*«)

SIC 25: »Ertragsteuern – Änderungen im Steuerstatus eines Unternehmens oder seiner Anteilseigner« (»*Income Taxes – Changes in the Tax Status of an Enterprise or its Shareholders*«)

SIC 27: »Beurteilung des wirtschaftlichen Gehalts von Transaktionen in der rechtlichen Form von Leasingverträgen« (»*Evaluating the Substance of Transactions in the Legal Form of a Lease*«)

SIC 29: »Angabe – Tausch von Dienstleistungslizenzen« (»*Disclosure – Service Concession Arrangements*«)

SIC 31: »Erträge – Tausch von Werbeleistungen« (»*Revenue – Barter Transactions Involving Advertising Services*«)

SIC 32: »Immaterielle Vermögenswerte – Website-Kosten« (»*Intangible Assets – Website Costs*«)

Neue Interpretationen werden vom *International Financial Reporting Interpretations Committee* (IFRIC) veröffentlicht. Dieses hat das bisherige *Standing Interpretations Committee* ersetzt, wie das IASB das ehemalige IASC ersetzt hat. Bisherige Interpretationen des IFRIC sind:

IFRIC 1: »Änderungen in bestehenden Verbindlichkeiten zur Stillegung, Wiederherstellung und ähnlichen Verpflichtungen« (»*Changes in Existing Decommissioning, Restoration and Similar Liabilities*«)

IFRIC 2: »Anteile der Mitglieder von Genossenschaften und ähnliche Instrumente« (»*Members' Shares in Co-operative Entities and Similar Instruments*«)

IFRIC 3: »Emissionsrechte« (»*Emission Rights*«)

IFRIC 4: »Feststellen, ob eine Vereinbarung ein Leasingverhältnis enthält« (»*Determining Whether an Arrangement Contains a Lease*«)

IFRIC 5: »Zinsrechte aus Stillegung, Wiederherstellung und Umweltschadensfonds« (»*Rights to Interests Arising from Decommissioning, Restoration and Environmental Rehabilitation Funds*«)

Folgende neuen Interpretationen bestehen derzeit als Entwurf (»*draft*«) und werden in der nächsten Zeit erwartet:

IFRIC D5: »Erstanwendung des IAS 29 Rechnungslegung in Hochinflationsländern« (»*Applying IAS 29 Financial Reporting in Hyperinflationary Economies for the First Time*«)

IFRIC D6: »Versorgungspläne mehrere Arbeitgeber« (»*Multi-employer Plans*«)

IFRIC D9: »Leistungen an Arbeitnehmer mit zugesagten oder Leistungen gemäß Beitragshöhe oder angenommener Beitragshöhe« (»*Employee Benefit Plans with a Promised Return on Contributions or Notional Contributions*«)

IFRIC D10: »Verbindlichkeiten aus der Teilnahme in einem speziellen Markt – Elektrische und elektronische Altgeräte« (»*Liabilities Arising from Participating in a Specific Market – Waste Electrical and Electronic Equipment*«)

IFRIC D11: »Änderungen der Beitragshöhe in Mitarbeiter-Aktienprogrammen« (»*Changes in Contributions to Employee Share Purchase Plans (ESPPs)*«)

IFRIC D12: »Dienstleistungslizenzen – Festlegung des Buchungsverfahrens« (»*Service Concession Arrangements – Determining the Accounting Model*«)

IFRIC D13: »Dienstleistungslizenzen – das Finanzvermögensmodell« (»*Service Concession Arrangements - the Financial Asset Model*«)

IFRIC D14: »Dienstleistungslizenzen – das Immaterielle Vermögensmodell« (»*Service Concession Arrangements – the Intangible Asset Model*«)

Anzahl und Änderungshäufigkeit der *Interpretations* ist hier noch wesentlich größer als die der Standards.

Da dieses Werk ein Grundlagenwerk ist, geht es nur ausnahmsweise auf die SIC/IFRIC-Texte ein und beschränkt sich primär auf einen Überblick zu den IAS/IFRS-Inhalten.

4.6. Ziele und grundsätzliche Eigenschaften der IFRS-Rechnungslegung

Das Ziel der Rechnungslegung ist, Informationen über die Vermögens- und Finanzlage, deren Veränderung und die wirtschaftliche Leistungsfähigkeit eines Unternehmens darzustellen. Zentrales Merkmal ist *decision usefulness* (Entscheidungsnutzen). Während sich dieser Grundsatz eigentlich mit § 238 Abs. 1 HGB deckt, ist die konkrete Ausgestaltung jedoch sehr unterschiedlich.

4.6.1. Grundgedanken im Framework

Die Grundgedanken im Rahmenkonzept (*framework*) entsprechen systematisch den Grundsätzen der ordnungsgemäßen Buchführung (GoB).

Sie bestehen seit 1989 und sind damit der älteste Teil des derzeitigen IFRS-Regelwerkes.

Das Hauptziel der Rechnungslegung ist, Entscheidungsnutzen für eine Vielzahl von Adressaten zu stiften (F12 bis 14). F 9 zählt daher eine Reihe von solchen Interessenten auf, u.a. Investoren, Kreditgeber, Regierungen aber auch Arbeitnehmer oder Kunden. Während das Handelsrecht an der Vorsicht orientiert ist und damit den Gläubigerschutz als oberstes Prinzip kennt, wollen die IFRS ein den tatsächlichen Verhältnissen entsprechendes Bild der Vermögens-, Finanz- und Ertragslage sowie der Veränderungen in der Vermögens- und Ertragslage vermitteln.

Das Rahmenkonzept leitet nicht nur die bestehenden Standards, sondern auch den Bilanzierenden beim Fehlen konkreter Einzelfallregelungen. Das Rahmenkonzept soll dann als Richtlinie herangezogen werden (Analogie, IAS 8.11).

Dem Abschluß liegen zwei wesentliche Grundannahmen zugrunde:

- Periodenabgrenzung (*accrual basis*) ist der Grundsatz, daß die Geschäftsvorfälle der Rechnungsperiode zuzurechnen sind, der sie wirtschaftlich angehören, und nicht der Periode, in der die zugehörigen Zahlungen geleistet werden. Bei Vorauszahlungen sind daher transistorische Posten und bei Nachzahlungen antizipative Posten zu bilden (F 22).
- Unternehmensfortführung (*going concern*) besagt, daß von einer Fortführung der Unternehmenstätigkeit auszugehen ist. Dies ist u.a. Grundlage für die Abschreibung, aber auch für viele Bewertungsregeln. Ist das Unternehmen tatsächlich gezwungen, seine Tätigkeit einzustellen, oder beabsichtigt es dies tatsächlich, so ist dieser Umstand im Abschluß anzugeben (F 23).

Auf diesen Grundlagen bauen qualitative Anforderungen an den Jahresabschluß auf. Diese sind Merkmale, durch welche die im Abschluß ersichtlichen Informationen für den Adressaten nützlich werden (F 24):

- Verständlichkeit (*understandability*): Informationen müssen so aufbereitet werden, daß ein sachkundiger Jahresabschlußleser sich ein Bild verschaffen kann. Das entspricht im wesentlichen den Regelungen der §§ 238 ff HGB.
- Bedeutsamkeit (*relevance*): Nur entscheidungsrelevante Informationen sollen ausgewiesen werden. Voraussetzung hierfür ist die Wesentlichkeit (*materiality*). Der Relevanzgrundsatz bedingt auch, daß die Informationen um so breiter und tiefer dargestellt werden müssen, je komplexer das Unternehmensgeschehen ist.
- Wesentlichkeit (*materiality*): Informationen sind wesentlich, wenn ihr Weglassen oder ihre fehlerhafte oder unvollständige Darstellung die auf der Basis von Abschlußinformationen getroffenen wirtschaftlichen Entscheidungen der Abschlußadressaten beeinflussen könnten (F 30). Die Wesentlichkeit ist daher eher eine

Schwelle als eine qualitative Anforderung. Sie liegt im Grunde der Bedeutsamkeit und Verständlichkeit zugrunde. Der Abschluß ist nur verständlich und die Informationen sind nur bedeutsam, wenn alle wesentlichen Informationen dargestellt werden.

Damit die im Jahresabschluß dargestellten Informationen für wirtschaftliche Entscheidungen der Abschlußadressaten nützlich sind, müssen sie verläßlich dargestellt werden. Dieser Zuverlässigkeitsgrundsatz enthält folgende Komponenten:

- glaubwürdige Darstellung (*faithful representation*) ist im wesentlichen der Grundsatz der wahrheitsgetreuen Darstellung;
- wirtschaftliche Betrachtungsweise (*substance over form*) besagt, daß Geschäfte nach ihrem tatsächlichen wirtschaftlichen Gehalt (*actual substance*) und nicht nach formaljuristischen Kriterien (*legal form*) zu beurteilen und darzustellen sind. Ein Leasingvertrag ist beispielsweise je nach Regelungsgehalt entweder als Kauf (*finance leasing*) oder als Miete (*operate leasing*) auszuweisen. Der wirkliche Charakter des Vertrages steht damit im Vordergrund. Das entspricht im wesentlichen dem Typenzwang des BGB-Schuldrechtes;
- Neutralität (*neutrality*) besagt, daß willkürfrei und wertfrei darzustellen ist;
- Vorsicht (*prudence*) ist das Vorsichtsprinzip, das dem deutschen Bilanzinterpreten bestens bekannt sein dürfte;
- Vollständigkeit (*completeness*) ist der ebenfalls allgemein bekannte Grundsatz, daß nichts fortgelassen werden darf. Stille Reserven stehen allgemein im Widerspruch zum Grundsatz der Vollständigkeit. Durch die wahrheitsgemäßere Bewertung der Bilanzposten im Rahmen der IFRS kommt es jedoch kaum zu stillen Reserven. Der im Prinzip auch im Handelsrecht bekannte Vollständigkeitsgrundsatz wird daher erst durch die wahrheitsgemäße Bewertung wirklich erfüllt;
- Vergleichbarkeit (*comparability*) besagt, daß die Abschlüsse über die Zeit hinweg vergleichbar sein müssen. Der Abschlußleser soll Tendenzen in der Entwicklung der Vermögens-, Finanz- und Ertragslage erkennen können. Dies schließt einerseits den Stetigkeitsgrundsatz ein, d.h. die Anforderung, daß einmal gewählte Bewertungs- und Bilanzierungsmethoden beibehalten werden müssen; andererseits ist der Abschlußleser über alle Änderungen in den Bewertungs- und Bilanzierungsmethoden zu informieren.

Alle diese Merkmale gelten immer gleichzeitig. Jeder Gegenstand ist nach allen diesen Regelungen zu betrachten.

Einschränkende Merkmale für relevante und verläßliche Informationen sind:

- Zeitnähe (*timeliness*): Die Rechnungslegung muß in Zeitnähe zum offengelegten Sachverhalt vorgenommen werden. Dem Bilanzie-

renden wird unter dem Gesichtspunkt des Entscheidungsnutzens eine Abwägung zwischen möglichst früher, aber möglicherweise unzuverlässiger und späterer, aber sehr zuverlässiger Offenlegung aufgegeben.
- Kosten-Nutzen-Verhältnis (*cost benefit balance*): Die einzelnen Rechnungslegungsvorschriften dürfen das Unternehmen nicht über Gebühr mit bürokratischen Abläufen belasten. Der Nutzen der Offenlegung muß stets größer sein als die Kosten der Informationsbeschaffung und -offenlegung. Das berücksichtigt aber auch, daß die Bereitstellung zusätzlicher Informationen die Fremdkapitalaufwendungen senken kann, weil dies das Rating des Unternehmens verbessert. Auch hier besteht also ein Ermessensspielraum des Bilanzierenden. Der Kosten-Nutzen-Grundsatz entspricht zusammen mit dem Wesentlichkeitsprinzip in etwa den größenabhängigen Erleichterungen im Handelsrecht.
- Balance zwischen den einzelnen Merkmalen (*balance between qualitative characteristics*): Zwischen den einzelnen Anforderungen ist ein Ausgleich anzustreben. Kein Einzelkriterium darf ein anderes Kriterium verdrängen.

Insgesamt sollen diese Grundsätze sicherstellen, daß ein den tatsächlichen Verhältnissen entsprechendes Bild vermittelt wird. Dies ist das zentrale Kriterium des Entscheidungsnutzens für den Anwender.

4.6.2. Das Gesamtkonzept

Durch diese Regelungen soll eine wahre und angemessene Darstellung (*true and fair view*) bzw. eine angemessene Präsentation (*fair presentation*) erreicht werden (F 46). Dieses Prinzip steht über allen anderen Prinzipien. Es wird daher oft als *overriding principle* bezeichnet, was den deutschen auf Vorsicht und Gläubigerschutz ausgerichteten HGB-Regelungen direkt widerspricht. Das manifestiert sich an verschiedenen Stellen:

- Bei Sachanlagen ist beispielsweise ein Verkehrswertansatz zulässig, wenn ein Verkehrswert zuverlässig ermittelt werden kann (IAS 16.31 ff); allerdings ist die Buchung gegen eine Neubewertungsrücklage vorgeschrieben.
- Ebenso darf bei immateriellen Vermögenswerten ein Verkehrswertansatz vorgenommen werden, wenn ein aktiver Markt besteht (IAS 38.85); auch hier kann mit einer Neubewertungsrücklage vorgegangen werden.
- Bei Immobilien, die als Wertanlage (z.B. zur Erzielung von Miet- oder Spekulationserträgen) dienen, ist ebenfalls ein Verkehrswertansatz zulässig (IAS 40.35).

Der Verkehrswert kann auch über dem fortgeführten oder durch Abschreibung zustandegekommenen Wert liegen. Er kann die Anschaffungs- oder Herstellungskosten des Vermögensgegenstandes übersteigen. Die Zuschreibungsvorschrift des § 280 HGB kennt eine nur ungefähr äquivalente Regelung, die im Handelsrecht jedoch hinter der Vorsicht zurücksteht.

Insgesamt decken sich die IFRS-Regelungen teilweise mit denen des Handelsgesetzbuches; sie sind jedoch wesentlich übersichtlicher und damit für den Bilanzierenden nutzbarer dargestellt.

Anders als das deutsche Handelsrecht kennen die International Financial Reporting Standards kein Maßgeblichkeitsprinzip (§ 254 HGB). Die IAS sind vollkommen vom Steuerrecht entkoppelt. Sie sind keine steuerrechtliche Rechnungslegung. Hierfür ist vielmehr eine separate, nach den Regelungen der jeweiligen Länder anzufertigende Rechnungslegung erforderlich.

Dies ist nicht nur notwendig, weil es kein internationales Steuerrecht gibt und die IFRS also auf nationale Steuerrechte hin kompatibel sein müssen, sondern auch sinnvoll, weil damit ein Rechtsgebiet nicht durch Detailvorschriften des jeweils anderen Rechtsgebietes überfrachtet wird.

Es wundert daher nicht, daß mit Einführung der IFRS die Probleme mit der Unterscheidung der Steuer- und der Handelsbilanz erhalten bleiben. Da das Steuerrecht keine ernsthaften Globalisierungsansätze zeigt, wird die faktisch doppelte Rechnungslegung uns wohl weiter begleiten. Die Unterschiede zwischen deutschem Handelsrecht und deutschem Steuerrecht sind aber meist viel größer als die zwischen IFRS und deutschem Steuerrecht. Man kann daher immerhin hoffen, daß in Zukunft wieder öfter eine Einheitsbilanz möglich ist – oder die Unterschiede wenigstens leichter zu handhaben sind.

4.6.3. Grundsätzliche Definitionen

Eine besonders positive Eigenschaft der internationalen Rechnungslegung ist, daß die zugrundeliegenden Definitionen zumeist klar vom eigentlichen Regelungsgehalt abgegrenzt sind. Das macht das Gesamtwerk übersichtlicher und für den Bilanzierenden leichter nutzbar.

1. Asset: Assets sind in den IFRS Vermögensgegenstände (Wirtschaftsgüter): *A resource controlled by the enterprise as a result of past events and from which future economic benefits are expected to flow to the enterprise*. Gemeinsame Eigenschaft aller Assets ist also ihr Potential, künftig wirtschaftlichen Nutzen (*probable future benefit*) zu vermitteln, der zu einem zukünftigen Zeitpunkt zu *net cash inflows* führt (u.a. F 49, 53 und 89). Der künftige wirtschaftliche Nutzen kann nach F 55 bestehen in

- dem Vermögensgegenstand selbst (Primärnutzen), z.B. dessen Anwendung in der Leistungserstellung;
- Tausch gegen andere Vermögensgegenstände;
- Begleichung einer Schuld (bei Geld);
- Entnahme durch die Eigentümer des Unternehmens.

Der Vermögensbegriff ist also wesentlich weiter gefaßt als es im deutschen Recht der Fall ist. Daher gehören alle ökonomischen Ressourcen zu den *assets*, auch diejenigen, die nach deutschem Recht nicht bilanzierungsfähig wären wie z.B. manche immateriellen Vermögensgegenstände (*intangible assets*). Auch Forschungs- und Entwicklungsaufwendungen können nach IAS zu *assets* werden; selbst eigenerstellte Webseiten können u.U. aktiviert werden.

Aus demselben Grund ist auch eine Neu- bzw. eine Höherbewertung von *assets* vorgesehen, die das HGB ebenfalls nicht kennt. Für verschiedene Umlaufvermögensgegenstände gibt es ein Wahlrecht der Bewertung nach Niederstwertprinzip oder der Bewertung nach Tageswert – selbst dann, wenn dieser höher als die Anschaffungskosten sein sollte. Außerdem sind Sachanlagevermögensgegenstände regelmäßig auf ihren tatsächlichen Wert hin zu überprüfen (*impairment test*) und ggfs. neu zu bewerten.

Die Bildung stiller Reserven ist damit sehr stark eingeschränkt und die Rechnungslegung ist wahrheitsgemäßer.

Die weitgefaßte Definition des *Asset*-Begriffes bedingt auch eine entsprechend umfassende und unübersichtliche Regelung in den Standards. Neben den allgemeingültigen Grunddefinitionen aus F 49 stehen zahlreiche spezielle Definitionen aus den einzelnen Standards. Man muß also jeweils am speziellen Regelungsort nach besonderen Vorschriften suchen:

- IAS 2 regelt die Bewertung und bilanzielle Behandlung der *Inventories*. *Inventories* (Vorräte) sind Gegenstände, die zum Verkauf bereitgehalten werden, die sich in Produktion befinden oder die in Form von Material auf ihre Weiterverarbeitung warten (IAS 2.4). Die Position entspricht damit im wesentlichen dem Material- und Warenbegriff und umfaßt die fertigen und unfertigen Erzeugnisse in Produktionsbetrieben. Der Inventory-Begriff ist jedoch enger als der Umlaufvermögensbegriff gefaßt: zu bestimmten unabgeschlossenen Auftragsfertigungen (»*work in progress*«), Finanzinstrumenten und land- und forstwirtschaftlichen Vermögensgegenständen bestehen eigene Regelungen (IAS 2.1).
- IAS 16 regelt die bilanzielle Behandlung von Sachanlagevermögensgegenständen (»*Property, Plant and Equipment*«). Hierunter fallen im wesentlichen Grundstücke und Gebäude sowie Maschinen, Fahrzeuge und andere Anlagen; biologische Vermögensgegenstände (z.B. Feldfrüchte) sind ebenso ausgenommen wie Abbau- und Schürfrechte (IAS 16.2).

- IAS 40 regelt schließlich die Behandlung von *investment property*. Hierbei handelt es sich um Grundbesitz (d.h. Grundstücke und Gebäude), der sich zum Zwecke der Vermietung oder Verpachtung im Eigentum oder im Rahmen eines *finance-leasing*-Vertrages im Besitz des Bilanzierenden befindet, von diesem aber nicht selbst genutzt wird. IAS 40 regelt in diesem Zusammenhang zahlreiche spezifische Offenlegungsvorschriften. Wird ein Grundbesitz vom Bilanzierenden selbst genutzt, so liegt ein »normales« Anlagevermögen vor, und IAS 16 ist anwendbar.

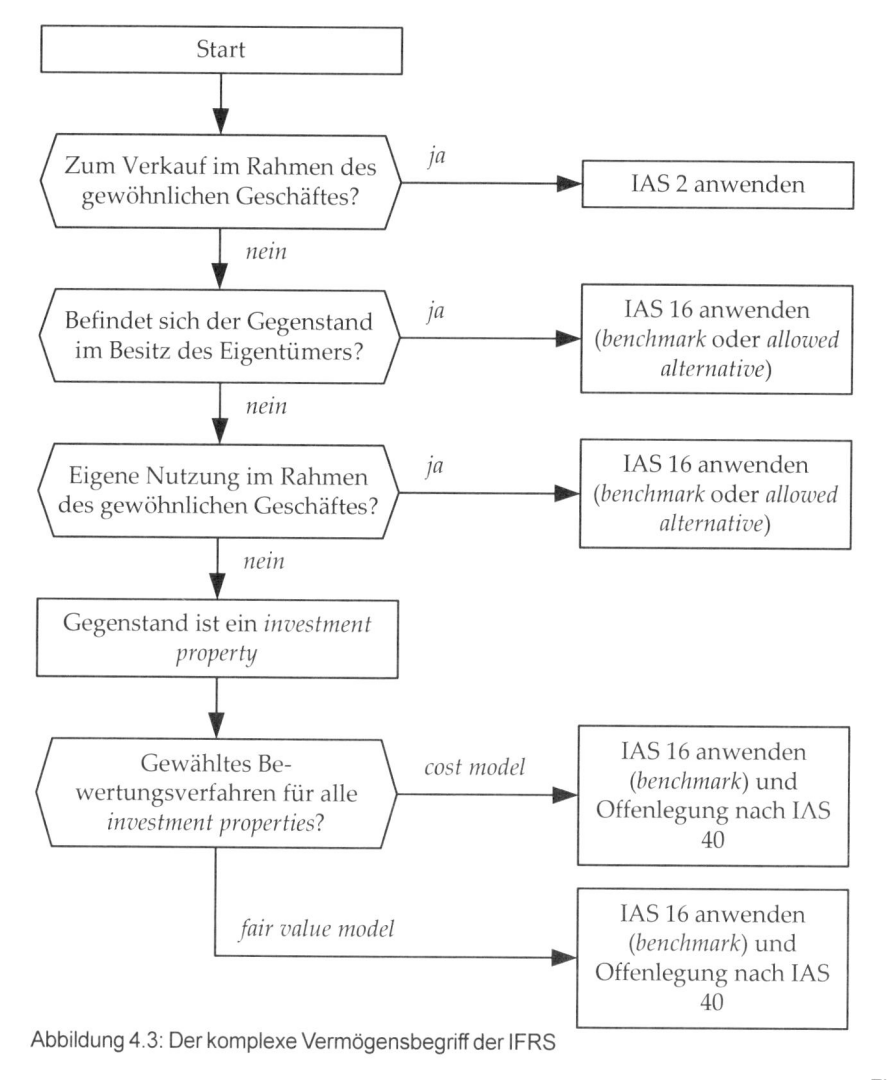

```
                        Start
                          │
                          ▼
         Zum Verkauf im Rahmen des        ja
         gewöhnlichen Geschäftes?  ──────────▶  IAS 2 anwenden
                          │ nein
                          ▼
         Befindet sich der Gegenstand     ja      IAS 16 anwenden
         im Besitz des Eigentümers? ──────────▶  (benchmark oder allowed
                          │ nein                  alternative)
                          ▼
         Eigene Nutzung im Rahmen          ja     IAS 16 anwenden
         des gewöhnlichen Geschäftes? ────────▶  (benchmark oder allowed
                          │ nein                  alternative)
                          ▼
         Gegenstand ist ein investment
                 property
                          │
                          ▼
         Gewähltes Be-                 cost model    IAS 16 anwenden
         wertungsverfahren für alle ──────────▶    (benchmark) und
         investment properties?                    Offenlegung nach IAS
                          │                                  40
                          │ fair value model        IAS 16 anwenden
                          └──────────────────▶     (benchmark) und
                                                    Offenlegung nach IAS
                                                            40
```

Abbildung 4.3: Der komplexe Vermögensbegriff der IFRS

Neben diesen grundlegenden Regelungen bestehen weitere Vorschriften zu speziellen Vermögensgegenständen:

- IAS 17 regelt die Leasingverträge, die im Falle des *finance leasing* auch Vermögensgegenstände auf seiten des Leasingnehmers betretten,
- IAS 28 regelt die Investitionen in verbundene Gesellschaften (*associates*),
- IAS 31 enthält Vorschriften über die Offenlegung von *Joint Ventures*, was ebenfalls vermögensrelevant sein kann,
- IAS 36 enthält die Vorschriften über Wertminderungen von Vermögensgegenständen,
- IAS 38 enthält detaillierte Regelungen zu immateriellen Vermögensgegenständen und
- IAS 41 enthält Regelungen für die Landwirtschaft, die auch biologische Assets wie z.B. ungeerntete Feldfrüchte betreffen.

Die *Interpretations* enthalten schließlich Detailvorschriften, die über die grundsätzlichen Regelungen der Standards hinausgehen, etwa die Bewertung von Webseiten. Wir wollten uns aber in diesem Werk auf die grundsätzlichen Regelungen der Standards beschränken und uns nicht mit den Interpretations befassen.

2. Liability: Den Vermögensgegenständen stehen bilanziell die Schulden (Verbindlichkeiten, *liabilities*) gegenüber. *Liabilities* sind allgemein wirtschaftliche Verpflichtungen aufgrund von Ereignissen der Vergangenheit, dem sogenannten »*obligating event*«, die zu einem Ressourcenabfluß führen und zuverlässig quantifizierbar sind (*a present obligation of the enterprise arising from past events, the settlement of which is expected to result in an outflow from the enterprise of resources embodying economic benefits*). F 62 zählt ausdrücklich die Zahlung flüssiger Mittel, Übertragung von Vermögenswerten, Erbringung von Dienstleistungen, den Ersatz einer Verpflichtung durch eine andere oder die Umwandlung der Verpflichtung in Eigenkapital als Möglichkeiten der Erfüllung auf.

Zwischen Verbindlichkeiten im deutschen Sinne und Rückstellungen wird dabei nicht unterschieden; maßgeblich ist alleine die Wahrscheinlichkeit des zukünftigen Ressourcenabflusses. Nach Zeit und Höhe ungewisse Schulden sind den IAS jedoch als sogenannte *provisions* bekannt (IAS 37.10); dem Grunde nach ungewisse Verpflichtungen erscheinen als Eventualverbindlichkeiten (*contingent liabilities*) und sind ebenfalls offenlegungspflichtig. Die Passivierung ungewisser Schulden ist jedoch wesentlich restriktiver gefaßt, als es im HGB der Fall ist.

Den Eventualschulden stehen übrigens Eventualforderungen (*contingent assets*) gegenüber, also dem Grunde nach ungewisse Forderungen; etwas, was im Handelsrecht aufgrund der Vorsicht völlig unmöglich wäre.

Verschiedene Standards kennen jedoch vier Grundtypen von Verbindlichkeiten:

- Finanzverbindlichkeiten (*financial liabilities*) nach IAS 32 und IAS 39,
- andere vertragliche Verbindlichkeiten, die nach jeweils separaten Standards zu bilanzieren sind, z.B. Leasingverpflichtungen (IAS 17),
- nichtvertragliche Verbindlichkeiten, die nach Framework oder auch nach Spezialbestimmungen anderer Standards zu bilanzieren sind, wie z.B. latente Steuern (IAS 12), aber hier können auch Verbindlichkeiten aus Schadenersatz erscheinen, sowie
- Rückstellungen (*provisions*) nach IAS 37.

3. Equity: Die Differenz zwischen dem Wert der *assets* und den *liabilities* heißt auch *equity* (*the residual interest in the assets of the enterprise after deducting all its liabilities*), was in etwa dem deutschen Reinvermögensbegriff entspricht. Neben F 49 finden sich weitere Regelungen in F 65; eine Eigenkapitalgliederung ist möglich, aber nicht starr vorgeschrieben. Dies ist nach F 68 auch damit begründet, daß die IFRS für Unternehmen aller Rechtsformen anwendbar sein sollen, sich die Rahmenbedingungen hinsichtlich Art und Ausweis des Eigenkapitals jedoch bei den verschiedenen Rechtsformen u.a. erheblich unterscheiden.

Der *Equity*-Begriff ist auch bei der Unternehmensübernahme (IFRS 3) und im Konzernrechnungswesen bedeutsam, denn der Unterschied zwischen Kaufpreis und *equity* ist der (positive oder negative) Geschäfts- oder Firmenwert.

4. Income: Auch der Einkommensbegriff entspricht weder deutschem Steuer- noch deutschem Handelsrecht: Unter *income* versteht man im Rahmen der IFRS nach F 70 (a) *increases in economic benefits during the accounting period in the form of inflows or enhancements of assets or decreases of liabilities that result in increases in equity, other than those relating to contributions from equity participants*.

5. Aufwendungen: Dem *income* stehen Aufwendungen (*expenses*) gegenüber, die in F 70 (b) als *decreases in economic benefits during the accounting period in the form of outflows or depletions of assets or incurrences of liabilities that result in decreases in equity, other than those relating to distributions to equity participants* definiert sind.

Aufwendungen werden nicht von Kosten und Ausgaben differenziert. Die IFRS sprechen von Finanzierungskosten, obwohl es im externen Rechnungswesen ja eigentlich keine Finanzierungskosten, sondern ausschließlich Finanzierungsaufwendungen gibt. Ebenso deckt sich der *Income*-Begriff nicht mit dem Ertragsbegriff der Kostenrechnung. Wie im Handelsrecht werden auch hier die Begriffe von denen des internen Rechnungswesens abweichend definiert.

Außerordentliche Aufwendungen und Erträge wurden in den IFRS schon immer viel restriktiver gehandhabt als im Handelsrecht; ab 2004 sind sie jedoch gänzlich abgeschafft worden (IAS 1.85). Es dürfen damit selbst Aufwendungen in Folge von Naturkatastrophen oder ähnlichen schwerwiegenden Schadensereignissen nicht mehr als »außerordentlich« angegeben werden!

4.6.4. Bewertungsprobleme

Ein Sachverhalt ist dem Grunde nach zu bilanzieren, wenn (F 83)

- es wahrscheinlich ist, daß ein mit dem Sachverhalt verbundener künftiger wirtschaftlicher Nutzen dem Unternehmen zufließen oder von ihm abfließen wird und
- die Anschaffungs- oder Herstellungskosten oder der Wert des Sachverhaltes verläßlich ermittelt werden können.

Ein Gegenstand, der diese Kriterien nicht erfüllt, kann dennoch im Anhang angegeben werden.

Natürlich kennen die Standards auch den Begriff der Herstellkosten; dieser ist jedoch, wie schon der Vermögensbegriff, wesentlich weiter gefaßt als im Handelsrecht:

Die Herstellkosten nach HGB und IAS/IFRS

Komponente	*HGB*	*IFRS*
Materialeinzelkosten	Pflicht	Pflicht
Fertigungseinzelkosten	Pflicht	Pflicht
Sondereinzelkosten der Fertigung	Pflicht	Pflicht
Materialgemeinkosten	Wahlrecht	Pflicht
Fertigungsgemeinkosten	Wahlrecht	Pflicht
Forschungskosten	Verbot	Verbot
Entwicklungskosten	Verbot	Pflicht[1]
Verwaltungskosten • fertigungsbezogene Verwaltungskosten • allgemeine Verwaltungskosten	 Wahlrecht Wahlrecht	 Pflicht Verbot
Fremdkapitalzinsen • herstellungsbezogene Zinsen • nicht herstellungsbezogene Zinsen	 Wahlrecht Verbot	 Wahlrecht[2] Verbot
Vertriebskosten	Verbot	Verbot

1 Entwicklungskosten sind nur gemäß den Kriterien von IAS 38 ansatzpflichtig.
2 Herstellungskostenbezogene Fremdkapitalzinsen sind nur bei sogenannten »*qualifying assets*« ansatzfähig und bei Vorratsvermögen ausgeschlossen.

Während bei den einzelnen Wertmaßstäben zunächst die Überlegungen zu Wesentlichkeit und Vollständigkeit die Hauptrolle spielen, besteht eine Vielzahl von Detailvorschriften zur Bilanzierung der Höhe nach, d.h. zur Bewertung. Die Bewertung erfordert die Anwendung eines Bewertungsmaßstabes, um dem abstrakten Sachverhalt einen in einer Währung ausweisbaren Wert zuzuweisen. Schon F 100 nennt eine Anzahl von Wertmaßstäben:

- *Historical cost* ist der Wert eines *assets*, der sich aus Anschaffungs- oder Herstellkosten und allen folgenden Wertänderungen ergeben hat.
- *Current cost* ist der Betrag, der zum Gegenwartszeitpunkt zu zahlen wäre, wenn ein gleichwertiger Gegenstand beschafft werden müßte.
- *Settlement value* ist der Wert, der durch die ordnungsgemäße Veräußerung zu erzielen gewesen wäre.
- *Present value* ist der abgezinste Barwert einer zukünftigen Forderung oder Verbindlichkeit.

In den einzelnen Standards werden weitere Wertmaßstäbe festgelegt:

- *Actuarial present value* ist der Barwert der versprochenen zukünftigen Zahlungen aus einem Pensionsplan, d.h., die zukünftigen Zahlungen müssen gemäß der Kapitalwertmethode abgezinst werden (insbesondere bei Pensionsrückstellungen) (IAS 26.8).
- *Carrying amount* ist der Zeitwert eines Vermögensgegenstandes nach Berücksichtigung der Abschreibung, also der Bilanzwert des Gegenstandes (IAS 16.6; 36.5).
- *Cash* sind gesetzliche Zahlungsmittel, bewertet zum Nominalwert, sowie bargeldgleiche, also höchstliquide Kautionen und Pfandbeträge (IAS 7.6).
- *Cash equivalents* sind kurzfristige, hochliquide, jederzeit in Geld konvertierbare Forderungen, deren Summe und Fälligkeit dem Grund, der Höhe und dem Zeitpunkt nach genau bekannt und keinem signifikanten Risiko unterworfen sind (IAS 7.6).
- *Closing rate* ist der am Bilanzstichtag festgestellte Kurs einer Fremdwährung (IAS 21.7).
- *Cost* ist generell im Rahmen des begrifflichen Systems der IAS nur der Betrag an Geld oder sonstigen Zahlungsmitteln, der zum Erwerb eines Vermögensgegenstandes zum Zeitpunkt des Erwerbes erforderlich ist (IAS 16.6). Der »Kostenbegriff« der IAS ist daher eigentlich ein Zahlungsbegriff und hat nichts mit der deutschen Abgrenzung zwischen Auszahlungen, Ausgaben, Aufwendungen und Kosten zu tun. Die IAS sind daher als Basis für eine Kosten- und Leistungsrechnung untauglich.
- *Cost of disposal* ist der negative Schrottwert eines Vermögensgegenstandes, also die direkt dem Gegenstand zurechenbaren Ent-

sorgungskosten, ausschließlich Finanzierung und Einkommensteuer (IAS 36.5).
- *Fair value* ist der zwischen sachkundigen Vertragsparteien erzielbare Verkaufspreis eines Vermögensgegenstandes (IAS 16.6). Diese Definition ist weitgehend mit der des *net selling price* identisch. Im Zusammenhang mit dem Konzernrechnungswesen ist *fair value* der Wert, zu dem ein Vermögensgegenstand unter sachkundigen Vertragsparteien ausgetauscht oder eine Verbindlichkeit erfüllt werden könnte (IAS 22.8). Dies kann ein anderer Wert sein, weil hier nur die konzerninterne Verrechnung gemeint ist. Praktisch identisch ist auch die entsprechende Definition in IAS 21.7 bezüglich der Fremdwährungsverbindlichkeiten, in IAS 18.7 bezüglich der Erträge, in IAS 19.7 bezüglich der Leistungen an Arbeitnehmer und in IAS 20.3 bezüglich der Subventionen.
- *Net realizable value* ist bei Vermögensgegenständen des Umlaufvermögens und des Inventars der zu erwartende Verkaufspreis unter gewöhnlichen Geschäftsumständen abzüglich eventuell noch offener Kosten der Herstellung und der direkt mit dem Verkaufsprozeß verbundenen Kosten wie beispielsweise Provisionen (IAS 2.4). Der Begriff ist spezifisch für Waren, Roh-, Hilfs- und Betriebsstoffe sowie für Fertig- und Unfertigprodukte (Material) gedacht und unterscheidet sich insofern vom *net selling price*.
- *Net selling price* ist der erzielbare Einzelverkaufspreis für einen Vermögensgegenstand unter sachkundigen Vertragsparteien abzüglich der Entsorgungskosten (IAS 36.5). Hierbei denkt IAS 36 eher an den Verkauf von Anlagevermögensgegenständen; der Verkauf von Waren und Produkten ist in IAS 2 mit dem *net realizable value* geregelt.
- *Impairment loss* ist der Betrag, um welchen der Zeitwert (*carrying amount*) eines Vermögensgegenstandes seinen *recoverable amount* übersteigt (IAS 36.5).
- *Present value* ist der Gegenwartswert, also der abgezinste Wert einer zukünftigen Zahlungsverpflichtung. Der Begriff erscheint direkt in IAS 19.7 und wird indirekt bei der Bewertung verschiedener Gegenstände angewandt, etwa bei *value in use* (IAS 36.5) oder beim *actuarial present value* (IAS 26.8).
- *Recoverable amount* ist der für einen Vermögensgegenstand erzielbare Wert, jeweils der höhere Wert aus Marktwert und *value in use*, d.h. der Barwert aller erwarteten künftigen Zahlungsströme, die der Vermögensgegenstand vermittelt (IAS 36.5).
- *Residual value* ist der Wert, den ein Vermögensgegenstand am Ende seiner Lebensdauer hat, abzüglich der Entsorgungskosten (IAS 16.6).
- *Value in use* ist der Gegenwartswert (Barwert) aller künftigen erwarteten Zahlungsströme, die ein Vermögensgegenstand vermittelt, einschließlich seiner erwarteten Entsorgungskosten (IAS 36.5).

Diese scheinbar chaotische Grundstruktur zeigt gut den unsystematischen Charakter des historischen Wachstums der IAS.

Anders als im deutschen Recht stehen Vorsichtsprinzip und Gläubigerschutz nicht an erster Stelle. Wertsteigerungen beispielsweise durch unabgerechnete und unfertige Produkte, die im deutschen Recht nicht bilanzierungsfähig wären, sind nach IAS zu aktivieren. Verbindlichkeiten sind ausschließlich nach Stichtagskurs (*closing rate*) zu bewerten, auch dann, wenn dieser unter dem Anschaffungskurs liegt. Auch bei Leasing, Wertpapieren und Vorratsvermögen ist eine Bewertung über den Anschaffungs- oder Herstellkosten unter Umständen möglich.

Dieser grundsätzliche komzeptionelle Unterschied zeigt sich gut in einem Vergleich der Herstellkosten nach IAS und HGB (vgl. oben): Insgesamt ist die Bewertung nach IAS höher als die nach HGB, weil das Vorsichtsprinzip nachrangig ist.

Vielfach sind Bewertungen, die im deutschen Recht durch das Maßgeblichkeitsprinzip von steuerrechtlichen Vorschriften, insbesondere überhöhten Abschreibungen verzerrt sind, im Rahmen der IAS-Bewertung genauer, realistischer und marktnäher. Das gilt insbesondere beim Ausweis der Pensionsverpflichtungen, die im deutschen Recht vielfach unterbewertet sind, aber beispielsweise auch für Vermögensgegenstände, die etwa durch Sonderabschreibungen unterbewertet worden sind. Zugleich sind die Verbindlichkeiten jedoch wesentlich weniger differenziert auszuweisen. So ist beispielsweise eine Trennung der langfristigen Verbindlichkeiten und der Wechselschulden nicht notwendigerweise vorgesehen.

Vielfach bestehen mehrere parallele Bewertungsvorschriften. Der Bilanzierende hat dann ein Wahlrecht. Die Standards erklären oft eine Methode zur Standardmethode (*benchmark treatment*). Zulässige Alternativen heißen dann *allowed alternative treatment*. Auf diese Art sollen möglichst alle Bilanzierenden auf eine bestimmte Methode verpflichtet werden. Es ist geplant, in künftigen Standards die derzeit noch bestehenden Wahlrechte weiter einzuschränken bzw. ganz abzuschaffen. Schon jetzt bieten die IFRS viel weniger Wahlrechte als beispielsweise das deutsche Handelsrecht. Hierdurch wird die Vereinheitlichung der IFRS-Abschlüsse und damit die Vergleichbarkeit der Daten vorangetrieben.

4.6.5. Bestandteile des Jahresabschlusses

Der Jahresabschluß (*financial statement*) besteht aus fünf wesentlichen Teilen:

- Bilanz (*balance sheet*)
- Eigenkapitalveränderungsrechnung (*statement of changes in equity*)
- Gewinn- und Verlustrechnung (*income statement*)

- Anhang (*notes to financial statement*)
- Cash-flow-Rechnung (*cash flow statement*)

Für diese Teile bestehen Einzelvorschriften, aber kein festgelegtes Schema. Die §§ 266, 275 HGB haben in den IAS keine Entsprechung.

Einen Lagebericht etwa nach dem Vorbild des § 289 HGB kennen die IFRS jedoch nicht: die hier enthaltenen Informationen befinden sich in den Ausweispflichten der einzelnen Standards, so daß keine separate Offenlegung mehr erforderlich ist.

Die IFRS kennen zudem keinen grundsätzlichen Unterschied zwischen Konzern- und Einzelabschluß. Sie erheben den Anspruch, für sämtliche Abschlüsse gleichermaßen anwendbar zu sein. Die Vorschriften zum Konzernrechnungswesen befinden sich daher nur in den verschiedenen Einzelstandards verteilt; spezielle Normen hierzu bestehen nicht. Dies führt zu einer viel größeren Einheitlichkeit. Prinzipien, die auf den Einzelabschluß angewandt werden, lassen sich meist direkt auf den Konzernabschluß übertragen. Das Konzernrechnungswesen ist damit kein »Sonderbereich« der Rechnungslegung.

4.6.5.1. Mindestumfang der Bilanz

In der Bilanz ist lediglich zwischen *current/non-current* zu unterscheiden. Ein *current asset* (IAS 1.57) ist hierbei ein *asset*, das zum Verkauf oder Verbrauch bereitgehalten wird und dessen Verbrauch oder Verkauf binnen zwölf Monaten erwartet wird, oder *cash* oder *cash equivalents*, wenn sie keinen Beschränkungen unterliegen. Das entspricht im wesentlichen dem Umlaufvermögensbegriff. Alle anderen *assets* sind als *non-current*, also als Anlagevermögen zu klassifizieren. Eine *current liability* ist eine kurzfristige Verbindlichkeit, die im Rahmen des normalen Geschäftsbetriebes innerhalb von zwölf Monaten beglichen werden soll. In den einzelnen Standards finden sich hierzu eine Vielzahl von Klassifizierungsregeln zur Unterteilung der einzelnen Vermögensgegenstände und Schulden.

Eine spezifische Struktur der Bilanz wird nicht vorgeschrieben. Obwohl die Vergleichbarkeit und Informationsfunktion so hoch angebunden sind, wird dennoch jedem Unternehmen die Detailstruktur der Bilanz überlassen – die Regelungen der §§ 266, 275 HGB würden hier eine vergleichsweise viel höhere Vergleichbarkeit gewährleisten. Hier versucht der Regelungsgeber einen Ausgleich zwischen dem Anspruch der Allgemeinverbindlichkeit für alle Unternehmen und der Vergleichbarkeit. Man bedenke in diesem Zusammenhang, daß auch die §§ 266, 275 HGB ja nur für Kapitalgesellschaften anwendbar sind bzw. waren.

Allerdings regelt IAS 1.66, daß mindestens die folgenden Sachverhalte aus der Bilanz hervorgehen müssen:

Mindestumfang der Bilanz nach IAS 1

Aktiva (Vermögen, *assets*)	Passiva (Kapital, *liabilities*)
Anlagevermögen (*non-current assets*) • Anlagevermögen, Ausrüstungen und Immobilien • Immaterielle Vermögensgegenstände • *financial assets* • Forderungen (*receivables*), langfristig • Investitionen in andere Unternehmen, bei denen die *Equity*-Methode angewandt wurde Umlaufvermögen (*current assets*) • Inventar (Roh-, Hilfs- und Betriebsstoffe, Waren, Fertig- und Unfertigprodukte usw.) • Forderungen (*receivables*), kurzfristig • Forderungen aus Steuern • Rechnungsabgrenzung (*accrual*)	Eigenkapital (*equity*) • Ausgegebene Anteilsscheine • Rücklagen Fremdkapital (*liabilities*) • Langfristige, verzinsliche Verbindlichkeiten • Verbindlichkeiten • Verbindlichkeiten aus Steuern • Rückstellungen • *Minority interests* • Rechnungsabgrenzung (*accrual*)

Das internationale Rechnungswesen kennt weder in der Bilanz noch in der Gewinn- und Verlustrechnung ein starres Schema. IAS 1 schreibt nur Mindestinhalte vor, die vom Bilanzierenden nach Bedarf erweitert werden können. Zentrales Entscheidungskriterium ist stets die Vermittlung eines den tatsächlichen Verhältnissen entsprechenden Bildes. Die IFRS-Bilanzen sind damit zwar weniger vergleichbar als die nach HGB, aber dafür aussagekräftiger.

Abbildung 4.4: Mindestinhalt der Bilanz

4.6.5.2. Die Eigenkapitalveränderungsrechnung

Auch für das Eigenkapital kennen die IFRS kein festes Gliederungsschema. Die IFRS sind aber weitgehend mit dem deutschen Gliederungsschema kompatibel. Das ist besonders bei der Einführung der internationalen Rechnungslegung nützlich, denn es kann – trotz neuer Bewertungs- und Offenlegungsmethoden – weitgehend bei der alten Bilanzstruktur geblieben werden, um die Vergleichbarkeit mit früheren Jahren oder anderen Gesellschaften zu verbessern bzw. zu erhalten. Die Trennung von Eigenkapital und eigenen Aktien ist weitaus weniger starr, als es im deutschen Recht der Fall ist.

Für jede Klasse von Anteilen muß das Unternehmen aber mindestens angeben:

- die Anzahl der genehmigten Anteile;
- die Anzahl der ausgegebenen und voll eingezahlten Anteile und die Anzahl der ausgegebenen und nicht voll eingezahlten Anteile;
- den Nennwert der Anteile oder daß die Anteile keinen Nennwert haben;
- eine Überleitungsrechnung der Anzahl der im Umlauf befindlichen Anteile am Anfang und am Ende der Periode;
- die Rechte, Vorzugsrechte und Beschränkungen für die jeweilige Kategorie von Anteilen, einschließlich Beschränkungen bei der Ausschüttung von Dividenden und der Rückzahlung des Kapitals;
- Anteile am Unternehmen, die vom Unternehmen selbst, von Tochterunternehmen oder von assoziierten Unternehmen gehalten werden und
- Anteile, die für eine Ausgabe aufgrund von Optionen und Verkaufsverträgen vorgehalten werden, unter Angabe der Modalitäten und Beträge.

Beim gezeichneten Kapital und bei den Rücklagen werden die verschiedenen Gruppen von eingezahltem Kapital, Agio und Rücklagen gesondert dargestellt.

Außerdem sind eine Beschreibung von Art und Zweck jeder Rücklage innerhalb des Eigenkapitals, der Betrag der Dividenden, der nach dem Bilanzstichtag, jedoch vor der Freigabe zur Veröffentlichung des Abschlusses vorgeschlagen oder angekündigt wurde, und der Betrag der aufgelaufenen, noch nicht bilanzierten Vorzugsdividenden anzugeben (IAS 1.76).

Als separate Komponente des Jahresabschlusses muß die Unternehmung gemäß IAS 1.96 zudem angeben:

- das Periodenergebnis, das nunmehr nicht mehr in ordentliches und außerordentliches Ergebnis unterteilt werden darf;
- jeden Ertrags- und Aufwands-, Gewinn- oder Verlustposten, der nach anderen Standards direkt im Eigenkapital erfaßt wird, sowie die Summe dieser Posten und

- die Gesamtauswirkungen der Änderungen der Bilanzierungs- und Bewertungsmethoden und der Berichtigung grundlegender Fehler, die als *Benchmark*-Methode in IAS 8 behandelt werden.

Zusätzlich hat die Unternehmung nach IAS 1.97 entweder in dieser Aufstellung oder im Anhang anzugeben:

- Kapitaltransaktionen mit Anteilseignern und Ausschüttungen an Anteilseigner;
- den Betrag der angesammelten Ergebnisse zu Beginn der Periode und zum Bilanzstichtag sowie die Bewegungen während der Periode und
- eine Überleitungsrechnung der Buchwerte jeder Kategorie des gezeichneten Kapitals, des Agios und sämtlicher Rücklagen zu Beginn und am Ende der Periode, die jede Bewegung gesondert angibt.

Die direkt im Eigenkapital erfaßten Positionen werden auch als *other comprehensive income* bezeichnet. Die Summe aus dem GuV-Ergebnis und *other comprehensive income* ist das *comprehensive income*. Plus der Transaktionen mit Anteilseignern als solchen ergibt sich die Eigenkapitalveränderung der Periode.

Gesamte Veränderung des Eigenkapitals in der Berichtsperiode			
Comprehensive income			Transaktionen mit Anteilseignern
Periodenergebnis gemäß Gewinn- und Verlustrechnung		Other comprehensive income	
Ergebnis gewöhnliche Geschäftstätigkeit	Außerordentliches Ergebnis (IAS 1.85!)		

Ab 2004 dürfen weder in der GuV noch im Anhang Aufwands- und Ertragsposten als außerordentliche Posten erfaßt werden. Nachdem dieses Thema schon zuvor restriktiv gehandhabt wurde, sind jetzt selbst Naturkatastrophen nicht mehr »außerordentlich«!	Direkt im EK erfaßte Posten (IAS 1.96 b)	Zum Beispiel die Auszahlung von Dividenden (IAS 1.97)

Abbildung 4.5: Die Erfolgsabrechnung der IFRS

Diese Rechnung heißt insgesamt Eigenkapitalveränderungsrechnung. In der Praxis wird sie in Anlehnung an den Verbindlichkeitsspiegel oft auch als Eigenkapitalspiegel bezeichnet. Das Rechenwerk soll alle Veränderungen des Eigenkapitals eines Unternehmens zwischen zwei Bilanzstichtagen widerspiegeln, d.h. die Zu- oder Abnahme seines Reinvermögens während der Periode unter Maßgabe der im Abschluß angewandten und angegebenen besonderen Bewertungsprinzipien darstellen. Mit Ausnahme der Veränderungen, die aus Transaktionen mit den Anteilseignern resultieren, wie etwa Kapitaleinlagen und Dividenden, stellt die Gesamtveränderung des Eigenkapitals das Ergebnis der Tätigkeit des Unternehmens in der Periode dar (IAS 1.87).

Während im Bereich des deutschen Rechts vielfach recht exakte Regelungen über die Art und Weise der Erfüllung von Vorschriften enthalten sind, verhalten sich die IFRS eher liberal. IAS 1.89 sieht zwei mögliche Formate für die Eigenkapitalrechnung im IFRS-Abschluß vor:

- *Spaltenformat*: Die Anfangsbilanzwerte jeder Kategorie des Eigenkapitals werden in der Form einer Tabelle in die Schlußwerte übergeleitet. Jede Spalte der Tabelle entspricht hierbei einem der o.g. Punkte;
- *Separates Format*: Darstellung eines gesonderten Abschlußbestandteiles, der nur das Periodenergebnis, jeden Ertrags- und Aufwands- sowie Gewinn- oder Verlustposten, der nach anderen Standards direkt im Eigenkapital erfaßt wird, sowie die Gesamtauswirkung dieser Posten darstellt. Die übrigen Posten werden dann im Anhang des Abschlusses offengelegt.

4.6.5.3. Mindestumfang der GuV

Auch für die Gewinn- und Verlustrechnung ist keine feste Struktur vorgegeben. IAS 1.75 schreibt jedoch vor, daß die folgenden Inhalte wenigstens in der GuV-Rechnung erscheinen müssen:

- Erträge,
- Ergebnis der gewöhnlichen Geschäftstätigkeit,
- Finanzierungskosten,
- der anteilige Gewinn oder Verlust aus *associates* und *Joint Ventures*,
- Steueraufwendungen,
- Gewinn oder Verlust aus außerordentlichen Ereignissen,
- außerordentliche *items*,
- Minderheitenanteile (*minority interests*) und
- Gewinn oder Verlust der Rechnungsperiode.

Die im HGB übliche Unterscheidung nach Gesamtkostenverfahren und Umsatzkostenverfahren ist also auch im Rahmen der IFRS möglich und in IAS 1 sogar mit einem Beispiel vorgeführt.

Auch für die GuV-Rechnung sind verschiedene zusätzliche Informationen vorgeschrieben, die in den *notes* oder in der GuV-Rechnung selbst erscheinen müssen.

4.6.5.4. Weitere Inhalte des Jahresabschlusses

Der Anhang (*notes to Financial Statements*) ist nicht, wie der Anhang zum deutschen Abschluß, eine zusätzliche Erläuterung, sondern ein integraler Bestandteil der Gesamtinformation. Er ist daher wesentlich umfangreicher als die Angaben im deutschen Anhang. Ähnlich wie im Handelsrecht finden sich die Vorschriften zum Anhang durch das ganze Regelwerk verstreut. Sie werden daher nicht in zusammenhängende Listen komprimiert, zumal der Umfang der jeweiligen Angabepflichten sich nach dem *Materiality*-Grundsatz richtet, also bei großen Unternehmen an Breite und Tiefe den bei kleinen und mittelständischen Unternehmen erforderlichen Umfang übertrifft.

Die *Cash-flow*-Rechnung ist in IAS 7 geregelt und wird in diesem Werk unten dargestellt.

4.7. Fristen, Termine, Stichtage

4.7.1. Abschlußstichtag und Rechnungsperiode

Ähnlich dem deutschen Handelsrecht erlauben auch die IAS vom Kalenderjahr abweichende Rechnungsperioden; die *reporting period* sollte jedoch stets ein Jahr sein (IAS 1, 49). Ausnahmen hiervon sind nur in begründeten Einzelfällen möglich.

Der *Timeliness*-Grundsatz legt lediglich die Erfordernis der Zeitnähe der Jahresabschlußfeststellung fest (IAS 1.52). Für genauere Vorschriften verweisen die IAS ausdrücklich auf nationale Gesetze und Rechtsprechung, um mit diesen vereinbar zu bleiben.

Die deutschen Aufstellungsfristen für den Jahresabschluß, die bis zu einem Jahr dauern können, sind mit dieser Vorschrift auf jeden Fall nicht kompatibel, weil ein Jahr alte Abschlußzahlen kaum noch praktische Bedeutung für Entscheidungsträger haben.

4.7.2. Fast close

Dies ist der Oberbegriff für alle Verfahren und Methoden, die auf die schnelle oder wenigstens beschleunigte Erstellung des Jahresabschlusses gerichtet sind. Der Begriff stammt eigentlich aus dem US-amerikanischen (und auch sonst dem internationalen) Bereich und spiegelt das dort vorherrschende Verständnis von entscheidungsrelevanten Informationen (*time is of essence*): Die im Abschluß vermittelten Informationen müssen nicht nur inhaltlich verläßlich, sondern auch zeitnah sein, um den Jahresabschlußlesern relevante Daten vermitteln zu können. Der Wettbewerb zwischen Unternehmen wird damit nicht nur über die Produkte oder Leistungen, sondern auch über die von ihnen erstellten Jahresabschlüsse ausgetragen: Wer seine Zahlen schneller vorlegt, ist bei Investoren und Kapitaleignern attraktiver und kann daher mit einem besseren Marktwert rechnen.

Im Zuge der Internationalisierung schwappt die *Fast-close*-Debatte auch immer mehr nach Deutschland und hat insbesondere Unternehmen erfaßt, die ohnehin Jahresabschlüsse nach internationalen Regeln erstellen, d.h. sie ist nach 2005 von weiter wachsender Relevanz. Der *Fast-close*-Abschluß unterscheidet sich nicht grundsätzlich von einem »normalen« Jahresabschluß; alle für diesen geltenden Rechtsvorschriften bleiben uneingeschränkt gültig. Allerdings werden die zum Ergebnis führenden einzelnen Arbeiten beschleunigt. Die dabei gültigen Prinzipien sind

- die Verlagerung der Datenbeschaffung möglichst in Zeiten lange vor dem Jahresabschlußstichtag,
- die Verkürzung der innerbetrieblichen Informationswege und Entscheidungsprozesse sowie
- die Vereinfachung der Bilanzierungs- und Bewertungsmethoden.

Die *Fast-close*-Debatte ist daher im wesentlichen ein Organisationsproblem, und zwar insbesondere eines der Ablauforganisation. Mit Techniken der Ablaufplanung wie *Gantt-Charts* und Netzplananalyse zu arbeiten kann sich bewähren. Oft kommt es dabei zu einem mehr oder weniger formalen *Re-Design* der betroffenen Abteilungen, deren Arbeitsabläufe bislang in keiner Weise auf Schnelligkeit ausgelegt waren. Hierbei wird der Produktivitätsgedanke in das Rechnungswesen eingeführt – böse Zungen behaupten allerdings, es sei eher der olympische Gedanke.

Zu den wichtigsten Verfahren der beschleunigten Erfassung gehören:

- Vorverlagerung der Inventurarbeiten in das Geschäftsjahr hinein,
- permanente Inventur zur sofortigen Verfügbarkeit von Bestandsdaten,
- eine über das gesamte Jahr verteilte Stichprobeninventur zur Bestandskontrolle,
- Verzicht auf Inventur bei Kleinteilen oder sonst nachrangigen Vermögensgegenständen und Festbewertung,
- im deutschen Bereich trickreiche Rotationsverfahren, die die nach § 240 Abs. 3 HGB alle drei Jahre dennoch erforderlichen körperli-

chen Bestandsaufnahmen so auf die Jahre verteilen und verstetigen, daß die durchschnittliche Arbeitslast auf bis zu ein Drittel sinkt,
- regelmäßige Abstimmung von Konten insbesondere innerhalb von Konzernen, so daß Schlußsalden schneller erreichbar sind,
- Anwendung von nach IAS 2 zulässigen Verbrauchsfolgeverfahren wie FIFO oder Durchschnittsbewertung (LIFO wurde ab 2004 untersagt und HIFO, LOFO und ähnliche Methoden sind schon lange nicht mehr erlaubt),
- möglichst frühzeitige Analyse von Verbindlichkeiten, um die Abstimmung der Schuldpositionen am Abschlußzeitpunkt nicht zu verzögern,
- Anpassung von Zeitverträgen etwa bei Versicherungen, Arbeitnehmern oder Wartung, um die Buchung von Rechnungsabgrenzungsposten zu vermeiden,
- kontinuierliche Ermittlung des Wertberichtigungsbedarfes insbesondere bei Debitoren sowie
- die konsequente und unternehmensweite Umsetzung von elektronischen Verfahren (Datenbanken, Controlling-Software, integrierte Management-Information-Systeme), so daß Informationen jederzeit erreichbar sind.

Zu Problemen kommt es insbesondere im Zusammenhang mit den deutschen steuerrechtlichen Vorschriften. Das deutsche Maßgeblichkeitsprinzip kann ein Stolperstein auf dem Weg zu einem *fast close* sein. Die bekannte Dreimonats-Verzögerung durch die Bewertung von Schuldzinsen (§ 4 Abs. 4 EStG) wurde jedoch nach nur kurzer Geltung ab 2002 wieder abgeschafft. Weitere Probleme bestehen in der restriktiveren Bewertung nach Steuerrecht, z.B. bei Rückstellungen.

Diese Probleme sind jedoch insgesamt eigentlich nur ein Abbild der ohnehin bestehenden Inkompatibilität zwischen deutschem Steuerrecht und internationaler Rechnungslegung und daher eigentlich kein spezifisches *Fast-close*-Problem. Allerdings könnte überlegt werden, die IAS/IFRS-Bilanzierung von der Steuerbilanz zu entkoppeln und zeitlich vorgelagert zu erstellen.

5. Übersicht über die einzelnen IAS

In diesem Kapitel bieten wir einen Überblick über die »alten« noch vom IASC in Kraft gesetzten IAS. Die Übersicht enthält nur noch existierende Standards, nicht aber solche, die von Neuregelungen außer Kraft gesetzt wurden. Da neue Standards nur noch als IFRS erscheinen und dabei gelegentlich alte IAS außer Kraft gesetzt werden, wird dieses Kapitel mit der Zeit schrumpfen.

5.1. IAS 1: Presentation of Financial Statements

Dieser Standard ist der grundlegendste und enthält elementare Regelungen über die Art und Weise der Offenlegung von Informationen im Jahresabschluß. Daß im offiziellen IFRS-Regelwerk die IFRS vor den IAS stehen, kann auf den ersten Blick irreführend wirken, denn IAS 1 (und nicht IFRS 1) schließt sich inhaltlich an das Rahmenkonzept (*framework*) an. Hierzu werden zunächst »grundlegende Überlegungen« (»*overall considerations*«) eingeführt.

Die IFRS-Konformität muß das Unternehmen ausdrücklich erklären (IAS 1.14), was die Erfüllung sämtlicher anwendbarer Vorschriften erfordert. Die IFRS erheben den Anspruch, bei vollständiger und richtiger Anwendung nahezu immer ein den tatsächlichen Verhältnissen entsprechendes Bild zu vermitteln (IAS 1.13). Hierzu muß das Unternehmen jedoch zusätzlich

- möglicherweise fehlende Bilanzierungsregeln durch Analogie aus anderen Regelungen ableiten, wofür IAS 8 Leitlinien bietet,
- Informationen und die angewandten Bilanzierungs- und Bewertungsmethoden verläßlich, vergleichbar und vollständig angeben und
- zusätzliche Angaben bereitstellen, wenn die Anforderungen der IFRS in einem besonderen Fall unzureichend sein sollten, um es dem Adressaten zu ermöglichen, die Auswirkung von einzelnen Geschäftsvorfällen und Ereignissen auf die Vermögens-, Finanz- und Ertragslage des Unternehmens zu verstehen.

Der internationale Regelgeber legt also eine erhebliche Verantwortung in die Hände des Unternehmens. Er setzt voraus, daß das bilanzierende Unternehmen Rechts- und Bewertungsvorschriften nicht mißbraucht – was um so eher möglich wäre, als die IFRS keine Strafnormen bei Verstößen vorsehen und das IASB keine Sanktionsmacht besitzt. Allerdings finden sich auf nationaler Ebene oft Kontroll- und Strafinstitutionen, so in Deutschland in Gestalt des Bilanzkontrollverfahrens und des BaFin.

Trotz der im Grunde nur noch sehr spärlichen offenen Wahlrechte bestehen zudem zahlreiche Regelungen, die eine Bewertung zum beizulegenden Zeitwert erfordern (*fair value*). Diese können auch als verdeckte Wahlrechte betrachtet werden, weil oft eine objektive Erkenntnisquelle wie ein Börsen- oder Marktpreis nicht besteht. Der Bilanzierende muß also selbst entscheiden, was »richtig« ist. Das öffnet einerseits dem Bilanzbetrug Tür und Tor; andererseits erlaubt es auch eine wahrheitsgemäßere Beurteilung. Das IASB versucht insofern eine Gratwanderung zwischen Wahrheit und Verantwortung.

5.1.1. Grundsätzliche Prinzipien

Zu den nachfolgend enthaltenen Einzelthemen gehören:

- *Fair presentation*: das *financial statement* soll ein den tatsächlichen Verhältnissen entsprechendes Bild abgeben, ganz wie im Handelsrecht. Die Informationsfunktion ist das grundsätzliche Ziel jeder IFRS-Rechnungslegung und leitet alle in den späteren Standards festgelegten Einzelregelungen (IAS 1.13–22). Die Standards erheben dabei den Anspruch, in den allermeisten Fällen angemessene Richtlinien zu bieten. Sie lassen in IAS 1.17–18 aber auch eine Hintertür, wenn in sehr seltenen Fällen die Anwendung eines Standards kein den tatsächlichen Verhältnissen entsprechendes Bild vermitteln würde. Das Unternehmen ist dann berechtigt, eine eigene Rechnungslegungspolitik zu entwickeln. Ein mögliches Beispiel hierfür ist die Neuregelung der Exploration und Bewertung ungehobener Bodenschätze in IFRS 6, die vor 2006 ungeregelt und daher Anlaß zu individuellen Rechnungslegungspolitiken war.
- *Going concern* ist der Grundsatz der Unternehmensfortführung, der besagt, daß, wenn nicht tatsächliche Sachverhalte dem entgegenstehen, von der Fortsetzung der Unternehmenstätigkeit auszugehen sein, was u.a. eine entsprechende Bewertung bedingt. Denn nur infolge der Fortsetzung wird beispielsweise über mehrere Perioden abgeschrieben (IAS 1.23–24), was schon im Framework grundsätzlich vorgeschrieben ist.
- *Accrual basis of accounting* besagt, daß Ereignisse nicht zum Zeitpunkt der ihnen zurechenbaren Zahlungen, sondern zum Zeitpunkt ihres eigentlichen Stattfindens darzustellen sind. Dies ent-

spricht dem Grundsatz der Periodenabgrenzung (IAS 1.25–26), der auch aus dem *framework* bekannt ist. Der Grundsatz der Periodenabgrenzung ist die Grundlage für die Bildung von Rechnungsabgrenzungsposten, um Aufwendungen und Erträge der jeweiligen Periode zuzuordnen. Vorauszahlungen bezeichnet man dabei als die sogenannten transitorischen Posten, weil sie in das Folgejahr hinübergebracht werden sollen, und die Nachzahlungen als antizipative Posten, weil sie Zahlungsvorgänge künftiger Jahre vorwegnehmen.

- *Consistency of presentation*: Dies ist der Grundsatz der Methodenstetigkeit, der besagt, daß die einmal gewählten Bewertungs-, Bilanzierungs- und Darstellungsmethoden beizubehalten sind. Methodenwechsel sind nur erlaubt, wenn in der Wirklichkeit signifikante Änderungen entstehen oder ein Standard verändert wird (IAS 1.27–28). Änderungen müssen selbst wieder dauerhaft sein und den Entscheidungsnutzen des Abschlusses erhöhen.
- *Materiality and aggregation*: In diesem Grundsatz sind die Einzelbewertung, die auch dem deutschen Handelsrecht bekannt ist, und ein in Deutschland in dieser Form sonst nicht bekannter Grundsatz der Wesentlichkeit enthalten. Die Einzelbewertung besagt zunächst, daß jeder Sachverhalt für sich separat darzustellen sei; die Wesentlichkeit hingegen besagt, daß Einzelwerte, die bei der Erstellung des Jahresabschlusses in großer Zahl anfallen, zu Gesamtheiten aggregiert werden dürfen, wenn sie dem Wesen nach ähnlich und damit vergleichbar sind. Was sich nicht ähnlich ist, darf auch nicht zusammengefaßt werden. Der Grad dieser Zusammenfassung wird aber durch die Informationsfunktion des Jahresabschlusses vorgegeben, denn die Entscheidungsnützlichkeit der präsentierten Daten darf durch die Aggregation nicht eingeschränkt werden (IAS 1.29–31). Einzelne Standards enthalten eine Vielzahl von Klassifizierungsvorschriften, die diesen Grundsatz konkretisieren: so sind Anlagevermögensgegenstände, die nur (noch) zum Verkauf bereitgehalten werden (sogenannte »Veräußerungsgruppen«), separat auszuweisen, weil sie sich durch die Veräußerungsabsicht (und die daher meist vorangegangene Stillegung) von den normal betriebenen Anlagen unterscheiden (IFRS 5). Solche Klassifizierungsvorschriften haben allgemein den Zweck, den Informationsnutzen zu erhöhen.
- *Offsetting* ist das Verrechnen (Saldieren) von Aktiva und Passiva oder Aufwendungen und Erträgen, das in den IFRS genau wie im deutschen Recht verboten ist, es sei denn, daß ein *offset* spezifisch in einem Standard erlaubt wäre. Zudem ist die Verrechnung unwesentlicher Aufwendungen und Erträge ausdrücklich erlaubt. Das zielt offensichtlich auf Dinge ab wie Skonti oder andere Preisnachlässe, die einem Vermögensgegenstand eindeutig zurechenbar, aber vom Betrag her unwesentlich sind (IAS 1.33–37).

- *Comparative information*: Hier wird vorgeschrieben, daß Vergleichszahlen anzugeben sind (IAS 1.38–41). Dies bedeutet im Kern, daß, wenn ab 2005 IAS-Abschlüsse gefertigt werden, Vergleichszahlen schon ab 2004 vorliegen müssen. Allerdings können auch *narrative informations* erforderlich sein, also verbale Darstellungen früherer oder vergleichbarer Sachverhalte. Auch hier steht die Informationsfunktion wieder ganz offensichtlich im Vordergrund. Werden Sachverhalte umgruppiert, so sollen auch die Vergleichszahlen umgruppiert werden – unter Umständen sogar rückwirkend (IAS 1.38). Ist dies unmöglich oder zu aufwendig (z.B. weil entsprechende Daten in der Vergangenheit nicht erhoben wurden), so muß wenigstens der Grund für die Nicht-Neuklassifizierung angegeben werden.

Indirekt liegt dem IFRS-Jahresabschluß auch der Klarheitsgrundsatz zugrunde. So müssen alle Teile des Jahresabschlusses eindeutig identifizierbar sein (IAS 1.44 ff) und sind eindeutig zu bezeichnen. Das berichtende Unternehmen muß sich eindeutig identifizieren; auch die formale Aufbereitung der Informationen soll übersichtlich und verständlich sein. Abkürzungen, Rundungs- und Rechenregeln und dergleichen müssen eindeutig ersichtlich sein.

Der Abschlußzeitraum ist das Jahr (IAS 1.49), aber nicht notwendigerweise das Kalenderjahr. Rumpfgeschäftsjahre sind möglich. Der Grund hierfür ist angabepflichtig. Zwischenberichte für kürzere Perioden sind möglich (und in vielen Ländern z.B. aufgrund aktienrechtlicher Regelungen auch gefordert). Die Vorschriften hierzu finden sich in IAS 34.

5.1.2. Die Bilanz

In der Bilanz ist zunächst zwischen *current/non-current* zu unterscheiden. Eine Unterscheidung nach Liquidität ist als *allowed alternative treatment* zulässig, wenn dies eine aussagekräftigere Bilanz ergibt.

Ein Umlaufvermögensgegenstand (*current asset*) (IAS 1.57) ist hierbei ein *asset*,

- das zum Verkauf oder Verbrauch im normalen Geschäftsbetrieb bereitgehalten wird,
- dessen Verbrauch oder Verkauf binnen zwölf Monaten erwartet wird,
- dessen Realisation (z.B. bei kurzfristigen Forderungen) binnen zwölf Monaten erwartet wird oder
- das *cash* oder ein *cash equivalent* ist und keinen Beschränkungen unterliegt.

Andere Vermögensgegenstände sind als langfristig zu klassifizieren. Weiterführende Klassifizierungsvorschriften finden sich in speziellen

Standards, etwa in IFRS 5 hinsichtlich der zum Verkauf gehaltenen langfristigen Vermögensgegenstände und aufgegebenen Geschäftsbereiche oder in IAS 39 hinsichtlich der verschiedenen Arten von Wertpapieren.

Für die Verbindlichkeiten (*liabilities*) besteht eine ähnliche Gliederungsvorschrift. Eine kurzfristige Verbindlichkeit (*current liability*) ist eine Verbindlichkeit, die

- innerhalb des gewöhnlichen Geschäftszyklus des Unternehmens getilgt wird,
- primär für Handelszwecke gehalten wird,
- voraussichtlich binnen zwölf Monaten ab dem Bilanzstichtag beglichen wird oder
- deren Erfüllung vom Unternehmen nicht auf einen Zeitpunkt jenseits der Zwölf-Monats-Grenze verschoben werden kann.

Andere Verbindlichkeiten sind stets als langfristig zu klassifizieren. Beispiele hierfür sind etwa Darlehen oder manche langfristige Finanzinstrumente. Überzogene Bankkonten sollen ausdrücklich als *current liabilities* ausgewiesen werden (IAS 1.62), auch dann, wenn sie voraussichtlich nicht in den kommenden zwölf Monaten ausgeglichen werden; sie könnten aber in einer weitaus kürzeren Frist fällig werden, d.h. die Kündigungsfrist der Bank wäre ggfs. weitaus kürzer als die Langfristigkeitsgrenze.

Eine spezifische Struktur der Bilanz wird nicht vorgeschrieben. Obwohl die Vergleichbarkeit und Informationsfunktion so hoch angebunden sind, wird dennoch jedem Unternehmen die Detailstruktur der Bilanz überlassen. Die Regelungen der §§ 266, 275 HGB würden hier eine vergleichsweise viel höhere Vergleichbarkeit gewährleisten. Auch hier versucht der internationale Regelungsgeber wieder einen Ausgleich zwischen den einander widersprechenden Prinzipien der Aussagekraft und der Vergleichbarkeit des Abschlusses. Allerdings regelt IAS 1.68 die Mindestinhalte der Bilanz. Für Banken und vergleichbare Institutionen werden in IAS 30 weitere Mindestinhalte festgelegt.

Zusätzliche Zeilen, Überschriften sowie Zwischensummen sollen aufgeführt werden, wenn dies die Verständlichkeit des Abschlusses erhöht und für die dargestellten Inhalte relevant ist (IAS 1.69).

IAS 1.69 ff enthält zusätzliche Inhalte, die in der Bilanz oder in den *notes* stehen müssen. Der Bilanzierende soll Posten hinzufügen, soweit sie zur Vermittlung eines den tatsächlichen Verhältnissen entsprechenden Bildes erforderlich sind. Richtlinien hierfür sind (IAS 1.72)

- Art und Liquidität dieser Vermögenswerte,
- Funktion dieser Vermögenswerte innerhalb der Unternehmung und
- Beträge und Fälligkeitszeitpunkte, wenn es sich um Verbindlichkeiten handelt.

Zudem besteht eine Vielzahl von Angabepflichten im Anhang. Diese sind allerdings nicht nur auf IAS 1 beschränkt, sondern im gesamten Regelwerk verstreut zu finden.

Das Fehlen eines starren Gliederungsschemas ist Vor- und Nachteil der Bilanzierung nach IFRS zugleich. Es vermindert einerseits die Vergleichbarkeit, weil jedes Unternehmen das Bilanzgliederungsschema nach seinen eigenen Bedürfnissen auslegen kann, steigert aber andererseits den Informationsgehalt, weil Positionen, die in einem starren Schema wie dem in § 266 HGB nicht vorgeschrieben sind, aufgenommen werden können. Die Bilanz kann daher eher ein den tatsächlichen Verhältnissen entsprechendes Bild vermitteln. Dies erleichtert auch eine auf den Bilanzzahlen aufgesetzte Kennzahlenrechnung, weil weniger Umgruppierungen und Neu- und Umbewertungen auszuführen sind. Das Beispiel einer Konzernbilanz auf der Folgeseite geht daher deutlich über den in IAS 1 geforderten Mindestumfang der bilanziellen Offenlegung hinaus. Zur Veräußerung gehaltene langfristige Vermögensgegenstände gemäß IFRS 5 sind separat angegeben. Da lang- und kurzfristige Verbindlichkeiten getrennt angegeben wurden, sind latente Steuerschulden (IAS 12) nur als langfristige Verbindlichkeiten angegeben und dürften latente Steueransprüche (IAS 12) nur als langfristige Forderungen ausgewiesen werden (IAS 1.70).

Weitere Angabepflichten könnten sich nach IAS 10 aus Ereignissen nach dem Bilanzstichtag und aufgrund von IAS 30 für die Bilanzen von Banken und Finanzinstitutionen ergeben. Der Anhang müßte zudem zahlreiche Erläuterungen zu den einzelnen Positionen enthalten (u.a. nach IAS 1.74 ff und vielen Einzelvorschriften in nahezu allen Einzelstandards).

Exemplum AG
Konsolidierte Bilanz (*consolidated balance sheet*)

Vermögensgegenstände (*assets*):	Berichtsjahr	Vorjahr
Anlagevermögen (*non-current assets*):		
Sachanlagen (*property, plant and equipment*)	32.666	34.021
Finanzinvestitionen (*investment property*)	9.191	8.556
Immaterielle Vermögensgegenstände (*intangible assets*)	5.885	4.221
Beteiligungen (*investment in an associate*)	999	859
Zum Verkauf gehaltene Wertpapiere (*available-for-sale financial assets*)	2.141	1.991
Andere Wertpapiere (*other financial assets*)	3.553	2.553
Pensionsvermögen (*pension assets*)	730	694
	55.165	52.895
Umlaufvermögen (*current assets*):		
Vorräte (*inventories*)	35.452	32.669
Forderungen aus Lieferungen und Leistungen (*trade and other receivables*)	21.444	24.290
Geleistete Anzahlungen (*prepayments*)	321	1.058
Devisentermingeschäfte (*forward currency transactions*)	152	153
Bargeld, Guthaben bei Kreditinstituten (*cash and cash equivalents*)	14.013	14.916
	71.382	73.086

Langfristige Vermögensgegenstände zum Verkauf gehalten (*non-current assets as held for sale*)	12.811	0
	84.193	73.086
Summe Vermögen (*total assets*)	**139.358**	**125.981**
Eigen- und Fremdkapital (*equity and liabilities*):	Berichtsjahr	Vorjahr
Eigenkapital (*equity*):		
Grundkapital (*issued capital*)	19.925	18.444
Kapitalrücklage (*share premium*)	2.681	225
Eigene Anteile (*treasury shares*)	559	559
Unausgewiesene Erträge (*net unrealized gains*)	138	119
Verluste aus Währungsumrechnung (*loss from currency translation*)	406	461
Wandelschuldverschreibungen (*convertible bonds*) – equity –	622	622
Gewinnrücklage (*retained earnings*)	42.668	29.669
Neubewertungsrücklage (*asset revaluation reserve*)	222	0
Summe Eigenkapital (*total equity*)	65.291	48.059
Langfristige Verbindlichkeiten (*non-current liabilities*):		
Darlehen (*loans*)	21.495	32.551
Rückstellungen (*provisions*)	19.222	11.402
Staatliche Beihilfen (*government grants*)	3.720	2.115
Passive Steuerabgrenzung (*deferred income tax liabilities*)	4.054	1.335
	48.491	47.403
Kurzfristige Verbindlichkeiten (*current liabilities*):		
Verbindlichkeiten aus Lieferungen und Leistungen (*trade and other payables*)	20.671	22.670
Verzinsliche Ausleihungen (*interest-bearing loans and borrowings*)	2.460	4.058
Devisentermingeschäfte (*forward currency transactions*)	170	254
Zinsswap-Geschäfte (*interest-swap contracts*)	105	0
Staatliche Beihilfen (*government grants*)	149	151
Fällige Ertragsteuern (*income tax payable*)	4.638	3.989
Rückstellungen (*provisions*)	556	53
	28.749	31.175
Verbindl. direkt aus zur Veräußerung gehalt. langfristigen VG (*liabilities directly associated with non-current assets held for sale*)	13.627	0
Summe Verbindlichkeiten (*total liabilities*)	90.867	78.578
Summe Eigen- und Fremdkapital (*total equity and liabilities*)	**139.358**	**125.981**

Abbildung 5.1: Muster einer Bilanz nach IFRS

5.1.3. Die GuV-Rechnung

Auch für die Gewinn- und Verlustrechnung ist keine feste Struktur vorgegeben. IAS 1.81 schreibt jedoch wiederum Mindestinhalte vor, die ebenfalls in IAS 30 für Banken und Finanzdienstleister erweitert werden. Weitere Positionen sind einzufügen, sofern sie entscheidungsrelevant sind (IAS 1.83). Umstände, die zu einer solchen individuellen Erweiterung des Schemas führen, sind u.a.

- außerplanmäßige Abschreibungen,
- Restrukturierungsaufwendungen,
- Abgang von Sachanlagen,
- Veräußerung von Finanzanlagen,
- Aufgabe von Geschäftsbereichen,
- Beendigung von Rechtsstreitigkeiten und
- sonstige Auflösungen von Rückstellungen.

Im vorstehenden Beispiel ist etwa die Position »Umsatzerlöse« in drei Einzelzeilen aufgeteilt worden, weil das Beispielunternehmen offensichtlich drei Geschäftsfelder besitzt, die den Verkauf von Gütern, die Erbringung von Dienstleistungen und die Vermietung von Sachen umfassen.

Die im HGB übliche Unterscheidung nach Gesamtkostenverfahren und Umsatzkostenverfahren ist auch im Rahmen der IFRS möglich. Das Gesamtkostenverfahren wäre:

```
  Umsatzerlöse
+ sonstige Erträge
± Bestandsveränderungen Fertig- und Unfertigerzeugnisse
– Aufwendungen für Roh-, Hilfs- und Betriebsstoffe
– Zuwendungen an Arbeitnehmer
– andere Aufwendungen
= Gesamtaufwand
Δ Gewinn/Verlust
```

Ein Beispiel für eine Minimalgliederung nach dem Umsatzkostenverfahren ist:

```
  Umsatzerlöse
– Umsatzkosten
= Bruttogewinn
+ sonstige Erträge
– Vertriebskosten
– Verwaltungsaufwendungen
– Andere Aufwendungen
= Gewinn/Verlust
```

Das Beispiel am Schluß dieses Kapitels richtet sich nach dem Umsatzkostenverfahren.

Wird das Umsatzkostenverfahren angewandt, so müssen zusätzliche Angaben über die Art der Aufwendungen einschließlich der Abschreibungen und der Leistungen an Arbeitnehmer angegeben werden (IAS 1.93), was den bisherigen handelsrechtlichen Offenlegungsforderungen entspricht.

Die Wahl der Ausweismethode unterliegt dem Stetigkeitsgrundsatz, d.h., wird das Gesamt- oder Umsatzkostenverfahren erstmalig gewählt, so ist das Unternehmen für die Zukunft an diese Wahl gebunden (IAS 8). Gründe für eine spätere Änderung dieser Methode dürften sich kaum konstruieren lassen. Die Methodenwahl obliegt der Unternehmensführung und orientiert sich oft an historischen Faktoren, weil die Unterscheidung in Gesamt- und Umsatzkostenverfahren auch außerhalb Deutschlands oft schon vor der Einführung der IFRS bestand. Bei Neugründung eines Unternehmens soll die relevanteste, d.h. aussagekräftigste Art des Ausweises gewählt werden.

Für die betreffende Periode sind nach IAS 1.82 als Ergebniszuordnung darzustellen:

- Gewinne und Verluste, die den Minderheitsanteilen zuzurechnen sind und
- Gewinne und Verluste, die den Anteilseignern des Mutterunternehmens zuzurechnen sind.

Auch für die GuV-Rechnung sind verschiedene zusätzliche Informationen vorgeschrieben, die in den *notes* oder in der GuV-Rechnung selbst erscheinen müssen.

Exemplum AG
Konsolidierte Gewinn- und Verlustrechnung
(consolidated income statement)

	Berichtsjahr	Vorjahr
Laufende Geschäftstätigkeit (*continuing operations*):		
Verkauf von Gütern (*sale of goods*)	199.355	156.690
Verkauf von Leistungen (*sale or services*)	16.225	15.366
Mieterträge (*rental income*)	1.569	2.155
	217.149	174.211
Umsatzkosten (*cost of sale*)	162.558	129.336
Bruttogewinn (*gross profit*)	54.591	44.875
Sonstige Erträge (*other income*)	2.011	1.998
Vertriebsaufwendungen (*selling and distribution cost*)	16.998	15.885
Verwaltungsaufwendungen (*administrative expenses*)	21.020	12.668
Sonstige Aufwendungen (*other expenses*)	1.149	2.155
Vorsteuergewinn aus laufender Geschäftstätigkeit	17.435	16.165
(*Profit from continuing operations*)		
Zinsaufwendungen (*finance cost*)	1.718	1.612
Zinserträge (*finance income*)	785	724
Erträge aus Beteiligungen (*share of profit of associate*)	85	80
Gewinn vor Steuern (*pre-tax profit*)	16.587	15.357
Ertragsteuern (*income taxes*)	3.775	3.370
Jahresergebnis aus laufender Geschäftstätigkeit	12.812	11.987
(*profit after taxes from continuing operations*)		
Aufgegebene Geschäftstätigkeit (*discontinued operations*):		
Verlust aus Aufgabe von Geschäftsbereichen	30	222
(*loss from discontinued operations*)		
Gesamtergebnis (total profit)	**12.782**	**11.765**

Abbildung 5.2: Muster einer Gewinn- und Verlustrechnung nach IFRS auf Basis des Umsatzkostenverfahrens

5.1.4. Weitere Inhalte

IAS 1.102 schreibt nur vor, daß das *cash flow statement* Teil des Jahresabschlusses ist; hierfür existiert ein separater Standard (IAS 7; vgl. unten). Anders als bei der Bilanz und der Gewinn- und Verlustrechnung, schreibt IAS 7 für die Kapitalflußrechnung mit der direkten und der indirekten Methode zwei grundsätzliche Schemata vor, aus denen das Unternehmen ebenfalls anfänglich wählen kann. Auch in diesem Fall muß in Folgeperioden bei der einmal gewählten Methode geblieben werden. Zweck der im deutschen Jahresabschluß bisher nicht vorgeschriebenen *cashflow*-Rechnung ist der Ausweis der Veränderung und Verwendung der im Unternehmen vorhandenen Zahlungsmittel, wobei unter *cash* alle gesetzlichen Zahlungsmittel verstanden werden, die irgendwo in der Welt gesetzliche Zahlungsmittel (*legal tender*) sind, also auch Fremdwährungen in Form von Geldzeichen, und *Cash equivalents* sind Guthaben auf Sichtkonten. *Cash* entspricht damit der volkswirtschaftlichen Geldmengendefinition M_1 und *cash equivalents* der Geldmenge M_2 der Volkswirte.

Die Kapitalflußrechnung zeigt die Herkunft und die Verwendung der dem Unternehmen zufließenden Geldmittel und bietet damit eine Aussage, die der Gewinn- und Verlustrechnung fehlt, denn Zahlungen sind ja oft nicht zugleich Aufwendungen oder Erträge. So können beispielsweise Güter und Leistungen auf Ziel verkauft werden, was in der GuV als Ertrag, aber in der Kapitalflußrechnung (noch) nicht als Mittelzufluß ausgewiesen werden würde, wenn die Einzahlung erst in einem späteren Jahr geschieht. Rohstoffe oder Waren können gekauft und bezahlt worden sein (Mittelabfluß), aber am Jahresende noch im Lager liegen (kein Aufwand).

Exemplum AG
Konsolidierte Kapitalflußrechnung
(consolidated cash flow statement)

	Berichtsjahr	Vorjahr
Cash-flow aus laufender Geschäftstätigkeit (*cash flow from operating activities*):		
Einzahlungen von Kunden (*receipt from Customers*)	216.897	233.822
Auszahlungen an Lieferanten (*payments to suppliers*)	201.106	220.716
Auszahlungen aus Zinsen (*borrowing cost*)	1.592	1.561
Gezahlte Einkommensteuer (*income tax paid*)	3.002	3.310
Erhaltene staatliche Beihilfen (*receipt of government grants*)	2.026	642
	13.223	8.877
Cash-flow aus Investitionstätigkeit (*cash flow from investing activities*):		
Einzahlungen aus Verkauf von Vermögensgegenständen	1.789	4.039
(*proceeds from sale of property, plant and equipment*)		
Einzahlungen aus Zinserlösen (*interest received*)	785	812
Kauf von Sachanlagen (*purchase of property, plant and equipment*)	7.655	7.325
Kauf von Finanzanlageverm. (*purchase of investment property*)	1.470	1.417

Kauf von immateriellen Vermögen (*purchase of intangible assets*)	587	391
Kauf anderen Finanzverm. (*purchase of other financial assets*)	2.160	0
	−9.298	−4.282
Cash-flow aus Finanzierungstätigkeit (*cash flow from financing activities*):		
Einz. aus Ausgabe von Anteilen (*proceeds from issue of shares*)	175	200
Zhlg. aus Finanzierungsleasing (*payment of finance lease liabilities*)	51	76
Einzahlungen aus Darlehen (*proceeds from borrowings*)	199	246
Auszahlungen aus Darlehen (*repayment of borrowings*)	3.219	2.995
Dividenden an Anteilsigner der Konzernmutter (*dividend paid to parents shareholders*)	1.932	1.649
	−4.828	−4.274
Bargeld und Buchgeld am 1. Januar (*cash and cash equivalents 1 January*)	14.916	14.595
Bargeld und Buchgeld am 31. Dezember (*cash and cash equivalents 31 December*)	14.013	14.916

Abbildung 5.3: Muster einer Cash-Flow-Rechnung nach IFRS

IAS 1.96 ff erfordert schließlich die Aufstellung einer Eigenkapitalveränderungsrechnung, in der eine Überleitung vom Eigenkapital am Anfang der Rechnungsperiode auf das Eigenkapital am Schluß der Rechnunsperiode darzustellen ist. Die Eigenkapitalveränderungsrechnung sollte für alle Zeilen der *Equity*-Rechnung der Bilanz eine Spalte mit allen jeweiligen Änderungen aufweisen.

Mindestangaben nach IAS 1.96 sind

- das Periodenergebnis,
- Ertrags- und Aufwands, Gewinn- und Verlustposten, die für die betreffende Periode nach anderen Standards bzw. Interpretationen direkt im Eigenkapital erfaßt werden,
- Gesamtertrag und -aufwand für die Periode (aus den beiden vorstehenden Punkten) getrennt nach Transaktionen mit Anteilseignern und Minderheitenaktionären und
- für jeden Eigenkapitalanteil die nach IAS 8 erfaßten Änderungen der Bilanzierungs- und Bewertungsmethoden sowie Fehlerberichtigungen.

Im Beispiel am Schluß dieses Kapitels werden Gewinne aus der Veräußerung von Finanzanlagevermögen, aus Sicherungsgeschäften (*hedging*) und aus Währungsumrechnung jeweils direkt im Eigenkapital erfaßt (oberer Teil der Beispielrechnung). Die Zeile »Gesamtergebnis« enthält mit 12.782 das Ergebnis der Gewinn- und Verlustrechnung, das jeweils vor Verwendung des Gewinnes auszuweisen ist. Im unteren Teil der Rechnung schließlich sind die Transaktionen mit Anteilseignern ausgewiesen. Das Beispielunternehmen hat keine Minderheitenaktionäre.

Hierdurch werden gemäß IAS 1.97

- die Transaktionen mit Anteilseignern,
- die Überleitung der Gewinnrücklagen (*retained earnings*) und
- die Überleitung des gezeichneten Kapitals (*issued capital*) und aller weiteren Rücklagen

offengelegt. In IAS 1.103 ff sind weitere Inhalte der notes vorgeschrieben.

Exemplum AG
Konsolidierte Eigenkapitalveränderungsrechnung
(consolidated statement of changes in equity)

	Grundkap.	Kapitalrücklg.	Eigene Anteile	Wandelschuld *(equity)*	Gewinnrücklg.	Andere Rücklg.	Summe
31.12. Vorjahr	18.444	225	−559	622	29.669	−342	48.059
Neubewertung							0
Gewinne FinanzAV						222	222
Gewinne Hedging						19	19
Gewinn Währungsumrech.						55	55
Summe direkt im Eigenkapital gebucht	18.444	225	−559	622	29.669	−46	48.355
Gesamtergebnis					12.782		
Saldo	18.444	225	−559	622	42.451	−46	48.355
Ausgabe von Anteilen	1.331	2.156					3.487
Ausübung von Optionen	150	300					450
Kosten *share-based payments*					217		217
31.12. Berichtsjahr	19.925	2.681	−559	622	42.668	−46	65.291

Abbildung 5.4: Muster einer Eigenkapitalveränderungsrechnung nach IFRS

Auch die angewandten *accounting policies* sind offenzulegen. IAS 1.108 schreibt hierzu vor, daß *accounting policies* hinsichtlich der Buchung der Erträge, der Konsolidierungsprinzipien in der Konzernbilanz, der *Joint Ventures*, der Abschreibung, der langfristigen Auftragsfertigung und einer Vielzahl weiterer Inhalte offenzulegen sind. Weitere Inhalte sind nach Bedarf zugelassen, um die Informationsfunktion des Jahresabschlusses zu erhöhen.

Bei der Entscheidung darüber, ob eine spezifische Bilanzierungs- und Bewertungsmethode anzugeben ist, soll das Management abwägen, ob die Angabe dem Adressaten zu verstehen hilft, auf welche Art und Weise Geschäftsvorfälle wiedergegeben wurden (IAS 1.110). Auch hier manifestiert sich also wieder das bekannte oberste Ziel des IFRS-Abschlusses, entscheidungsrelevante Informationen dem Abschlußleser bereitzustellen.

Zudem wären die wichtigsten zukunftsbezogenen Angaben sowie die Quellen von Schätzunsicherheiten im Anhang anzugeben (IAS 1.116). Das Unternehmen muß also auch die Methoden und ggfs. sogar die rechnerischen Grundsätze von Prognosen offenlegen. Dies entspricht in etwa den ab 2005 vorgeschriebenen Risikooffenlegungen aus § 289 HGB. Statistische Verfahren wie die Korrelations- und die Regressionsrechnung oder Risikoabschätzungen mit Hilfe der Normalverteilung sind damit indirekt verpflichtend; das sind sie aber auch schon von außerhalb des Rechnungswesens, etwa im Zusammenhang mit dem Risiko- und dem Qualitätsmanagement.

Die IFRS kennen keinen Lagebericht nach deutschem Muster. Während im Lagebericht nach § 289 HGB der Geschäftsverlauf und die Lage der Kapitalgesellschaft so darzustellen ist, daß ein den tatsächlichen Verhältnissen entsprechendes Bild entsteht, wird diese Anforderung im IFRS-Abschluß schon durch die einzelnen Teile des Jahresabschlusses und die erforderlichen Anhanganhaben erfüllt. Die Ausweitung der Angabepflichten im Lagebericht ab 2005 hatte im Rahmen des damaligen Zehn-Punkte-Planes zweifellos den Zweck, den deutschen HGB-Abschluß an internationale Gepflogenheiten anzunähern, reicht dabei aber noch keineswegs an die viel umfangreicheren und komplexeren Offenlegungspflichten nach IAS 1 und den anderen Standards heran.

Während im Lagebericht erstmalig ab 1998 und in erweitertem Maße ab 2005 risikorelevante Offenlegungen gefordert werden, gibt es entsprechende Verpflichtungen in den IFRS schon viel länger – und in viel größerem Maße. Die Synergie zwischen dem IFRS-Abschluß und dem Risikomanagement ist also weitaus größer als die zwischen einem HGB-Abschluß und einem Risikomanagementsystem.

Wie auch das Handelsrecht stimmt der IFRS-Abschluß nicht mit steuerlichen Regelungen überein. Weder hinsichtlich seiner Gesamtstruktur noch in den Einzelheiten der anzuwendenden Bewertungs- und Bilanzierungsmethoden gibt es eine Übereinstimmung mit steuerlichen Verfahren. Während diese im Handelsrecht aufgrund der Maßgeblichkeit wenigstens noch versucht wird, ist ein solcher Versuch im Zusammenhang mit der internationalen Rechnungslegung von vornherein gar nicht erst probiert worden, weil die IFRS weltweit gelten sollen, sich aber selbst Europa schon nicht einmal auf die Grundzüge eines gemeinsamen Steuerrechts einigen kann.

Eine Vielzahl steuerspezifischer Vorschriften findet sich in IAS 12; ansonsten bleibt dem Bilanzierenden auch im Rahmen der IFRS nichts anderes übrig, also neben der Handelsbilanz eine Steuerbilanz zu führen. Das schon aus dem Bereich des deutschen Rechts wohlbekannte Problem der Unmöglichkeit einer Einheitsbilanz, die steuer- wie handelsrechtlichen Regelungen gleichermaßen genügt, wird in den IFRS nicht beseitigt. Man kann aber vorsichtig anmerken, daß die vom Vorsichtsprinzip verzerrten Vorschriften des Handelsrechts oft weiter vom Steuerrecht entfernt waren als die auf *true and fair view/fair presentation* getrimmten Regelungen der IFRS: So ist das Verbot der Teilwertabschreibung aus § 6 Abs. 1 Nr. 1 und 2 EStG bei vorübergehender Wertminderung durchaus »IFRS-kompatibel«; die Beibehaltung einer Niederstbewertung aufgrund von § 253 Abs. 2 Satz 3, Abs. 4 HGB i.V.m. § 253 Abs. 5 HGB stünde hingegen im Widerspruch zu den IFRS ebenso wie zum Steuerrecht. Man kann also, auch wenn das eine Vereinfachung ist, sagen, daß die Standards dem Steuerrecht »näherstehen«. Die zahlreichen Probleme mit Unterschieden zwischen Steuer- und Handelsrecht werden also nicht verschwinden, aber weniger an Zahl und Gewicht. Und das ist auch etwas wert!

5.2. IAS 2: Inventories

Dieser Standard enthält zahlreiche Bewertungsvorschriften für Umlaufvermögensgegenstände (*inventories*). Dieser Begriff ist sehr weit gefaßt und umfaßt Waren, Roh-, Hilfs- und Betriebsstoffe, Fertig- und Unfertigprodukte und vieles andere. IAS 2.2 schließt lediglich

- unfertige Erzeugnisse aus langfristigen Auftragsfertigungen nach IAS 11,
- Finanzinstrumente (*financial instruments*),
- land- und fortwirtschaftliche Produkte vor ihrem Abbau sowie
- biologische Vermögensgegenstände im Sinne des IAS 41

von der Behandlung als *inventory* aus. Für land- und forstwirtschaftliche Produkte auch nach ihrer Ernte sowie natürliche Rohstoffe i.S.d. IFRS 6 gibt es die Ausnahmeregelung, daß diese weiterhin nach »althergebrachten Praktiken« der jeweiligen Branchen bewertet werden dürfen (IFRS 2.3 a); IAS 2 gilt zudem nicht für bestimmte Güter, die von Maklern gehalten werden, d.h. für all jene, die Güter auf fremde oder eigene Rechnung vermitteln. Sie müssen dann aber zum beizulegenden Zeitwert abzüglich der Kosten der Veräußerung bewertet werden.

Voraussetzung für die Behandlung als *inventory* ist allgemein, daß der Vermögensgegenstand zum Verkauf bereitgehalten wird, sich im Prozeß der Produktion oder des Verkaufes befindet oder daß es sich um Verbrauchsmaterialien handelt (IAS 2.6).

Zu den *inventories* können nicht nur Waren, Halb- und Fertigprodukte sowie Roh-, Hilfs- und Betriebsstoffe gehören, sondern auch Grundstücke und Immobilien, wenn diese zum Wiederverkauf gehalten werden (IAS 2.8). Selbst unabgeschlossene Dienstleistungen fallen unter IAS 2.19.

Die Kernvorschrift des ganzen IAS 2 ist, daß Vorräte grundsätzlich mit dem niedrigeren Wert aus Anschaffungs- oder Herstellungskosten und Nettoveräußerungswert zu bewerten sind (IAS 2.9). Insofern legt IAS 2 das Niederstwertprinzip und damit indirekt auch das Vorsichtsprinzip zugrunde.

In die Herstellungskosten sind einzubeziehen: Materialeinzelkosten, Fertigungseinzelkosten, Sondereinzelkosten der Fertigung, Materialgemeinkosten, Fertigungsgemeinkosten, Entwicklungskosten (soweit zurechenbar), fertigungsbezogene Verwaltungsgemeinkosten. Ein Wahlrecht besteht nur hinsichtlich der herstellungsbezogenen Zinsen. Nicht einbezogen werden dürfen Forschungskosten, allgemeine Verwaltungskosten, nicht herstellungsbezogene Zinsen, Vertriebskosten. Die Regelung entspricht also nicht deutschem Handelsrecht, sehr wohl aber deutschem Steuerrecht (R 33 EStR).

Zu den Anschaffungskosten gehören die Kosten des Erwerbes des Gegenstandes selbst, nachträgliche und Nebenkosten sowie abzusetzende Anschaffungspreisminderungen. Die Kosten des Erwerbes können ausdrücklich Nebenkosten sein (IAS 2.11).

Die Anschaffungs- oder Herstellkosten sind nach dem Einzelwertprinzip zu ermitteln (IAS 2.23). »Cost of inventories« bedeutet in diesem Zusammenhang, daß der Wert der Anschaffungs- oder Herstellungskosten eines Gegenstandes bei seinem Verbrauch bzw. Einsatz einzeln als Aufwendung zu erfassen ist. Voraussetzungen hierfür sind die individuelle Identifizierbarkeit des Gegenstandes und seine Zuordnung zu einem bestimmten Projekt oder Produkt.

Dies ist jedoch in manchen Fällen nicht praktisch durchführbar. In diesen Fällen sind nach IAS 2.25 die Durchschnittsmethode oder die FIFO-Bewertung zulässig; die einstmals erlaubte LIFO-Methode wurde 2004 abgeschafft, weil dieses Verfahren keine wahrheitsgemäße Abbildung liefert. FIFO geht von der Annahme aus, daß die zuletzt angeschafften Vermögensgegenstände auch zuletzt verbraucht oder veräußert werden; die Durchschnittsmethode legt eine gewogene Durchschnittsrechnung aus der Summe aller Preise q_i mal Mengen X_i durch die Summe aller Mengen X_i zugrunde:

$$\mu_{Wert} = \frac{\sum_{i=1}^{n}(X_i \times q_i)}{\sum_{i=1}^{n} X_i}$$

Betrachten wir ein Beispiel:

	Menge	Preis	Wert
Anfang	800 St	15,00 €/St	12.000,00 €
1.	400 St	15,50 €/St	6.200,00 €
2.	600 St	16,50 €/St	9.900,00 €
3.	900 St	17,00 €/St	15.300,00 €
4.	700 St	18,50 €/St	12.950,00 €
5.	200 St	19,00 €/St	3.800,00 €
6.	100 St	20,00 €/St	2.000,00 €

Der Schlußbestand wird durch Inventur mit 450 Stück festgestellt. Ein Börsenpreis stehe am Bilanzstichtag bei 21 € pro Stück.

Der Durchschnittswert beträgt 16,7973 € pro Stück, was einen Bilanzwert des Schlußbestandes von 7.558,78 € ausmacht. Dieser Wert ist zulässig, weil er kleiner als der Börsenpreis ist. Der FIFO-Wert beträgt hingegen 100 × 20 + 200 × 19 + 150 × 18,5 = 8.575,00 €, was einem ebenfalls zulässigen Stückpreis von 19,0556 € entspricht.

Der Materialaufwand ist bei Entnahme und/oder Verkauf zu erfassen (IAS 2.34). Dies wäre hier bei Durchschnittsbewertung 54.591,22 € für die 3.250 verbrauchten Stück, aber bei FIFO nur 53.575 € für dieselbe Summe. Die Wahl des bilanziellen Bewertungsverfahrens hat also auch Auswirkungen auf die Höhe der Aufwendungen.

Wäre der Börsenpreis am Bilanzstichtag nur 18 € pro Stück gewesen, so hätte das auf die Durchschnittsbewertung keinen Einfluß. Da aber der niedrigere Wert aus Anschaffungs- oder Herstellungskosten und Nettoveräußerungswert zur Bewertung zu verwenden wäre, wäre die FIFO-Bewertung von 19,0556 €/Stück zu hoch. Sie müßte auf 18 €/Stück reduziert werden, so daß eine Wertminderung (*impairment*) i.H.v. 1,0556 €/Stück oder insgesamt 475 € auszuweisen wäre. Dies führte zu einem Bilanzansatz von 8.100 €, aber zu keiner Änderung bei den Kosten.

Es wäre in diesem Zusammenhang auch anzumerken, daß die durchschnittliche Lagerdauer bei FIFO-Bewertung doppelt so lang ist wie die bei Durchschnittsbewertung (oder, anders gesagt, bei FIFO lagern alle Gegenstände die maximale Lagerdauer, weil FIFO mit einer Warteschlange verglichen werden kann). Auch wenn dies außerhalb des Themas dieses Werkes liegt, so ist doch zu zeigen, daß die diesbezügliche Methodenentscheidung weiterreichende Folgen hat und stets im Gesamtkontext betrachtet werden sollte. Wer die Bewertungsproblematik isoliert betrachtet, also die Frage des daraus resultierenden Aufwandes sowie der entstehenden Lagerdauer ignoriert, der steckt den Kopf vor weiterreichenden Zusammenhängen in den Sand.

Die angewandte Bewertungsmethode muß für alle Bedarfsobjekte gleicher Art gleich gewählt werden. Es wäre also nicht zulässig, ähnliche Rohstoffe mal nach FIFO und mal nach Durchschnitt zu bewerten. Sehr wohl aber dürften etwa die verderblichen Rohstoffe nach FIFO und die unverderblichen Betriebsstoffe nach Durchschnitt bewertet werden, weil diese unterschiedlicher Natur sind.

Die Angabepflichten im Abschluß umfassen (IAS 2.36):

- die angewandten Bilanzierungs- und Bewertungsmethoden,
- den Buchwert (*carrying amount*) der Vorräte insgesamt und in einer unternehmensspezifischen Kategorisierung,
- den Buchwert der zum *fair value* abzüglich Vertriebsaufwendungen angesetzten Vorräte,
- den als Aufwand erfaßten Verbrauch,
- den Betrag der Wertaufholungen,
- die Gründe der Wertaufholungen und
- den Buchwert der Vorräte, die als Sicherheit für Verbindlichkeiten verpfändet worden sind.

5.3. IAS 7: Cash Flow Statements

Dieser Standard regelt die im deutschen Rechnungswesen inzwischen als Kapitalflußrechnung bekannt gewordene erweiterte Form der *Cash-flow*-Rechnung. Diese ist ein integraler Bestandteil des Jahresabschlusses und gemäß IAS 1 mit diesem zusammen offenzulegen.

Eine *Cash-flow*-Rechnung ist eine Gewinn- und Verlustrechnung, die sich ausschließlich auf zahlungsgleiche Vorgänge beschränkt. Weil die GuV-Rechnung durch zahlungsungleiche Vorgänge verzerrt wird, zeigt sie kein »wahres« Bild der Lage des Unternehmens. Insbesondere gibt sie keine Auskunft über die Eigenfinanzierungs- und Investitionskraft der Unternehmung. Beispiele für solche zahlungsungleichen Positionen sind:

- Abschreibungen, denen ja gar keine Zahlung gegenübersteht;
- Entnahme (und Verbrauch) von Material (IAS 2), das sich bereits im Lager befand (Ausgabe früher);
- Bestandsänderungen an fertigen und unfertigen Erzeugnissen oder
- Verkäufe auf Ziel, wenn der Kunde erst in der Folgeperiode zahlt.

Der Schlüssel zum Verständnis ist also, sämtliche Aufwendungen und Erträge daraufhin abzuklopfen, ob sie in der gleichen Rechnungsperiode auch Zahlungen darstellen. Ist das der Fall, so bietet die Gewinn- und Verlustrechnung bereits ein »richtiges« Bild. Ist das aber nicht der Fall, so ist das durch die GuV vermittelte Bild gleichsam verzerrt. Die Eigenfinanzierungskraft kann dann nicht mehr richtig abgeschätzt werden und der Abschluß verliert an Aussagekraft.

Ein *Beispiel*: Maschinenintensive Industriebetriebe weisen oft ein vergleichsweise niedriges Jahresergebnis in der GuV aus, weil sie hohe Abschreibungen als Aufwendungen erfassen. Diesen Abschreibungen stehen aber in der entsprechenden Rechnungsperiode meist keine Auszahlungen gegenüber. Die Eigenfinanzierungskraft der Unternehmung kann also viel höher gewesen sein, als es die GuV vermuten läßt.

Allgemein gilt:

- Der Unterschied zwischen GuV und *cash-flow*-Ergebnis ist bei anlage- und damit kapitalkostenintensiven Betrieben eher groß und bei personalkostenintensiven Unternehmen eher klein.
- In der Gründungs- oder Anfangsphase einer Unternehmung gilt oft *cash-flow* < GuV-Ergebnis; für spätere Jahre ist aber GuV-Ergebnis < *cash-flow* typischer.

Man unterscheidet zunächst ein direktes und ein indirektes Rechenverfahren. Beide können beliebig verwendet werden:

Direkte Methode: Grundgedanke der direkten Berechnungsmethode ist, die eigentliche Gewinn- und Verlustrechnung zu wiederholen, aber dabei lediglich die zahlungsgleichen Sachverhalte zu berücksichtigen, also alle zahlungsungleichen Größen außer acht zu lassen:

    zahlungsgleiche Erträge
- zahlungsgleiche Aufwendungen
= *cash-flow*

Indirekte Methode: Die indirekte Methode geht von einem vorliegenden GuV-Ergebnis aus und rechnet samtliche zahlungsungleichen Werte zurück. Sie ist damit eine Nachfolgerechnung zur Gewinn- und Verlustrechnung:

    Jahresüberschuß/Jahresfehlbetrag
+ zahlungsungleiche Aufwendungen
- zahlungsungleiche Erträge
= *cash-flow*

Beide Methoden sollten genau zum gleichen zahlenmäßigen Endergebnis gelangen. Das Ergebnis zeigt die Geldsumme, die dem Unternehmen während der Berichtsperiode zur Schuldentilgung, Investition oder Entnahme durch die Kapitaleigner zur Verfügung stand. Die Anwendung der direkten Methode ist in der Praxis häufig schwieriger, weil mehr Einzelpositionen zurückgerechnet werden müssen.

Die *Cash-flow*-Rechnung nach IAS 7 baut auf dieser Grundlage auf, berücksichtigt aber auch die Verwendung der Mittel. Sie bezieht also auch Zahlungsgrößen ein, die nicht aus der GuV stammen, wie beispielsweise Tilgung von Verbindlichkeiten, Zahlung bereits festgesetzter Steuern oder Investitionsauszahlungen. Sie richtet sich auf Mittelherkunft wie auch auf Mittelverwendung. Man muß daher, um IAS 7 zu verstehen, die beiden grundsätzlichen Verfahren verstanden haben.

Nach IAS 7, 6 sind folgende Bereiche besonders *cash-flow*-relevant:

- *operating activities*: Das eigentliche Geschäft einschließlich aller Nebengeschäfte; alle einkommenserzielenden Aktivitäten des Unternehmens (IAS 7.13–15);
- *investing activities*: Investitionsvorhaben aller Art, d.h. Erwerb aber auch Abschreibung und Beseitigung von Investitionsgütern (IAS 7.16) und
- *financing activities*: alle Aktivitäten, die Summe und Struktur des Kapitals verändern (IAS 7.17).

Eine direkte Cash-Flow-Rechnung wäre:

Cash-flows from operating activities:
    Einzahlungen von Kunden
- Auszahlungen an Lieferanten
- Auszahlungen aus Zinsen
- Auszahlungen aus Steuern
- außergewöhnliche Auszahlungen
= **Cash-flow aus operating activities (1)**

Cash-flows from investing activities:
    Einzahlungen aus Verkauf von Vermögensgegenständen

+ Einzahlungen aus Zinserlösen und Dividenden
− Auszahlungen aus Kauf von Vermögensgegenständen
− Auszahlungen aus Zinsen
= **Cash-flow aus investing activities (2)**
Cash-flows from financing activities:
  Einzahlungen aus Ausgabe von Anteilen
+ Einzahlungen aus Darlehen und Ausleihungen
− Auszahlungen aus finance leasing
− Auszahlungen aus Zinsen
= **Cash-flow aus investing activities (3)**
(1) + (2) + (3) = CASH-FLOW

Eine indirekte Cash-Flow-Rechnung wäre:

Jahresüberschuß/Jahresfehlbetrag (income statement) (1)
Cash-flows from operating activities:
+ Abschreibungen, Einstellungen in Rücklagen und Rückstellungen, Bestandsminderungen, Währungsverluste
− Zuschreibungen, Entnahmen aus Rücklagen und Rückstellungen, Bestandsmehrungen, Währungsgewinne
= **Cash-flow adjustment aus operating activities (2)**
Cash-flows from investing activities:
+ Abschreibungen, noch nicht ausgezahlte Zinsen
− Zuschreibungen, noch nicht eingezahlte Zinsen
= **Cash-flow adjustment aus investing activities (3)**
Cash-flows from financing activities:
+ noch nicht ausgezahlte Dividenden, Konzernaufwendungen
− noch nicht eingezahlte Dividenden, Konzernerträge
= **Cash-flow adjustment aus financing activities (4)**
(1) ± (2) ± (3) ± (4) = CASH-FLOW

Für die Umrechnung von Fremdwährungsdaten gibt IAS 7.25–30 die Regelung. Für Zinsen, Ertragsteuern, *Joint Ventures*, Beteiligungen und andere Einzelfälle gibt es Spezialregelungen.

IAS 7.48 ff fordern die Offenlegung weiterer Angaben, die für den Abschlußleser nützlich sein könnten, beispielsweise den Betrag von gehaltenen Zahlungsmitteln, über die nicht verfügt werden kann, den Anteil der *Cash-flows*, der einem Anstieg der Kapazität gegenübersteht oder die Summe ungenutzter Kreditlinien bei Banken, die damit ungenutzten Zahlungsmitteln gleichstehen. Auch eine geographische Aufschlüsselung der einzelnen *Cash-flow*-Daten ist im Zusammenhang mit der Segmentberichterstattung nach IAS 14 erforderlich.

5.4. IAS 8: Accounting Policies, Changes in Accounting Estimates, and Errors

Dieser Standard regelt die Auswahl, Anwendung und Offenlegung der Bilanzierungs- und Bewertungsmethoden, die bilanzielle Behandlung von Änderungen der Bilanzierungs- und Bewertungsmethoden sowie das Vorgehen bei Fehlern.

Bilanzierungs- und Bewertungsmethoden sind dabei die besonderen Prinzipien, grundlegenden Überlegungen, Konventionen, Regeln und Praktiken, die ein Unternehmen bei der Aufstellung und Darstellung des Abschlusses anwendet. Die einzelnen Standards bieten eine Vielzahl von Bilanzierungs- und Bewertungsmethoden an, wobei die Grundgedanken im Rahmenkonzept (*framework*) zu finden sind. Die angewandten Bilanzierungs- und Bewertungsmethoden sollen insgesamt offengelegt werden. Der Abschluß sollte also eine Übersicht über die verwendeten Methoden (*summary of accounting practices*) enthalten.

Wie auch das Handels- und das Steuerrecht bieten auch die IFRS keine grundsätzliche Fehlerdefinition an. Man kann daher in Analogie zum Qualitätsmanagement einen Fehler als alles das definieren, was die Gebrauchsfähigkeit des Resultats, also im Rechnungswesen des Abschlusses, vermindert oder verhindert. Denn Qualität ist definiert als die Gebrauchsfähigkeit für einen bestimmten Zweck. Dieser »bestimmte Zweck« ist beim Jahresabschluß nach IFRS aber die Vermittlung von entscheidungsrelevanten Informationen an den Abschlußleser gemäß den Grundprinzipien des *framework*. Ein Fehler ist daher alles, was den Grundprinzipien des *framework* (und anderer Standards, die ja darauf aufbauen) zuwiderläuft. Fehler können daher gemäß IAS 8.41 bei Erfassung, Ermittlung, Darstellung und Offenlegung von Bestandteilen des Abschlusses entstehen. Wesentlich ist ein Fehler, wenn er für sich oder zusammen mit anderen Fehlern die auf Basis des Abschlusses getroffenen wirtschaftlichen Entscheidungen der Adressaten beeinflussen könnte (IAS 8.5). Die Wesentlichkeit ist also eine Frage der Abschätzung und insofern eine Konkretisierung des *Materiality*-Grundsatzes.

IAS 8 bietet in § 10 zunächst eine Richtlinie, wie beim Fehlen konkreter Einzelfallregelungen in den Standards zu verfahren sei. Hier heißt es, daß beim Fehlen einer Regelung in den Standards oder in den Interpretationen das Management eine Bilanzierungs- und Bewertungsmethode anzuwenden habe, die für die Bedürfnisse der wirtschaftlichen Entscheidungsfindung der Adressaten von Bedeutung ist und die »zuverlässig« in dem Sinne ist, daß sie die Vermögens-, Finanz- und Ertragslage des Unternehmens und den wirtschaftlichen Gehalt von Geschäftsvorfällen neutral, vorsichtig und vollständig darstellt.

Die bei der Entscheidungsfindung zu berücksichtigenden Quellen sind in dieser Reihenfolge (IAS 8.11) zunächst die Standards (IFRS, IAS), dann die Interpretationen (SIC, IFRIC) und schließlich das Rahmenkonzept (*framework*).

IAS 8 weist ausdrücklich auf das Stetigkeitsprinzip hin. Das bedeutet, daß ein Unternehmen seine Bilanzierungs- und Bewertungsmethoden nur ändern darf, wenn das aufgrund eines Standards oder einer Interpretation erforderlich ist oder dazu führt, daß der Abschluß zuverlässige und relevante Informationen über die Auswirkung von Geschäftsvorfällen, sonstigen Ereignissen oder Bedingungen, die für die Vermögens-, Finanz- und Ertragslage des Unternehmens relevant sind, zusätzlich darstellt. Man spricht insofern vom strengen Stetigkeitsprinzip.

Da auch die erstmalige Anwendung von Standards Auswirkungen auf die Berichtsperiode hat und Bilanzierungs- und Bewertungsmethoden entsprechend ändern kann, schreibt IAS 8.28 eine Vielzahl von Angabepflichten in diesen Fällen der Erstanwendung vor. Parallel dazu sind nach IAS 8.29 bestimmte Offenlegungen bei freiwilligen Änderungen erforderlich.

5.4.1. Die Behandlung von Bilanzfehlern

IAS 8.41 ff regeln die Behandlung der Fehler. Der Standard unterscheidet hier in »manifeste« Fehler, die sich bereits im (bekanntgemachten) Jahresabschluß befinden und nur durch eine nachträgliche Änderung des Jahresabschlusses beseitigt werden können, und in »potentielle« Fehler, die vor der Veröffentlichung des Jahresabschlusses erkannt und bereinigt werden können.

Der Standard setzt sich nur mit den Methoden der Bereinigung manifester Fehler auseinander. Nur wesentliche Fehler, oder absichtlich herbeigeführte unwesentliche, müssen beseitigt werden. Die Korrektur solcher Fehler ist kein (unerlaubter) Methodenwechsel, sondern selbst wieder ein offenlegungspflichtiger Tatbestand. Das *benchmark treatment* solcher Fehler ist, die entsprechenden Vorperioden, für die ein Fehler gefunden wurde, zu korrigieren; hierzu müssen die Art des Fehlers, der Betrag des Fehlers für die vergangene Periode und die Auswirkung auf die Berichtsperiode, der Betrag der Korrektur und ein *Re-Statement* der Vergleichswerte angegeben werden. Die Fehlerkorrektur soll also stets retrospektiv vorgenommen werden.

Beispiel: In 2003 war der Rohstoffbestand eines Produktionsunternehmens durch fehlerhafte Anwendung von IAS 2 überbewertet worden. In 2004 war die Bewertung der Rohstoffe wieder korrekt, aber dafür waren die Rohstoffaufwendungen durch die Überbewertung des Bestandes im Vorjahr überhöht (wir nehmen hier an, daß die in 2003 angeschafften und dabei überbewerteten Rohstoffe in 2004 verbraucht wurden). Der Abschluß 2005 ist daher von dem Fehler nicht mehr berührt. Er wäre aber dennoch zu korrigieren, weil er ja die – fehlerhaften! – Vorjahreszahlen für 2004 enthält. Die retrospektive Korrektur kann damit indirekt auch für drei Jahre verpflichtend sein.

Der **Fehler** bestehe in der (fälschlichen) Überbewertung der Summe der Rohstoffkäufe in 2003 i.H.v. (fehlerhaft) 8.000 (statt richtigerweise 7.000):

	2003	2004	2005
Bilanzierungsfehler:			
Rohst. Anfang	1.000	1.500	
Rohst. Summe Käufe	**8.000**	8.500	
Rohst. Schluß	1.500	2.000	
= Rohstoffeinsatz	7.500	8.000	
GuV (vereinfacht):			
Summe Erträge:		20.000	24.000
– Rohstoffeinsatz		7.500	8.000
– sonstige Aufw.		1.300	2.000
= Jahresergebnis		11.200	14.000

Wird der Fehler erst bei Aufstellung des Abschlusses 2005 bemerkt, ist auch eine retrospektive Korrektur für 2003 vorzunehmen. Die Fehlbewertung i.H.v. 8.000 wird auf 7.000 gesenkt:

	2003	2004	2005
Korrektur des Fehlers:			
Rohst. Anfang	1.000	1.500	
Rohst. Summe Käufe	**7.000**	8.500	
Rohst. Schluß	1.500	2.000	
= Rohstoffeinsatz	6.500	8.000	
GuV (vereinfacht):			
Summe Erträge:		20.000	24.000
– Rohstoffeinsatz		6.500	8.000
– sonstige Aufw.		1.300	2.000
= Jahresergebnis		12.200	14.000

Das Jahresergebnis des Vorjahres wäre also von 11.200 auf 12.200 zu korrigieren. Aber die Änderung hat auch Auswirkungen an ganz anderer Stelle: In der Kostenrechnung ergibt sich aufgrund der Fehlerkorrektur die folgende Veränderung des Zuschlagssatzes:

	2004	2005
Zuschlag (mit Fehler)	17,33 %	25,00 %
Zuschlag (ohne Fehler)	20,00 %	25,00 %

Ein *allowed alternative treatment* ist, nur den Betrag des Fehlers anzugeben und seine Auswirkung auf das Jahresergebnis (IAS 8.49). Das ist insbesondere sinnvoll, wenn rückwirkende Fehlerkorrekturen unmöglich sind, beispielsweise wenn Daten in früheren Perioden nicht so erfaßt worden sind, daß ein richtiger Ausweis möglich ist, und eine Nacherfassung dieser Daten unmöglich ist. IAS 8.50 verlangt allerdings auch eine Offenlegung solcher Fehler, deren Korrektur unmöglich ist.

Sachlich zwischen einer (verpflichtenden) Korrektur von Fehlern und einem (grundsätzlich verbotenen und nur ausnahmsweise erlaubten)

Methodenwechsel liegt die freiwillige Korrektur, wenn ein Methodenwechsel von einer zulässigen Methode auf eine andere für eine verläßlichere und relevantere Bewertung sorgt. Dies ist grundsätzlich erlaubt (IAS 8.14), aber angabepflichtig.

5.4.2. Steuerliche Probleme bei Bilanzkorrekturen

Sowohl bei der Berichtigung von Fehlern als auch bei der freiwilligen Methodenkorretur kann es unter Umständen zu erheblichen Differenzen zwischen Handels- und Steuerbilanz kommen, die *temporary differences* i.S.d. IAS 12 sein können. Während der Ersatz eines falschen Bilanzansatzes durch einen richtigen i.S.d. § 153 Abs. 1 AO verpflichtend ist, ist die nachträgliche Bilanzänderung, also die Veränderung einer rechtskräftig festgestellten Bilanz, die einer bestandskräftigen steuerlichen Festsetzung zugrundeliegt, an enge Prämissen nach H 15 EStR und Rechtsprechung gebunden:

- Sie ist jedenfalls nur insoweit möglich, als die Veranlagung nach den Vorschriften der Abgabenordnung, insbesondere nach § 173 oder § 164 Abs. 1 AO, noch geändert werden kann oder die Bilanzberichtigung sich auf die Höhe der veranlagten Steuer nicht auswirken würde (BFH vom 27.3.1962 – BStBl III S. 273).
- Die Berichtigung eines unrichtigen Bilanzansatzes in einer Anfangsbilanz ist nicht zulässig, wenn diese Bilanz der Veranlagung eines früheren Jahres als Schlußbilanz zugrunde gelegt hat, die nach den Vorschriften der AO nicht mehr geändert werden kann, oder wenn der sich bei einer Änderung dieser Veranlagung ergebende höhere Steueranspruch wegen Ablaufs der Festsetzungsfrist erloschen wäre (BFH vom 29.11.1965 – BStBl 1966 III S. 142). Unter Durchbrechung des Bilanzenzusammenhangs kann eine Berichtigung der Anfangsbilanz des ersten Jahres, bei dessen Veranlagung sich die Berichtigung auswirken kann, ausnahmsweise in Betracht kommen, wenn durch einen unrichtigen Wertansatz ungerechtfertigte Steuervorteile erlangt worden sind (BFH vom 3.7.1956 – BStBl III S. 250).
- Bilanzberichtigende Einbuchung bei unterlassener Bilanzierung eines Wirtschaftsguts des notwendigen Betriebsvermögens mit dem Wert, mit dem das Wirtschaftsgut bei von Anfang an richtiger Bilanzierung zu Buche stehen würde (BFH vom 12.10.1977 – BStBl 1978 II S. 191).
- Erfolgsneutrale Ausbuchung bei unterlassener Erfassung einer Entnahme (BFH vom 21.10.1976 – BStBl 1977 II S. 148).
- Bei einer Personengesellschaft ist eine fehlerhafte Gewinnverteilung in der ersten noch änderbaren Schlußbilanz erfolgswirksam

richtigzustellen (Fehlerkorrektur, BFH vom 11.2.1988 – BStBl II S. 825).
- Ausbuchung eines zu Unrecht bilanzierten Wirtschaftsguts des Privatvermögens mit dem Buchwert (BFH vom 26.2.1976 – BStBl II S. 378).
- Eine beim Tausch unterbliebene Ausbuchung des hingetauschten Wirtschaftsguts und Einbuchung einer Forderung auf Lieferung des eingetauschten Wirtschaftsguts ist in der ersten noch änderbaren Schlußbilanz erfolgswirksam nachzuholen (BFH vom 14.12.1982 – BStBl 1983 II S. 303).
- Eine Verbindlichkeit, die gewinnwirksam zu Unrecht passiviert worden ist, ist grundsätzlich gewinnerhöhend aufzulösen (BFH vom 22.1.1985 – BStBl II S. 308) und eine Verbindlichkeit, deren gewinnmindernde Passivierung der Steuerpflichtige nicht bewußt rechtswidrig oder willkürlich unterlassen hat, ist gewinnmindernd einzustellen (BFH vom 2.5.1984 – BStBl II S. 695). Dies gilt auch dann, wenn der Betrieb inzwischen unentgeltlich, also unter Fortführung der Buchwerte, auf einen anderen übertragen wurde (BFH vom 9.6.1994 – BStBl 1965 III S. 48) oder wenn der Betrieb zulässigerweise zum Buchwert in eine Personengesellschaft eingebracht wurde (BFH vom 8.12.1988 – BStBl 1989 II S. 407).

5.4.3. Das Bilanzkontrollverfahren

Neben der allgemeinen Abschlußprüfung gemäß §§ 316, 317 HGB besteht ab 2005 das Bilanzkontrollverfahren nach dem Bilanzkontrollgesetz (BilKoG) mit einer erweiterten Prüfungspflicht durch privatrechtlich verfaßte Prüfstellen. § 342b Abs. 1 HGB enthält eine diesbezügliche Verordnungsermächtigung, durch die die Zulassungsvoraussetzungen für solche Prüfstellen näher bestimmt werden sollen. Es darf in diesem Zusammenhang nur eine Einrichtung anerkannt werden, die aufgrund ihrer Satzung, personellen Zusammensetzung und vorgelegten Verfahrensordnung gewährleistet, daß die Prüfung unabhängig, sachverständig, vertraulich und unter Einhaltung eines festgelegten Verfahrensablaufes durchgeführt wird (§ 342b Abs. 1 Satz 2 HGB). Insofern sind hier spezielle Vorschriften über die Person des Abschlußprüfers gegeben.

Die Prüfstelle prüft, ob der zuletzt festgestellte Jahresabschluß und Lagebericht oder Konzernabschluß und Konzernlagebericht eines Unternehmens den gesetzlichen Vorschriften einschließlich der Grundsätze ordnungsmäßiger Buchführung und der »sonstigen durch Gesetz zugelassenen Rechnungslegungsstandards« entspricht, womit natürlich eine Prüfung auf Konformität gemäß IFRS gemeint ist. Geprüft werden allerdings nur die Abschlüsse und Berichte von »kapitalmarktnahen« Unternehmen, also solchen, die ein Wertpapier zum Handel an einem geregelten Markt emittiert haben (und die ab 2005 zur Anwendung der IFRS/IAS verpflichtet sind). Die Prüfstelle prüft bei Vorliegen von konkreten Anhaltspunkten für einen Verstoß gegen Rechnungslegungsvorschriften, auf Verlangen der Bundesanstalt für Finanzdienstleistungsaufsicht oder ohne besonderen Anlass (stichprobenartige Prüfung).

Die Bilanzkontrolle findet nicht statt, wenn Klage auf Nichtigkeit des Abschlusses gemäß § 256 AktG anhängig ist oder in bestimmten Fällen, wenn eine Sonderprüfung durchzuführen ist. Dies soll sicherstellen, daß nur Unternehmen der Bilanzkontrolle unterliegen, die sich im »regelmäßigen« Geschäftsverlauf befinden. Sind ohnehin schon Unregelmäßigkeiten aufgetreten, bedarf es keiner Bilanzkontrolle mehr.

Anders, als es bei der regelmäßigen Abschlußprüfung der Fall ist, liegt hier also eine Form der Bilanzkontrolle vor, mit der Bilanzstraftaten aller Art aufgedeckt werden sollen. Die Unternehmen trifft eine Mitwirkungspflicht, wobei die gesetzlichen Vertreter des Unternehmens eine umfassende Auskunftspflicht trifft (§ 342b Abs. 4 HGB).

Auch das Ergebnis der Bilanzkontrolle wird dem Unternehmen mitgeteilt; festgestellte Fehler müssen von der Prüfstelle begründet werden, die dem Unternehmen auch mitteilt, wie die Fehler zu beseitigen sind (§ 342b Abs. 5 HGB). Das Unternehmen erhält dann Gelegenheit, die geprüften Fehler zu beseitigen, was einem vorgerichtlichen Verfahren entspricht. Festgestellte Straftaten oder Ordnungswidrigkeiten muß die Prüfstelle jedoch in jedem Fall zur Anzeige bringen (§ 342b Abs. 7 HGB).

Die Bilanzkontrolle ebenso wie die erweiterte Qualitätsanforderung an Abschlußprüfer waren wesentliche Punkte des sogenannten Zehn-Punkte-Programmes der Bundesregierung im Vorfeld der erweiterten Einführung der IAS ab 2005. Sie sind eine Reaktion der diversen Bilanzskandale und großen Insolvenzen der vergangenen Jahre. Inwieweit verschärfte Kontrollen durch eine »Bilanzpolizei« solche Mißstände in Zukunft abstellen, bleibt abzuwarten. Eine allgemeine Verbesserung der wirtschaftlichen Rahmenbedingungen in Deutschland wäre jedoch zweifellos ein wirksameres Mittel zur Verhinderung von Unternehmenszusammenbrüchen.

5.5. IAS 10: Events After the Balance Sheet Date

Der Jahresabschluß wird auch im Kontext der internationalen Rechnungslegung erst Monate nach dem Bilanzstichtag veröffentlicht. Ereignisse, die zwischen Bilanzstichtag und Veröffentlichungsdatum eintreten, können berichtspflichtig sein, weil sie für die wirtschaftlichen Entscheidungen der Abschlußadressaten relevant sein können. Man könnte insofern von einer Art »erweiterten Wesentlichkeit« sprechen.

Der Standard verlangt in diesem Zusammenhang auch, daß der Grundsatz der Unternehmensfortführung (*going concern*) nicht angewandt wird, wenn objektive Gründe dagegensprechen. Dies kann vor dem Bilanzstichtag bekannt sein, aber auch erst nachher bekannt werden, etwa wenn durch neue gesetzliche Regelungen die Fortführung der Unternehmenstätigkeit in Frage gestellt wird. Wie das folgende Beispiel zeigt, ist das nicht so unwahrscheinlich:

> Am 20.04.2004 hat das Bundesverfassungsgericht die Klagen mehrerer Kühlhausbetreiber über die fünffache (!) Belastung mit »Ökosteuer« zurückgewiesen. Es stelle keine Ungleichbehandlung dar, daß Kühlhausbetreiber den vollen Steuersatz zahlen müßten, Lebensmittelhändler aber nur einen Satz von 20 % der Steuer. Dieses Ereignis stellte die Fortführung der Geschäftstätigkeit vieler Kühlhausbetreiber in Frage.

Ereignisse nach dem Bilanzstichtag können vorteilhaft wie nachteilhaft sein. Berichtpflichtig sind aber nur solche Ereignisse, die weitere substantielle Hinweise zu Gegebenheiten liefern, die bereits am Bilanzstichtag vorgelegen haben. Nicht berichtspflichtig hingegen sind neue Gegebenheiten. Diese gehören ganz dem neuen Geschäftsjahr an (IAS 10.3). Insofern findet eine Wesentlichkeitsabschätzung statt.

IAS 10.3 unterscheidet weiter in

- Ereignisse nach dem Bilanzstichtag, die Sachverhalte betreffen, die bereits zum Bilanzstichtag bestanden, so daß Änderungen am Jahresabschluß (nach IAS 8) erforderlich werden (*adjusting events*), und
- Ereignisse nach dem Bilanzstichtag, die Sachverhalte betreffen, die erst nach dem Bilanzstichtag eingetreten sind, so daß keine Änderungen an dem bestehenden Jahresabschluß erforderlich sind (*non-adjusting events*).

Beispiel: Ein neuer Kunde, mit dem erst kurz nach dem Bilanzstichtag Vereinbarungen getroffen werden, bewirkt die Aufhebung eines Veräußerungsbeschlusses. Anlagen, die gemäß IFRS als »*held for sale*« klassifiziert worden waren, sollen jetzt doch weiterbetrieben werden. Sie müssen also umgruppiert werden. Eine Änderung im bestehenden Jahresabschluß ist erforderlich – die u.U. auch die Abschreibung des Berichtsjahres betreffen könnte (*adjusting event*). Hätte der Neukunde durch seine Nachfrage aber bewirkt, daß das Management beschließt, ein neues Geschäftsfeld oder einen neuen geographischen Standort einzurichten, so hätte dies keinen Einfluß auf den abgeschlossenen Berichtszeitraum (*non-adjusting event*), wäre aber als wesentliches Ereignis dennoch berichtspflichtig.

Die im Jahresabschluß erfaßten Beträge müssen bei *adjusting events* rückwirkend angepaßt, d.h. korrigiert werden, um berichtspflichtige Ereignisse nach dem Bilanzstichtag darzustellen. Das kann (bei Anlagegütern) auch die rückwirkende Änderung mehrerer abgeschlossener Perioden bedeuten. Häufige Beispiele hierfür sind

- die Beilegung gerichtlicher Streitigkeiten zwischen Bilanzstichtag und Veröffentlichung des Jahresabschlusses, was zur Ausbuchung von Rückstellungen und/oder zur Ausbuchung von Eventualverbindlichkeiten führen kann,
- der nachträgliche Kenntniserhalt über die schon zum Bilanzstichtag bestehende Wertminderung eines Vermögensgegenstandes etwa durch verdeckte Bauschäden oder verborgene Mängel, so daß eine entsprechende Wertminderung nachträglich zu erfassen ist,
- erst nach dem Bilanzstichtag, aber vor der Veröffentlichung abgeschlossene Ermittlungen der Anschaffungskosten, etwa wenn hierfür erforderliche Dokumente wie Rechnungen von Notaren oder Lieferern erst nachträglich eintreffen,
- nach dem Bilanzstichtag, aber vor dem Veröffentlichungsdatum des Jahresabschlusses erfolgte Ermittlung der Zahlungen aus Gewinn- und Erfolgsbeteiligungen an Arbeitnehmer, die aufgrund von Ereignissen vor dem Bilanzstichtag zu zahlen sind,
- die Entdeckung eines Betruges oder einer anderen strafbaren Handlung, durch die der bereits festgestellte Jahresabschluß sich nachträglich als falsch herausstellt.

Gemeinsame Bedingung aller nachträglichen Änderungen ist stets, daß die Ursache für die Änderung noch im alten Berichtsjahr liegen muß, aber ihre Auswirkung erst nach dem Bilanzstichtag bekannt wird. Ereignisse, die insgesamt erst im Folgejahr eintreten, sind niemals nach IAS 10 berichtspflichtig.

Falls das Ereignis nach dem Bilanzstichtag in der Aufdeckung eines Fehlers in einer früheren Rechnungsperiode besteht, ist IAS 8 für die Korrektur dieses Fehlers gleichermaßen anwendbar. Obwohl in einem Jahresabschluß »nur« Zahlen des Vorjahres erscheinen müssen, kann diese Korrektur viele Perioden erfassen: wird beispielsweise entdeckt, daß schon die Erstbewertung eines Anlagegutes fehlerhaft war (*adjusting event*), so kann dies eine Korrektur für die gesamte bereits abgelaufene Nutzungszeit bewirken – bei Immobilien u.a. über Jahrzehnte! –, auch wenn nur noch die letzten beiden Jahre im letzten Abschluß sichtbar sind.

Die Anwendung des Grundsatzes der Unternehmensfortführung (*going concern*) unterliegt der Entscheidung durch die Geschäftsleitung. Schon die allgemeine Verschlechterung der Wirtschaftslage nach dem Bilanzstichtag kann die Fortführung der Unternehmenstätigkeit in Frage stellen. Eine nachträgliche Änderung des Abschlusses könnte aufgrund des Beschlusses zur Schließung des Unternehmens erfolgen. Häufiger sind inzwischen leider diejenigen Fälle, in denen das Unternehmen feststellt, daß die politisch-ideologischen Rahmenbedingungen in einem geographischen Wirtschaftsraum nicht mehr mit einer Fortführung der Geschäftstätigkeit kompatibel sind. Die ideologischen Einschränkungen des Ökologismus sind hierfür das bekannteste Beispiel. So kann die zwangsweise Einführung des Emissionshandels ab 2005 ein Unternehmen zur Schließung von Anlagen motivieren, wenn diese der Energierationierung unterliegen, weil durch den Verkauf der anfangs zugeteilten, später am CO_2-»Markt« erworbenen Emissionszertifikate vielfach mehr Erträge zu erzielen sind als durch die Produktion und den Verkauf nützlicher Güter – besonders dann, wenn die Ertragslage vor Einführung des Emissionshandels ohnehin schon schlecht gewesen ist. Da vielen Unternehmen die volle Tragweite der CO_2-Energierationierung erst nach dem 31.12.2004 klar wurde, die diesbezügliche Verpflichtung jedoch schon im Laufe des Jahres 2004 festgelegt worden war, liegt oftmals ein berichtspflichtiges Ereignis nach dem Bilanzstichtag vor.

5.6. IAS 11: Construction Contracts

Dieser Standard behandelt das Umgehen mit langfristiger Auftragsfertigung. Ein »Fertigungsauftrag« ist in diesem Fall die kundenspezifische Fertigung einzelner Gegenstände oder einer Anzahl aufeinander abgestimmter und einander zugehöriger Objekte (IAS 11.3). Zum Fertigungsauftrag gehören auch Kollateraldienstleistungen wie Architekten- oder Ingenieurleistungen und ggfs. tatsächlich erforderliche oder nur administrativ erzwungene Leistungen zur Wiederherstellung der Umwelt. Diese Definition erfaßt industrielle wie handwerkliche Einzel- und Auftragsfertigung. Während auch beispielsweise der Flugzeugbau Fertigungsaufträge dieses Typs kennt, ist das bekannteste Beispiel doch das Baugewerbe. »Kollateraldienstleistungen« können hier insbesondere der Abriß alter Gebäude, Architektenleistungen oder die Tätigkeit von Projektmanagern sein (IAS 11.5). Der Begriff der Langfristigkeit setzt voraus, daß sich der Auftrag über einen Bilanzstichtag hinaus erstreckt. Denn aufgrund des Grundsatzes der Periodenabgrenzung ist die Zuordnung zu den Geschäftsjahren, in denen der Auftrag durchgeführt wird, das Hauptregelungsinteresse von IAS 11.

Problematisch sind meist die speziellen Risiken, die sich aus solchen langfristigen Aufträgen ergeben:

- Große Abhängigkeit von den Auftraggebern und deren Bonität (meistens A-Kunden im Sinne der ABC-Analyse), deren Zahlungsunfähigkeit (oder auch nur späte Zahlung) zur Insolvenz des Auftragnehmers führen kann,
- große Abhängigkeit vom Erfolg bei der Durchführung der Aufträge,
- große Schwankungen bei der Kapazitätsauslastung des Auftragnehmers, wenn dieser im wesentlichen mit wenigen oder gar nur einem einzigen solchen Auftrag beschäftigt ist, und
- hohe Anforderungen an Organisation und Planung, da schon geringe Terminüberschreitungen oder Qualitätsmängel durch hohe

Konventionalstrafen zur Insolvenz des ausführenden Unternehmens führen können.

IAS 11 sieht zur bilanziellen Behandlung solcher Aufträge zwei unterschiedliche Methoden vor:

- Die *percentage-of-completion method* (auch: *stage-of-completion method*) besteht in einer periodenanteiligen Abrechnung des Bauauftrages auch ohne ausgestellte Rechnung, was einer Umsetzung des Prinzips der Periodenabgrenzung (*accrual basis of accounting*) entspricht;
- die *completed-contract method* hingegen besteht in der Abrechnung nach Ende des Auftrages.

Die *completed-contract method* führt u.U. zu unrichtigem Periodenausweis, etwa dann, wenn eine Schlußrechnung am Anfang eines Geschäftsjahres geschrieben wird, aber die Auftragsdurchführung im wesentlichen im Vorjahr lag. Die IFRS erlauben daher als *allowed alternative treatment* eine »entschärfte« Variante der *completed-contract method* mit Ausweis der Erträge in Höhe der zurechenbaren Aufwendungen, wenn eine verläßlich meßbare Periodenabgrenzung unmöglich ist (IAS 11.32); ansonsten ist die *percentage-of-completion method* das *benchmark treatment*.

Um die Teilgewinnrealisierung nach *percentage-of-completion* zu ermöglichen, wird in IAS 11.7 ff zunächst festgelegt, in welche Einzelleistungen ein Gesamtauftrag zu unterteilen ist. Hierbei sind Einzelleistungen als einzelne Aufträge zu erfassen, wenn getrennte Angebote unterbreitet wurden, über die Einzelleistungen separat verhandelt wurde und Kosten und Erlöse der Einzelleistungen separat ermittelt werden können, was beispielsweise bei mehreren Bauaufträgen für unterschiedliche Objekte der Fall sein könnte. Gruppen von einzelnen Verträgen sind hingegen als einziger Auftrag zu behandeln, wenn sie im Paket verhandelt werden, wirtschaftlich eng miteinander verbunden sind und gleichzeitig oder unmittelbar miteinander verbunden abgerechnet werden, wie es beispielsweise bei einer Mehrzahl von Verträgen über ein einziges Bauprojekt (Gebäude) der Fall wäre. Eine gute Richtlinie ist die Aktivierung der jeweiligen Bauleistungen: was nach Fertigstellung in einer einzelnen Summe aktiviert werden muß, ist auch ein einzelner Auftrag im Sinne des IAS 11.7–10, selbst dann, wenn mehrere Einzelverträge erforderlich waren. Was hingegen separat aktiviert wird, kann nicht bei der Errichtung kollektiv behandelt werden.

In IAS 11.3 werden zwei Typen von Bauaufträgen unterschieden:

- der *fixed price contract* ist ein Bauauftrag mit Festpreis für das Endprodukt oder eine (vereinbarte) Teilleistung und
- der *cost plus contract* ist ein Vertrag, in dem die für eine Arbeit entstandenen Baukosten sowie zusätzliche Gebühren oder Aufschläge an den Bauherren weitergegeben werden dürfen.

Zweck des Standards ist ja die periodengerechte Aufteilung der Baukosten und der Erträge, die der Bauauftrag vermittelt, aufgrund des Prinzips der Periodenabgrenzung (*accrual basis of accounting*). Unter Erträgen werden in diesem Zusammenhang der anfänglich vereinbarte Betrag plus alle zuverlässig meßbaren zusätzlichen Größen wie Prämien, Zusatzzahlungen des Bauherren oder andere Einkünfte betrachtet (IAS 11.11), soweit sie verläßlich ermittelt werden können. Die Baukosten umfassen eine Vielzahl von Dingen, die in IAS 11.16 ff aufgezählt werden, sind aber bei weitem nicht so tief und detailliert geregelt wie der deutsche Baukostenbegriff aus der II. Berechnungsverordnung. IAS 11.16 unterscheidet fundamental in direkte Kosten (Einzelkosten), indirekte »und allgemein dem Vertrag zurechenbaren« Kosten (was nicht ganz dem Gemeinkostenbegriff entspricht, weil eine Zurechnungsfähigkeit zum Fertigungsvertrag gefordert wird) und sonstige Kosten, die dem Kunden vertragsgemäß in Rechnung gestellt werden können.

Wenn das Ergebnis eines Bauauftrages zuverlässig prognostiziert werden kann, d.h. sich die Baustelle im wesentlichen im planmäßigen Bauablauf befindet, dann sind die Erträge und die Baukosten, auch wenn über sie noch keine Rechnungen geschrieben wurden, gemäß dem anteiligen Zustand der Fertigstellung anzugeben (IAS 11.22). Dies ist der Kerngedanke der *percentage-of-Completion method*. Diese weist den in einem Jahr bestehenden Fertigungsgrad aus. Dabei ist der Fertigungsgrad der Anteil der kumulierten Kosten an den Gesamtkosten des Auftrages, wobei es auch zu einer Änderung der geschätzten Gesamtkostensumme kommen kann. Der Fertigungsgrad ist der Anteil des Gesamterlöses, der als Ertrag gebucht werden darf.

Bei einem Festpreisvertrag ist es hierzu erforderlich, daß der Ertrag festgelegt ist, die Zahlung durch den Bauherren wahrscheinlich ist, Baukosten und Baufortschritt meßbar sind. Bei einem *cost-plus-contract* muß es wahrscheinlich sein, daß der Bauherr zahlt, und die Baukosten, die Grundlage für die *Cost-plus*-Berechnung sind, müssen sich zuverlässig feststellen lassen. Der Ausweis von Baukosten und -erträgen gemäß der *percentage-of-completion method* führt auch zum Ausweis der jeweiligen Werte in der Gewinn- und Verlustrechnung, selbst dann, wenn weder die Zahlungen geleistet noch überhaupt die entsprechenden Rechnungen geschrieben worden sind. Die Standards bieten damit einen zutreffenderen Ausweis, der weniger vom Vorsichtsprinzip als vom Motiv der Vermittlung eines den tatsächlichen Verhältnissen entsprechenden Bildes geleitet wird.

Daß ein Bauherr zahlt, gilt nicht als wahrscheinlich, wenn die Zahlung nicht gerichtlich durchsetzbar wäre, die Zahlungspflicht vom Bauherren bestritten wird, darüber bereits ein Gerichtsverfahren rechtshängig ist, wenn es wahrscheinlich ist, daß Vermögensgegenstände, die Gegenstand des Vertrages sind (z.B. herzustelle Bauwerke), enteignet werden, oder wenn der Bauherr bekanntermaßen zahlungsunfähig ist, etwa wegen eines eröffneten Insolvenzverfahrens. Zur »zuverlässigen« Messung des Baufortschrittes sind nicht nur durchsetzbare vertraglich geregelte gegenseitige Ansprüche erforderlich (IAS 11.29), sondern auch interne Beurteilungsverfahren, die den Baufortschritt bewerten. Hierzu eignen sich in der Regel die Bautagebücher, die mit Netzplänen und Bauzeitplänen abgeglichen werden.

Der Standard erlaubt damit den Ausweis unabgerechneter Arbeiten schon vor ihrer Rechnungslegung als Ertrag. Dies dient der Klarheit und der Information des Abschlußlesers viel mehr als die alte deutsche Methode der Stellung von Zwischenrechnungen. Das Risiko der späteren Nichtzahlung wird durch Einschränkungen im Ausweis der Erträge beschränkt; die kaufmännische Vorsicht steht jedoch nicht im Mittelpunkt der Darstellungspflichten. Das Bestehen von Umgehungsgeschäften im Bereich des HGB beweist dessen Unzeitmäßigkeit.

Beispiel: Bei einem über fünf Perioden abgewickelten Bauauftrag sei ein Preis von 40.000 vereinbart worden. Der anteilige Fertigstellungsgrad (*percentage-of-completion*) muß für jede Periode ermittelt werden. Hierzu wird die kumulierte Kostensumme durch die geschätzte Summe der Gesamtkosten geteilt (nach IAS 11.31):

Beispiel für die *percentage-of-completion method*					
Jahr	1	2	3	4	5
vereinbarter Preis	40.000	40.000	40.000	40.000	40.000
geschätzte Gesamtkosten	22.000	25.000	28.000	28.000	28.000
tatsächliche Kosten	2.200	2.300	5.300	9.800	8.400
kumulierte Kosten	2.200	4.500	9.800	19.600	28.000
Fertigungsgrad	10 %	18 %	35 %	70 %	100 %

Dabei können sich die geschätzten Gesamtkosten auch erhöhen, was im Beispiel mehrfach der Fall ist. Rein theoretisch kann das sogar zu einem Rückschritt des Fertigstellungsgrades führen!

Zu den offenlegungspflichtigen Tatbeständen gehört für jeden größeren Auftrag:

- die Summe der in der Berichtsperiode erfaßten Auftragserlöse,
- die Methoden zur Ermittlung der in der Berichtsperiode erfaßten Auftragserlöse,
- die Methoden zur Ermittlung des Fertigstellungsgrades der laufenden Projekte,
- die Summe der angefallenen Kosten und ausgewiesenen Gewinne,
- der Betrag erhaltener Anzahlungen und
- der Betrag von Einbehalten.

Die Summe der vom Bauherren noch zu erhaltenen Zahlungen ist als Forderung (*asset*), die Summe der ihm eventuell (z.B. wegen Einbehalten) geschuldeten Summe ist als Verbindlichkeit (*liability*) auszuweisen (IAS 11.22). Im vorstehenden Beispiel wäre also zu Beginn des Vertrages auf seiten des Auftragnehmers eine Forderung i.H.v. 40.000 zu aktivieren, die um die jeweils geleisteten Zahlungen zurückgeht.

5.7. IAS 12: Income Taxes

Dieser Standard regelt das Umgehen mit der Einkommen- und anderen Ertragsteuern. Zentralbegriff ist die *tax base* als besonderer offenlegungspflichtiger Wertbegriff. *Tax base* ist der Wert, den ein Vermögensgegenstand für Steuerzwecke hat. Beispiele zeigen, weshalb sich die *tax base* vom handelsrechtlichen Wert unterscheiden kann:

- Eine ausschließlich steuerrechtlich zulässige Abschreibung oder Sonderabschreibung kann vor Inbetriebnahme vorgenommen worden sein, so daß der *Tax base*-Wert des Gegenstandes höher ist als der IFRS-Buchwert.
- Der steuerrechtlich zulässige und aus Gründen der Minimierung der Ertragsbesteuerung in Hochsteuerländern genutzte Abschreibungsbetrag kann höher sein als der (zumeist lineare) nach IFRS zulässige Abschreibungsbetrag, so daß der *Tax base*-Wert der Anlage ebenfalls geringer ist als der IFRS-Buchwert.
- Bewertungsvorschriften wie z.B. in § 6 EStG können aber auch einen höheren steuerlichen Wert vorschreiben als den nach IFRS zulässigen Wert, weil insbesondere Teilwertabschreibungen im Steuerrecht verboten sein können, die nach IFRS (z.B. nach IAS 2 oder IAS 16) zulässig sind.
- Der *Tax base*-Wert von Zins- oder Mietforderungen ist stets null, weil diese erst bei Zufluß bzw. Sollstellung (und nicht schon bei Bestehen des Vertrages) besteuert werden.
- Der *Tax base*-Wert von Forderungen aus Lieferungen und Leistungen ist in der Regel null, weil diese bereits zum Zeitpunkt des Rechnungsausganges als Umsatzerlös besteuert wurden, aber der Zufluß selbst keinen steuerpflichtigen Tatbestand erfüllt.

Auch Verbindlichkeiten können einen *Tax base*-Wert haben, der sich vom handelsrechtlichen Wert unterscheidet:

- kurzfristige Verbindlichkeiten können Aufwandsabgrenzungen einschließen, aber der damit verbundene Aufwand kann steuerlich den Wert null aufweisen;
- manche Verbindlichkeiten dürfen im Steuerrecht gar nicht berücksichtigt werden, müssen aber nach IFRS gebildet werden, wie beispielsweise Drohverlustrückstellungen;
- kurzfristige Verbindlichkeiten können Geldbußen und -strafen enthalten, die nicht steuerlich abzugsfähig sind;
- die Rückzahlung von Darlehensverbindlichkeiten ist steuerlich irrelevant.

Ein sich hieraus ergebendes Thema sind die *taxable temporary differences*. Eine *temporary difference* entsteht, wenn der Zeitwert (*carrying amount*) eines *asset* oder einer *liability* von seiner *tax base* verschieden ist (IAS 12.5). *temporary differences* können steuerpflichtig sein, d.h., sie resultieren in zukünftigen Steuerzahlungen. Sie können aber auch abzugsfähig sein, also zukünftige Steuerzahlungen reduzieren:

Die Arten latenter Steuern

Typ	*Temporary difference*	Art der Latenz
Vermögenswerte	Steuerwert > IFRS-Buchwert	aktive latente Steuern
	Steuerwert < IFRS-Buchwert	passive latente Steuern
Verbindlichkeiten	Steuerwert > IFRS-Buchwert	passive latente Steuern
	Steuerwert < IFRS-Buchwert	aktive latente Steuern

Taxable temporary differences kommen insbesondere auch beim Geschäfts- oder Firmenwert (*goodwill*) vor; *deductible temporary differences* hingegen entstehen beim *negative goodwill* (sog. *badwill*), aber beispielsweise auch bei Forschungskosten, Leistungen an Arbeitnehmern und anderen Fällen. Beide Fälle sind offenlegungspflichtig.

Zudem verlangt der Standard die Angabe von

- Steuerschuld (*current tax*),
- passiven latenten Steuern (*deferred tax liabilities*) und
- aktiven latenten Steuern (*deferred tax assets*).

Deferred tax liabilities sind Verbindlichkeiten (*liabilities*) aus Steuern, die aufgrund vom *temporary differences* erst in zukünftigen Perioden fällig werden; *deferred tax assets* hingegen sind Forderungen (also *assets*), die erst in zukünftigen Perioden von den Finanzbehörden verlangt werden können. Sie entstehen aus *temporary differences*, aber auch aus früheren, noch nicht in Anspruch genommenen steuerlichen Verlusten oder steuerlichen Gutschriften.

Deferred tax assets im Zusammenhang mit dem deutschen Steuerrecht sind: Nichtaktivierung des Disagios (Aktivierungspflicht in der Steuerbilanz), Nichtaktivierung des derivativen Firmenwerts in der Handelsbilanz (Aktivierungspflicht gemäß § 6 Abs. 1 Nr. 2 EStG und Abschreibung nach § 7 Abs. 1 Satz 3 EStG in der Steuerbilanz), Abwertung von Vorräten in der Handelsbilanz auf den niedrigeren Zukunftswert (in der Steuerbilanz nur auf den Teilwert nach § 6 Abs. 1 Nr. 2 EStG), Bewertung von Pensionsrückstellungen unter Verwendung eines niedrigeren als des gemäß § 6a Abs. 3 EStG steuerlich zulässigen Satzes von 6 %, Bildung von Aufwandsrückstellungen in der Handelsbilanz (in der Steuerbilanz gar nicht zulässig).

Deferred tax liabilities im Zusammenhang mit dem deutschen Steuerrecht sind: Aktivierung von Aufwendungen für die Ingangsetzung und Erweiterung des Geschäftsbetriebs in der Handelsbilanz (Aktivierungsverbot in der Steuerbilanz, d.h., die Aufwendungen mindern den steuerlichen Gewinn und damit die Steuerschuld), Aktivierung von Fremdkapitalzinsen in der Handelsbilanz (soweit deren Aktivierung gemäß R 33

EStR verboten ist), Bewertung von Vorräten in der Handelsbilanz bei steigenden Preisen nach dem FIFO-Verfahren (bei gleichzeitiger Bewertung in der Steuerbilanz nach der Durchschnittsmethode).

Beispiel: Bei einem Ertragsteuersatz von 25 % seien die folgenden *temporary differences* aufgetreten:

- eine Produktionsanlage wird in der IFRS-Bilanz mit 600 bewertet; steuerlich muß die Anlage über eine längere Zeit abgeschrieben werden und hat daher einen Steuerbilanzwert von 800;
- im Fertigproduktlager haben einige Produkte durch Marktpreisrückgang nichtpermanent an Wert verloren. Die IFRS-Bewertung nach beizulegendem Zeitwert (*fair value*) sei daher 400; steuerlich sei aber nur ein Wert von 500 zulässig;
- für Spekulationszwecke gehaltene Wertpapiere (*held for trading*) haben einen nach IFRS bewerteten Börsenwert von 1.000, sind aber steuerlich nur mit 600 bewertet worden, und
- Rückstellungen für drohende Verluste aus einem schwebenden Geschäft wurden nach IFRS i.H.v. 40 gebildet, sind aber steuerlich unzulässig.

Dies hat folgende Auswirkungen:

- Die Bewertungsdifferenz der Produktionsanlage ergibt eine aktive latente Steuer in Höhe von $(800 - 600) \times 0{,}25 = 50$.
- Ebenso ergibt sich aus der Bewertungsgdifferenz des Lagers eine aktive latente Steuer von $(500 - 400) \times 0{,}25 = 25$.
- Der nach IFRS höhere Ansatz der Wertpapiere ergibt hingegen eine passive latente Steuer $(1.000 - 600) \times 0{,}25 = 100$.
- Die steuerlich gar nicht zulässige sogenannte Drohverlustrückstellung bedeutet schließlich wiederum eine aktive latente Steuer i.H.v. $40 \times 0{,}25 = 10$.

So sähe das in der Bilanz aus:

Aktiva		Unsaldierte Steuerabgrenzung	Passiva
latente Steuerforderung	50	latente Steuerschuld	100
latente Steuerforderung	25		
latente Steuerforderung	10		

Latente Steuern dürfen nach IAS 12.74 saldiert (verrechnet) werden, wenn

- das Unternehmen ein (nach steuerlichen Regeln bestehendes) einklagbares Recht auf Aufrechnung besitzt (z.B. nach § 266 AO),
- die Steuer von derselben Steuerbehörde erhoben wird und
- dasselbe Steuersubjekt vorliegt, was insbesondere im Zusammenhang mit der steuerlichen Organschaft (§ 14 KStG; ausländische Tochter § 18 KStG sowie bei der Gewerbesteuer § 2 Abs. 2 GewStG) der Fall ist.

Das sähe dann zunächst so aus:

Aktiva	Saldierte Steuerabgrenzung		Passiva
		latente Steuerschuld	15

Current und *deferred tax* müssen allerdings als Aufwand oder Ertrag für die Berichtsperiode angegeben werden (IAS 12.58). Der Ausweis erfolgt also bilanziell und erfolgswirksam. Hiervon sind jedoch zwei Arten von latenten Steuern ausgenommen (IAS 12.58): latente Steuern aus einem Geschäftsfall oder Ereignis, das direkt im Eigenkapital angesetzt wurde, z.B. *cash flow hedges* und latente Steuern aus Unternehmenszusammenschlüssen (IFRS 3).

Latente Steuern sind nur in dem Maße angabefähig, in dem ein Unternehmen wahrscheinlich ein ausreichendes steuerliches Ergebnis produziert, gegen das die abzugsfähige temporäre Differenz auch verwendet werden kann. Insofern setzt IAS 12.24 eine Obergrenze für die Abzugsfähigkeit.

Beispiel: Ein Unternehmen bilanziere eine Gewährleistungsrückstellung i.H.v. 100 hinsichtlich eines bestimmten Produktes. Der *Tax base*-Wert dieser Rückstellung ist aber null, weil nur die tatsächlichen Instandsetzungsaufwendungen (und nicht die Bildung der Rückstellung) steuerlich relevant sind. Bei einem Ertragsteuersatz von 25 % führt das also zu einem latenten Steueranspruch i.H.v. $100 \times 0{,}25 = 25$. Dieser ist aber nur ansatzfähig, wenn das Unternehmen auch mindestens 100 zu versteuernden Jahresüberschuß erwirtschaftet, um aus der Verringerung der Steuerzahlungen einen Vorteil ziehen zu können.

Wie hoch die Wahrscheinlichkeit ist, daß ein zur Nutzung des latenten Anspruches ausreichender Gewinn erzielt wird, wird in IAS 12 nicht genau spezifiziert. Meinungen in der Literatur reichen von 50 % (Ausweisgrenze Eventualverbindlichkeiten) bis zu 75 % oder gar 80 %.

Latente Steueransprüche und latente Steuerverbindlichkeiten dürfen nicht abgezinst werden (IAS 12.53). Das gilt auch dann, wenn der zugrundeliegende Vermögensgegenstand oder die zugrundeliegende Schuld abgezinst wurde.

IAS 12.79 ff schreiben eine Fülle von Offenlegungspflichten steuerlicher Sachverhalte vor; insbesondere gehören die einzelnen Ursachen für *temporary differences*, ihre einzelnen Werte und die sich daraus ergebenden steuerlichen Resultate dazu.

Insgesamt enthalten die IFRS als handelsrechtliche Regelungsquelle keine Vorschriften über die Ermittlung von Steuern; dies ist stets Sache der jeweiligen nationalen Steuergesetze. Die Standards enthalten nur Ausweisvorschriften über Sachverhalte, die sich nach den jeweiligen anwendbaren Regelungen ergeben – was sie mit dem Steuerrecht praktisch aller Länder kompatibel macht. Eine steuer- wie handelsrechtlichen Gesetzen gleichermaßen genügende Einheitsbilanz wird damit zwar nicht wahrscheinlicher, aber viele IAS-Regeln liegen näher am deutschen Steuerrecht als vergleichbares Handelsrecht.

5.8. IAS 14: Segment Reporting

Die Segmentberichterstattung erweitert den Informationsgehalt des Jahresabschlusses um Informationen über Teileinheiten des Unternehmens (Segmente). Die Segmentberichterstattung ist nur für Unternehmen verpflichtend, deren Anteilsscheine an einem öffentlichen Markt (Börse) gehandelt werden (IAS 14.3); für alle anderen Unternehmungen ist die Segmentberichterstattung freiwillig. Bei freiwilliger Anwendung des IAS 14 ist die Unternehmung jedoch ebenfalls ganz an diesen Standard gebunden (IAS 14.4–5).

Der Begriff »Segment« deckt sich dabei im weiteren Sinne mit dem der strategischen Geschäftseinheit, ist jedoch in IAS 14.9 definiert als »eine unterscheidbare Einheit einer Unternehmung, die auf ein individuelles Produkt oder eine spezielle Dienstleistung spezialisiert ist, Risiken und Resultaten unterworfen ist, die verschieden von anderen Segmenten sind«. Zu wichtigen Unterscheidungsmerkmalen gehören also:

- die Art der Produkte oder Dienstleistungen,
- die Art des Produktionsprozesses,
- die Art oder das Marktsegment des Produkt- oder Leistungsnachfragers,
- Vertriebsmethoden,
- ggfs. die anwendbaren Arten von gesetzlichen oder sonstigen anwendbaren Regelungen,
- Ähnlichkeiten in politischen oder wirtschaftlichen Rahmenbedingungen,
- Beziehungen und Wechselwirkungen zwischen verschiedenen geographischen Gebieten,
- räumliche Lage von Vermögensgegenständen oder Nachfragern,
- besondere Risiken, die mit bestimmten Geschäftsbereichen oder geographischen Gebieten verbunden sind, und
- staatliche Eingriffe, insbesondere hinsichtlich des internationalen Geldflusses.

Der Segmentbegriff kann daher auch der Spartenorganisation zugrunde liegen und Grundelement einer Diversifikationsstrategie sein. Aus organisationstheoretischer Sicht ist der Segmentbegriff objektbezogen oder räumlich definiert. Das Segment eines Unternehmens kann zugleich auch als Profitcenter behandelt werden, was sich insbesondere aufgrund der Kontenstruktur anbietet.

Segmente können gemäß IAS 14 nach Geschäftsbereichen, geographischer Lage der Vermögensgegenstände oder geographischer Lage der Kunden gegliedert werden und müssen insgesamt 75 % des Gesamtumsatzes umfassen. Die Einteilung der Segmente erfolgt nach der vorstehenden Gliederung, kann sich jedoch schon aus dem Gegenstand des Unternehmens ergeben. Bereiche können dabei »*unallocated*« bleiben, wenn sie sich aus tatsächlichen Gründen nicht als Segment definieren lassen,

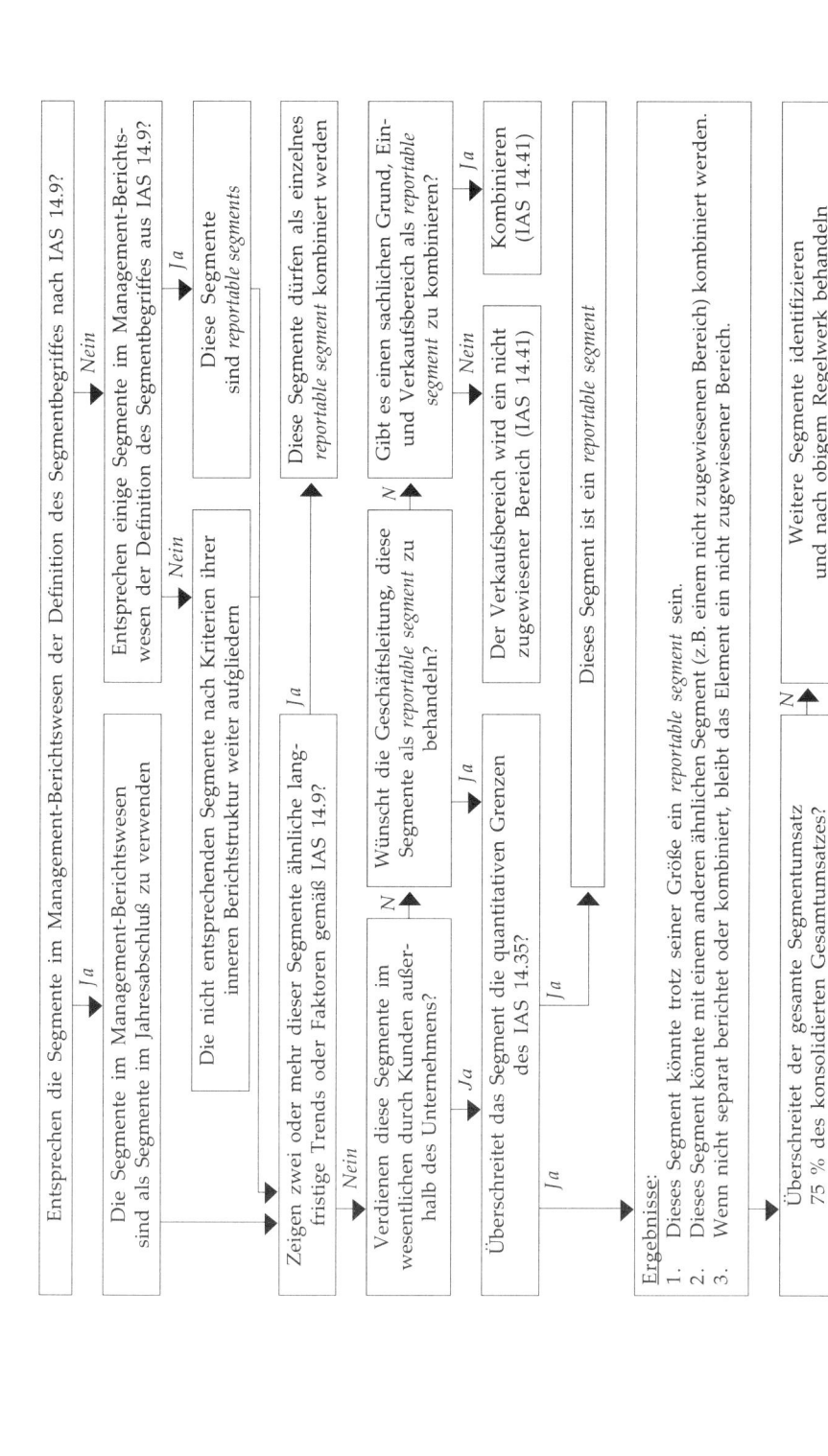

Abbildung 5.5: »Segment Decision Tree«, eigene Übersetzung aus dem Anhang zu IAS 14, vgl. IFRS Bound Volume 2005, S. 843

doch muß jeder Bereich, der mehr als 10 % des Gesamtumsatzes oder des Gesamtergebnisses (sei es Gewinn oder Verlust) erwirtschaftet hat oder mehr als 10 % der Vermögensgegenstände des Gesamtunternehmens besitzt (IAS 14.35), stets als selbständiges Segment behandelt werden. Unterschreitet ein Bereich alle diese Grenzen, so kann er dennoch als *reportable segment* behandelt werden, wenn dies dem Entscheidungsnutzen des Abschlusses dient (IAS 14.36).

Die Segmenteinteilung kann mehrdimensional sein, d.h., es können primäre und sekundäre Segmente in der Art und Weise definiert werden, daß Untergliederungen bestehender Segmente auch nach einem anderen, neuen Gliederungsprinzip vorgenommen werden. Harmoniert die Segmentberichterstattung dabei mit der Betriebs- und Unternehmensorganisation, so minimiert dies den mit der Berichterstattung verbundenen Verwaltungsaufwand.

Die zu berichtenden Sachverhalte sind nach Wichtigkeit in primäre, sekundäre und weitere Berichtspflichten gegliedert und umfassen insbesondere pro Segment und Berichtszeitraum (primär offenzulegende Sachverhalte):

- Umsatz von Kunden außerhalb des Gesamtunternehmens
- Umsatz aus Geschäften mit anderen Segmenten
- Segmentergebnis, in etwa ein Betriebsergebnis
- Wert der im Segment gebundenen Vermögensgegenstände
- Segmentverbindlichkeiten
- Aufwendungen zur Anschaffung von Vermögensgegenständen
- Abschreibung und Amortisation
- nichtpagatorische Aufwendungen, die keine Abschreibungen sind
- Gewinn oder Verlust nach *Equity*-Methode
- konsolidierte Umsätze, Jahresergebnis, Vermögensgegenstände und Schulden

Zu den Segmenterträgen gehören keine Zins- oder Dividendenerträge oder Erträge aus dem Verkauf von Investments oder der Tilgung von Schulden; zu den Segmentaufwendungen gehören keine Zinsaufwendungen und keine Verluste aus der Veräußerung von Investments, der Tilgung von Schulden, anteilige Verluste von assoziierten Unternehmen, Ertragsteueraufwendungen und generelle Verwaltungskosten (IAS 14.16). Diese sind stets separat zu berichten. Das Segmentergebnis ist daher auch vor diesen Posten zu ermitteln.

In die dem Segment zugeordneten Vermögensgegenstände und Verbindlichkeiten dürfen keine Steuerabgrenzungen einbezogen werden, weil diese i.d.R. ja nicht dem Segment, sondern der Gesamtunternehmung zuzurechnen sind.

Sekundär offenzulegende Sachverhalte (Auswahl):

- geographische Lage der Kunden bzw. Vermögensgegenstände
- Anschaffungskosten immaterieller Vermögensgegenstände
- Umsatz von Kunden außerhalb des Geltungsbereiches eines geographisch definierten Segmentes

Exemplum AG
Segmentberichterstattung
(segment reporting)

	Süßwaren BJ	Süßwaren VJ	Import BJ	Import VJ	Unallocated BJ	Unallocated VJ	Elimination BJ	Elimination VJ	Konsolidiert BJ	Konsolidiert VJ
Erträge										
Verkäufe an Dritte	137.725	106.495	78.669	66.857	755	859			217.149	174.211
Interne Verkäufe	15.222	10.105	1.885	1.366	8	11	−17.115	−11.482		
Saldo	152.947	116.600	80.554	68.223	763	870	−17.115	−11.482	217.149	174.211
Segmentergebnis	15.336	16.995	27.146	19.995	410	300	−877	−15	42.015	37.275
Nicht zugeordnete Aufwendungen									24.580	21.110
Zinserträge									785	724
Zinsaufwendungen									1.718	1.612
Anteiliger Ertrag aus Beteiligungen									85	80
Gewinn vor Steuern									16.587	15.357

Abkürzungen: BJ = Berichtsjahr; VJ = Vorjahr

Abbildung 5.6: Muster einer Segmentberichterstattung nach IFRS

Weitere zu berichtende Sachverhalte (Auswahl):

- Umsatz aus jedem Segment, dessen Einkünfte von außerhalb des Unternehmens ist mehr als 10 % der gesamten Unternehmenseinkünfte, wenn das Segment nicht bereits anderswo ein *reportable segment* ist
- Berechnung der Verrechnungspreise zwischen den Segmenten
- Veränderungen in der Berichtspolitik
- Arten von Produkten oder Diensten der jeweiligen Segmente
- Definition der einzelnen Segmente (geographisch/Geschäftseinheit/Kundengruppe)

5.9. IAS 16: Property, Plant and Equipment

Zu den Themen dieses Standards gehören die Bilanzierungspflicht bei Anlagen, die Bemessung der Anschaffungs- oder Herstellungskosten, verschiedene mögliche Verfahren des Benchmarkings, die diversen möglichen Abschreibungsmethoden, Neu- und Umbewertungen etwa bei von außen vorgegebenen Wertänderungen und Gewinne oder Verluste, die aus der Außerdienststellung von Anlagen und ihrem Verkauf entstehen.

Nicht Gegenstand dieses Standards sind

- Sachanlagen, die nicht mehr genutzt, sondern nur zur Veräußerung gehalten werden, insbesondere nach IFRS 5,
- biologische Vermögenswerte, die in IAS 41 geregelt sind, und
- Abbau- und Schürfrechte für Rohstoffe, die sich in der Erde befinden, wie Öl, Gas oder Mineralien, die in IFRS 6 geregelt sind.

Sachanlagevermögensgegenstände sind gemäß der allgemeinen Definition des Vermögensbegriffes aus dem *framework* mit Anschaffungs- oder Herstellungskosten anzusetzen, wenn es wahrscheinlich ist, daß ein mit der Anlage verbundener künftiger wirtschaftlicher Nutzen dem Unternehmen zufließen wird und die Anschaffungs- oder Herstellungskosten zuverlässig bewertet werden können. Zu den Anschaffungskosten (was der weitaus häufigere Fall ist) gehören (IAS 16.16 ff) der Kaufpreis abzüglich aller Preisnachlässe (wie Rabatte, Skonti oder Boni), direkt zurechenbare Kosten, die anfallen, um den Vermögensgegenstand zu dem beabsichtigten Standort zu bringen und in den vom Management beabsichtigten betriebsbereiten Zustand zu versetzen, was beispielsweise neben Einfuhrzöllen und Speditionskosten auch die Montage der Anlage vor Ort oder die Vorbereitung des Standplatzes (z.B. Fundamentierung, bauliche Veränderungen) einschließt, sowie die erstmalig geschätzten Kosten einer ggfs. erforderlichen Beseitigung der Anlage am Ende ihrer Nutzung, soweit diese verpflichtend getragen werden müssen.

Finanzierungsaufwendungen sind nach IAS 23.7 ff eigentlich als Aufwendung zu erfassen (*benchmark method*), dürfen als *allowed alternative treatment* aktiviert werden. Nur Zinsen für kurz- oder mittelfristige Kredite, die Amortisation von Agios bzw. Disagios und Geldbeschaffungsaufwendungen sowie Überziehungszinsen und Wechselkursdifferenzen bei Fremdwährungskrediten gelten noch als aktivierungsfähige Finanzierungsaufwendungen, sofern sie der Anlage jeweils zuzurechnen sind. Ein »*qualifying asset*« im Sinne des IAS 23.11 ist der anzuschaffende Anlagevermögensgegenstand.

Ausdrücklich von der Einbeziehung in die Anschaffungs- oder Herstellungskosten ausgeschlossen sind beispielsweise die Eröffnung einer neuen Produktionsstätte, Kosten der Einführung eines neuen Produktes (einschließlich Werbung, Verkaufsförderung und Public Relations), Kosten der Verlagerung des Geschäftsbetriebes an einen neuen Standort oder Verwaltungsgemeinkosten (IAS 16.19).

Auch die möglicherweise auftretenden Kosten der Beseitigung einer Anlage am Ende ihrer Nutzungsdauer gehört nicht in die Bewertung der Anlage. Dies erscheint sinnvoll, weil diese Kosten oft wenig mit den wirklichen Aufwendungen zu tun haben, sondern ausschließlich politisch-ideologisch motiviert sind. Die kerntechnische Industrie ist ein ausgezeichnetes Beispiel hierfür: Dauerte alleine der »Probebetrieb« des Kernkraftwerkes in Obrigheim, das im Frühjahr 2005 stillgelegt wurde, noch 24 Jahre (!), so sind die »Kosten« der Demontage der Anlage noch gar nicht abzusehen. Ihre Einbeziehung in die Anschaffungs- oder Herstellungskosten wäre daher nicht nur sachlich kaum möglich, sondern würde auch kein den tatsächlichen Verhältnissen entsprechendes Bild vermitteln.

Die Bewertung der Anschaffungs- oder Herstellungskosten geschieht nach dem Stichtagsmodell (IAS 16.23), d.h. der Wert am Ansatzzeitpunkt ist maßgeblich. Dies ist insbesondere auch bei Käufen in Fremdwährung maßgeblich (IAS 21 sieht ebenfalls die Zeitbezugsumrechnung vor, also die Umrechnung zum Transaktionszeitpunkt).

Ein häufiges Problem sind weiterhin die Tauschgeschäfte. Die häufigsten Fälle solcher Transaktionen sind

- das »echte« Tauschgeschäft (Sache gegen Sache);
- das »unechte« Tauschgeschäft (Sache höheren Wertes gegen Sache geringeren Wertes plus Ausgleich in Geld) und
- die Dreieckskompensation (Sache von X an Y, eine weitere Sachleistung von Y an Z und Zahlung von Z an X).

Tauschgeschäfte sind besonders im Außenhandel häufig, weil man es da oft mit Partnern zu tun hat, die zwar kaufwillig, aber auch zahlungsunfähig sind oder die nicht über konvertible Währungen verfügen. Da solche Geschäftspartner oft Waren oder Leistungen anstatt von Zahlung bieten, sind die verschiedenen Arten von Tauschgeschäften eine häufige Lösung.

IAS 16.24 schreibt hier die Bewertung zum beizulegenden Zeitwert (*fair value*) vor, was einen bestehenden Absatzmarkt für die eingetauschten Güter voraussetzt. Die Bewertung eingetauschter Güter muß ebenfalls zuverlässig möglich sein und besitzt nur dann wirtschaftliche Substanz, wenn der Gegenstand in der Zukunft vermutlich einen Zufluß an Mitteln verursachen wird.

Für die Folgebewertung sieht IAS 16.29 zwei Methoden vor: das Anschaffungskostenmodell und das Neubewertungsmodell.

Beim Anschaffungskostenmodell wird der Gegenstand zu seinen Anschaffungs- oder Herstellungskosten abzüglich Abschreibungen und kumulierten Wertminderungsaufwendungen bewertet. Hierbei wird jeder Teil der Anlage mit einem separat identifizierbaren Anschaffungswert getrennt abgeschrieben (IAS 16.43). Das Abschreibungsvolumen ist planmäßig über die Nutzungsdauer des Gegenstandes zu verteilen (IAS 16.50). Restwert und Restnutzungsdauer müssen jedes Jahr überprüft und Änderungen gemäß IAS 8 offengelegt werden. Da die Abschreibung nach IFRS nicht den steuerlichen Vorschriften folgt, werden hierbei in aller Regel *temporary differences* entstehen, d.h., der *Tax base*-Wert des Gegenstandes wird sich vom handelsrechtlichen Wert unterscheiden.

Beim Neubewertungsmodell ist der Gegenstand zum Zeitwert am Bilanzstichtag anzusetzen. Das Neubewertungsmodell ist verpflichtend anzuwenden, wenn der Vermögenswert verläßlich bewertet werden kann. Dies schließt Abschreibungen nicht aus, kann aber auch zu Zuschreibungen führen, wenn ein ansteigender Wert etwa durch einen Marktpreis für solche Gegenstände verläßlich festgestellt werden kann.

Zur Frage der Abschreibungsmethode finden sich nur sehr allgemeine Vorschriften in IAS 16.60-62. Feste Regelungen über die anzusetzende Nutzungsdauer bestehen nicht, so daß der Gegenstand über seine voraussichtliche Lebensdauer abzuschreiben ist. Die Abschreibungsmethode soll den tatsächlichen Wertverlust abbilden (IAS 16.60), d.h., es gibt keine »fiktive« Abschreibung wie etwa in § 7 EStG und den deutschen AfA-Tabellen. Daher ist auch keine bestimmte Abschreibungsmethode vorgeschrieben. Die degressive Abschreibung ist grundsätzlich erlaubt und kann mit einem Wechsel von der degressiven zur linearen Methode kombiniert werden, was mit § 7 Abs. 2 und 3 EStG kompatibel wäre. Der diesbezügliche Methodenwechsel wäre nach IAS 8 berichtspflichtig.

Allerdings sind nach IAS 16 auch Abschreibungsmethoden zulässig, die in Deutschland wegen der überwältigenden Übermacht steuerrechtlicher Regelungen kaum noch jemand kennt, so z.B. die sogenannte digitale Abschreibung, die – ganz flexibel je nach den tatsächlichen Verhältnissen – progressiv (mit steigenden Abschreibungsbeträgen) oder degressiv (mit fallenden Abschreibungsbeträgen) ausgestaltet werden kann. Hier gilt allgemein die Rechenmethode:

$$Degression = \frac{AK\ oder\ HK}{\sum_{i=1}^{n} Jahresziffern}$$

Hieraus kann dann die Abschreibung pro Periode bestimmt werden:

$$AfA_{digital} = Degression \times Jahresziffern$$

Die Reihenfolge, in der die Jahresziffern in diese Formel eingesetzt werden (fallend oder steigend), bestimmt, ob es sich um eine degressive oder eine progressive Abschreibungsmethode handelt.

Beispiel: Das Anlagegut habe Anschaffungskosten von 24.000 € bei einer technischen Nutzungsdauer von zehn Jahren. Der Degressionsbetrag ist nunmehr:

$$Degression = \frac{24.000\,€}{1+2+3+4+5+6+7+8+9+10} = 436{,}364\,€$$

Setzen wir die Jahresziffern 1 bis 10 in der Formel in fallender Reihe an, also 10, 9, 8, 7, ..., 1, so erhalten wir eine degressive Abschreibung, d.h., die jährlichen AfA-Beträge fallen:

Jahr	AfA pro Jahr	Zeitwert
0		24.000,00 €
1	4.363,64 €	19.636,36 €
2	3.927,27 €	15.709,09 €
3	3.490,91 €	12.218,18 €
4	3.054,55 €	9.163,64 €
5	2.618,18 €	6.545,45 €
6	2.181,82 €	4.363,64 €
7	1.745,45 €	2.618,18 €
8	1.309,09 €	1.309,09 €
9	872,73 €	436,36 €
10	436,36 €	0,00 €

Setzen wir die Jahreszahlen aber ansteigend in die Formel ein (also 1, 2, 3, ..., 10), so erhalten wir eine progressive AfA, d.h., die jährlichen AfA-Beträge steigen:

Jahr	AfA pro Jahr	Zeitwert
0		24.000,00 €
1	436,36 €	23.563,64 €
2	872,73 €	22.690,91 €
3	1.309,09 €	21.381,82 €
4	1.745,45 €	19.636,36 €
5	2.181,82 €	17.454,55 €
6	2.618,18 €	14.836,36 €
7	3.054,55 €	11.781,82 €
8	3.490,91 €	8.290,91 €
9	3.927,27 €	4.363,64 €
10	4.363,64 €	0,00 €

Auf diese Art könnte der wirkliche Wertverzehr i.S.d. IAS 16.60 abgebildet werden: Computer veralten beispielsweise am Anfang schneller als am Ende ihrer Nutzungsdauer, wohingegen der Wertverzehr bei vielen Industrieanlagen oder auch bei Verkehrsmitteln gegen Ende der technischen Lebensdauer höher als am Anfang ist.

Auch eine leistungsbezogene Abschreibung ist denkbar, etwa bei Fahrzeugen oder anderen Anlagen, die einen Leistungseinheitenzähler besitzen.

Beispiel: Ein Fahrzeug habe eine technische Gesamtleistung von 200.000 km. Die Anschaffungskosten von 20.000 € sollen nach Leistungseinheiten verteilt werden. Je Kilometer könnte nunmehr eine leistungsabhängige Abschreibung von 0,10 € gerechnet werden. Die Gesamthöhe der Abschreibung pro Rechnungsperiode hängt damit von der Fahrleistung der Rechnungsperiode ab. Legt das Fahrzeug im ersten Jahr 40.000 km zurück, so sind 20 % der Anschaffungskosten oder 4.000 € abzuschreiben. Anders als bei einer planmäßigen Abschreibung würde hier kein vorab festgelegter Abschreibungsplan bestehen, sondern die Abschreibung vom Fahrtenbuch bestimmt werden. Dies ist insbesondere mit der Forderung des IAS 16.60 nach Wiedergabe des wirklichen Wertverlustes vereinbar. Insbesondere soll nach IAS 16.61 die gewählte Abschreibungsmethode jedes Jahr überprüft werden.

Die Anlage ist auszubuchen, wenn sie aus dem Anlagevermögen ausscheidet oder kein künftiger wirtschaftlicher Nutzen mehr festzustellen ist. Wird die Nutzung der Anlage beendet, die Anlage aber noch zur Veräußerung bereitgehalten, dann darf sie nicht mehr abgeschrieben werden und muß als »*held for sale*« nach IFRS 5 klassifiziert und behandelt werden. Der Gewinn oder Verlust aus der Veräußerung von Anlagen ist in der GuV auszuweisen, aber Gewinne dürfen nicht als Umsatz angegeben werden (sondern müssen separiert werden) (IAS 68).

Zu den offenlegungspflichtigen Tatbeständen gehört für jede Gruppe von Sachanlagen:

- die Bewertungsgrundlage,
- die verwendete Abschreibungsmethode,
- die zugrunde gelegten Nutzungsdauern und Abschreibungsmethoden,
- der Bruttobuchwert und die kumulierten Abschreibungen und die sonstigen Wertminderungsaufwendungen,
- eine Überleitung des Buchwertes zu Beginn und zum Ende der Periode unter gesonderter Angabe der Zugänge, zur Veräußerung gemäß IFRS 5 gehaltener Vermögenswerte, Erwerbe durch Unternehmenszusammenschlüsse, Neubewertungen, Abschreibungen,
- alle anderen ggfs. eingetretenen Änderungen.

Zudem sind auch Beschränkungen von Verfügungsrechten, mit den Anlagen zusammenhängende Sicherungsgeschäfte und weitere begleitende Informationen angabepflichtig.

5.10. IAS 17: Leases

Gegenstand dieses Regelungselementes sind Leasingverträge über bewegliche und unbewegliche Vermögensgegenstände mit Ausnahme von

- Leasingverträgen über Explorationsrechte für natürliche Ressourcen und
- Leasingverträgen über Lizenzrechte an gewerblichen Schutzrechten wie Urheberrechte, Patente usw. (IAS 17.2).

Die Bewertungsrichtlinien dieses Standards gelten nicht für

- Vermögensgegenstände, die als *investment property* (IAS 40) gehalten werden, und
- biologische Vermögensgegenstände nach IAS 41,

obwohl der Standard dem Grunde nach hierfür anwendbar ist.

Hauptgegenstand des Standards ist die bilanzielle Zuordnung des Leasinggegenstandes. Ein *lease* wird in IAS 17.4 als ein Vertrag definiert, durch welchen der Leasinggeber dem Leasingnehmer gegen Entgelt oder eine Serie von Entgelten (eine Zahlungsreihe, also eine Rente) das Nutzungsrecht an der Leasingsache auf Zeit verschafft. Diese Grundregel steht zwischen der Typendefinition des Mietvertrages (§ 535 BGB) und des Pachtvertrages (§ 581 BGB) auf der einen Seite und des Kaufvertrages (§ 433 BGB) auf der anderen Seite. Während Kauf- und Mietvertrag unterschiedlich bilanziell behandelt werden, gibt es nur einen Leasingvertrag. Dessen bilanzielle Behandlung wird durch die Details der jeweiligen vertraglichen Regelung bestimmt, durch welche der Vertrag als *finance lease* oder oder als *operate lease* qualifiziert und dem Kauf- oder Mietvertrag gleichgestellt wird. *Finance leasing* ist dabei die Leasingform, die im Effekt eine Finanzierung ergibt, also dem finanzierten Kauf nahesteht. *Operate leasing* wird im Gegensatz hierzu wie ein Mietvertrag behandelt:

- Bei *finance leasing* ist der Gegenstand beim Leasingnehmer zu bilanzieren. Dieser bucht Abschreibungen wie bei einem gekauften Objekt; die Leasingraten sind mit ihrem Zinsanteil eine Zinsaufwendung und mit ihrem Tilgungsanteil die Tilgung einer anfänglich eingegangenen Verbindlichkeit in Höhe des Wertes der Leasingsache.
- Bei *operate leasing* sind die Leasingraten in voller Höhe als Aufwand zu erfassen und der Leasinggegenstand bleibt in der Bilanz des Leasinggebers. Der Leasingnehmer muß weder eine Verbindlichkeit noch Abschreibungen buchen.

Wesentliches Element der Klassifizierung ist der Übergang aller wesentlichen Risiken und Nutzungsrechte auf den Leasingnehmer durch den Leasingvertrag (IAS 17.8). Dies kommt dem wirtschaftlichen Eigen-

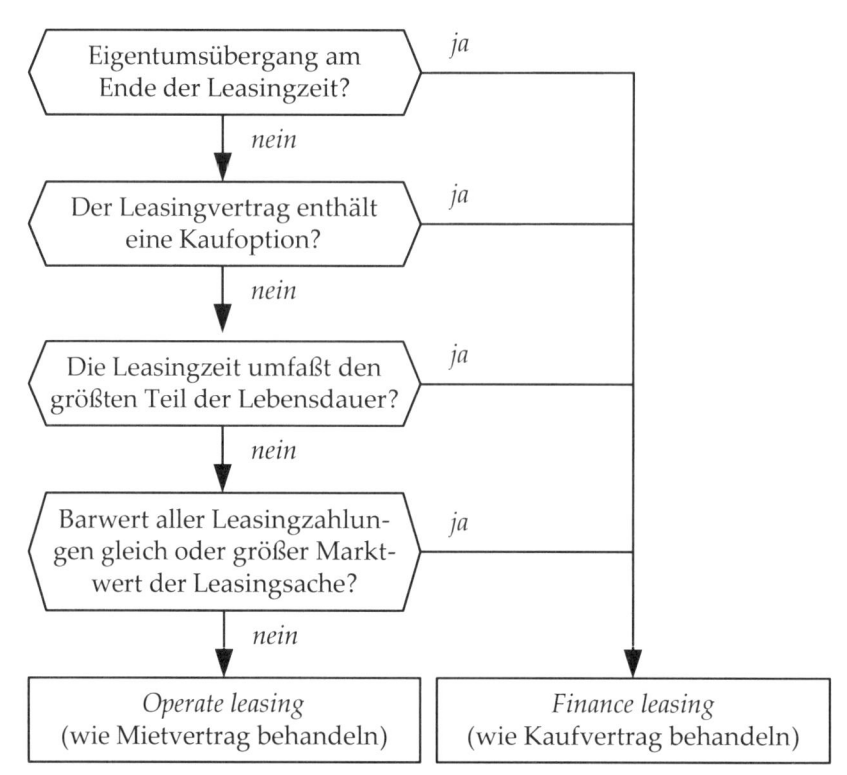

```
┌─────────────────────────┐  ja
│ Eigentumsübergang am    ├─────────────────────┐
│ Ende der Leasingzeit?   │                     │
└───────────┬─────────────┘                     │
            │ nein                              │
            ▼                                   │
┌─────────────────────────┐  ja                 │
│ Der Leasingvertrag enthält├───────────────────┤
│ eine Kaufoption?        │                     │
└───────────┬─────────────┘                     │
            │ nein                              │
            ▼                                   │
┌─────────────────────────┐  ja                 │
│ Die Leasingzeit umfaßt den├─────────────────── │
│ größten Teil der Lebensdauer?│                 │
└───────────┬─────────────┘                     │
            │ nein                              │
            ▼                                   │
┌─────────────────────────┐  ja                 │
│ Barwert aller Leasingzahlun-├───────────────── │
│ gen gleich oder größer Markt-│                 │
│ wert der Leasingsache?  │                     │
└───────────┬─────────────┘                     │
            │ nein                              │
            ▼                                   ▼
┌─────────────────────┐           ┌──────────────────────┐
│ Operate leasing     │           │ Finance leasing      │
│ (wie Mietvertrag    │           │ (wie Kaufvertrag     │
│  behandeln)         │           │  behandeln)          │
└─────────────────────┘           └──────────────────────┘
```

Abbildung 5.7: Entscheidungsbaum für die Klassifizierung von Leasingverhältnissen

tum des § 39 Abs. 2 AO durch tatsächliche Sachherrschaft gleich. Während die grundsätzliche Regelung der AO noch weitgehend mit den IFRS kompatibel zu sein scheint, gibt es in den BMF-Schreiben vom 21.3.1972, F/IV B 2 – S 2170 – 11/72, BStBl I S. 188 (Immobilien-Leasing-Erlaß) und vom 19.04.1971, IV B/2 – S 2170 – 31/71, BStBl I 1971, 264 (Mobilien-Leasing-Erlaß) Regelungen, die den Standards fundamental widersprechen. Dies betrifft insbesondere die sogenannte 40/90-Regelung: Für die bilanzielle Zuordnung von Gebäuden gibt es nämlich die sogenannte 40/90 %-Regel, die die Bilanzierung von Gebäuden vom Anteil der Grundmietzeit an der betriebsgewöhnlichen Nutzungsdauer der Immobilie festmacht – wobei eine Zuordnung beim Leasingnehmer (!) auch erfolgen soll, wenn die Grundmietzeit unter 40 % der Nutzungsdauer des Gebäudes beträgt. Es kann also zu einer steuerrechtlichen Einschätzung eines Leasingverhältnisses kommen, die der handelsrechtlichen Einordnung nach IFRS widerspricht. Während die Frage der Kaufoption in der Praxis noch oft mit den Regelungen des IAS 17.7–19 zur Deckung zu bringen ist, besteht hinsichtlich der Einschätzung der kurzfristigen Leasingverhältnisse i.d.R. schon wegen der Kurzfristigkeit keine Möglichkeit einer gleichartigen Beurteilung. Der *Tax base*-Wert einer kurzfristig geleasten Immobilie wird daher also nahezu stets anders sein als der IFRS-Ausweis.

Während die Buchung des Leasingaufwandes bei *operate leasing* unproblematisch ist, wirft die Behandlung des *finance leasing* finanzmathematische Probleme auf, denn in den meisten Ländern ist der Leasinggeber nicht verpflichtet, den angewandten internen Zinsfuß zu nennen (und wäre er hierzu verpflichtet, würde es u.U. kaum noch Leasinggeschäfte geben). Für die Ermittlung des internen Zinsfußes steht i.d.R. nur die iterative Zielwertsuche zur Verfügung; die oft dargestellten Näherungsformeln produzieren Fehler, die mit einem ordnungsgemäßen Rechnungswesen zumeist nicht kompatibel sind. Die Anwendung der internen Zinsfußrechnung ist in IAS 17.20 bei der Erstbewertung der Leasingsache ausdrücklich zugelassen.

Grundgedanke der internen Zinsfußmethode ist, daß jede zum Zeitpunkt t beim Leasinggeber eingehende Leasingzahlung (E_t) als *return on investment* auf eine anfängliche Investitionsausgabe A zum Zeitpunkt t (A_t) betrachtet wird. Durch Abzinsen jeder Zahlungsdifferenz für jede Einzelperiode $t = \{0, 1, 2, ..., n\}$ kann der Barwert C der gesamten Zahlungsreihe ermittelt werden:

$$C = \sum_{t=0}^{n}(E_t - A_t)(1+i)^{-t}$$

Dies ist nichts als eine Anwendung der bekannten Kapitalwertmethode aus der Finanzmathematik, die auf einer Anwendung der bekannten Zinseszinsformel in ihrer Anwendung zur Barwertrechnung beruht:

$$C_0 = \frac{C_n}{(1+i)^n} = C_n(1+i)^{-n}$$

Da man die Kapitalwertformel nicht nach C umstellen kann, muß man den Wert, bei dem der Kapitalwert C genau null ist, per iterativer Zielwertsuche feststellen. Die heute üblichen Tabellenkalkulationsprogramme bieten hierfür komfortable Funktionen. Der Zins, der sich ergibt, wenn der Barwert C der gesamten Zahlungsreihe null erreicht, ist der interne Zinsfuß oder Effektivzins des Leasingvertrages.

Beispiel: Bei einem Leasinggegenstand im Wert von 60.000 € und einer Leasingzeit von drei Jahren erhält man einen internen (»wirklichen«) Zins von $r^\wedge = 12{,}0443983\ \%$ und die folgende Kapitalwertrechnung:

t	(Et-At)	(Et-At) · (1+i)⁻ᵗ
0	– 60.000,00 €	– 60.000,00 €
1	25.000,00 €	22.312,58 €
2	25.000,00 €	19.914,06 €
3	25.000,00 €	17.773,36 €
Summe	15.000,00 €	0,00 €

Der interne Zins von r^ = 12,0443983 % Wert entspricht zugleich der effektiven Verzinsung, wenn keine weiteren Zahlungen (wie beispielsweise Vertragsgebühren) zu berücksichtigen sind und alle Zahlungen pünktlich erfolgen.

Berechnet man für jedes einzelne Jahr zunächst den Zins und subtrahiert man diesen von der Zahlungssumme, um die Tilgung zu erhalten, so erbringt dies die folgende Annuitätentabelle:

t	Zinsen	Tilgung	Summe	Restwert
0				60.000,00 €
1	7.226,64 €	17.773,36 €	25.000,00 €	42.226,64 €
2	5.085,94 €	19.914,06 €	25.000,00 €	22.312,58 €
3	2.687,42 €	22.312,58 €	25.000,00 €	0,00 €
Σ	15.000,00 €	60.000,00 €	75.000,00 €	

Die oben skizzierte Vorgehensweise eignet sich auch, Abschlußgebühren und Restwerte einzubeziehen. Diese Sonderzahlungen erhöhen oder senken einfach die einzelnen Raten. Eine zusammen mit der ersten Rate fällige Abschlußgebühr von 1.000,00 € sowie ein zusammen mit der letzten Rate fälliger Restwert der Leasingsache von 5.000,00 € würde einen Effektivzins von r^ = 16,2109948 % bewirken und zu folgender Annuitätentabelle führen:

t	$(E_t - A_t)$	$(E_t - A_t) \cdot (1+i)^{-t}$
0	– 60.000,00 €	– 60.000,00 €
1	26.000,00 €	22.373,10 €
2	25.000,00 €	18.511,67 €
3	30.000,00 €	19.115,23 €
Summe	26.000,00 €	0,00 €

Die Annuitätentabelle sähe jetzt genauso aus wie vorstehend; im ersten Jahr käme jedoch die Buchung der Abschlußgebühr i.H.v. 1.000,00 € und im letzten Jahr die Sondertilgung von 5.000,00 € hinzu.

Da die Methode des internen Zinsfußes recht aufwendig ist, hat sich aus der vordigitalen Zeit eine Alternativmethode erhalten, die ohne Zinsberechnung auskommt. Dieses Verfahren berechnet den Zinsanteil jedes Jahres statt dessen mit der Formel

$$Zinsanteil_t = \frac{\sum Zinsen\,und\,Kosten}{Summe\,Zahlenreihe} \times Anzahl\,restl.Raten + 1$$

Die Summe der Zins- und Kostenanteile aller Raten beträgt hier 15.000 € (Differenz aus dem Anlagewert und der Summe aller Zahlungen). Die Summe der Zahlenreihe beträgt 1 + 2 + 3 = 6. Das ergäbe für unseren obigen Beispielfall (in seiner Version ohne Gebühr und ohne Restwert) die folgende Annuitätentabelle:

t	Zinsen	Tilgung	Summe	Restwert
0				60.000,00 €
1	7.500,00 €	17.500,00 €	25.000,00 €	42.500,00 €
2	5.000,00 €	20.000,00 €	25.000,00 €	22.500,00 €
3	2.500,00 €	22.500,00 €	25.000,00 €	0,00 €
Σ	15.000,00 €	60.000,00 €	75.000,00 €	

Diese Tabelle zeigt das gleiche Verhalten wie die obenstehende »exakte« Berechnung, d.h., der Anteil der Tilgung nimmt zu und der Anteil der Zinsen nimmt ab. Die Summe der Zins- und die Summe der Tilgungszahlen ist exakt richtig, aber deren Zuordnung in der Zeit ist ungenau. Die Zinsstaffelmethode hat zudem den Nachteil, bei langer Leasingdauer oder bei hohem internem Zins falsche Ergebnisse zu produzieren. Auch das betrachten wir an einem Beispiel: Eine Leasingsache im Wert von 1.000.000 € soll auf 20 Jahre vermietet werden. Die Leasingrate betrage 120.000 € pro Jahr; Abschlußgebühren oder Restwerte bestehen nicht.

Die interne Verzinsung beträgt hier 10,316 % (was nicht unbedingt ein ungewöhnlich hoher Darlehenszins ist), aber die erste nach der Zinsstaffelmethode ermittelte Zinssumme beträgt 133.333,33 €, was einer Tilgung von –13.333,33 € gleichkommt, denn die Annuität ist ja nur 120.000 €. Der Vertrag ist also offensichtlich mit der Zinsstaffelmethode nicht abrechenbar. Die Zinsstaffelmethode ist daher außerhalb von Prüfungen kaum noch irgendwo anzutreffen.

Die Buchungen des Leasingverhältnisses sind bei Zurechnung der Leasingsache zum Leasingnehmer unproblematisch, weil sie denen des Mietverhältnisses gleichen.

Buchungen des Leasinggebers: Die Anschaffung der Anlage ist wie jede andere Investition zu buchen:

Anlagekonto
Vorsteuer   AN   Verbindlichkeiten

Wird die Leasingsache dem Leasingnehmer überlassen, so bucht der Leasinggeber bei jedem Zahlungstermin die Sollstellung einer Forderung:

Forderungen   AN   Umsatzerlöse
                             Umsatzsteuer

Gleichzeitig können jedes Jahr Abschreibungen gebucht werden:

Bilanzielle AfA   AN   Anlagekonto

Buchungen des Leasingnehmers: Dieser erfaßt lediglich die Leasingraten als Betriebsausgaben:

Leasingaufwendungen
Vorsteuer   AN   Zahlungskonto

Bei Zurechnung der Leasingsache zum Leasingnehmer bei *finance leasing* wird die Sache jedoch etwas komplizierter. Buchungen des

Leasinggebers: Die Anschaffung der Anlage ist wie vorstehend demonstriert zu buchen:

Anlagekonto
Vorsteuer   AN   Verbindlichkeiten

Der Leasinggeber bucht eine Forderung in Höhe der Summe des Anlagewertes. Die Forderung bucht den Wert der Anlage aus, die damit also aus der Bilanz des Leasinggebers verschwindet:

Forderungen   AN   Anlagekonto

Die Buchung ist umsatzsteuerfrei, weil zu diesem Zeitpunkt noch keine unternehmerische Leistung abgerechnet wurde. Die Sollstellung der Leasingrate bei Fälligkeit erfolgt dann:

Forderungen   AN   Umsatzerlöse (Zins)
                                 Forderungen (Tilgung)
                                 Umsatzsteuer

Und der (pünktliche) Zahlungseingang wäre zu buchen:

Zahlungskonto   AN   Forderungen

Buchungen des Leasingnehmers: Der Leasingnehmer bucht die Überlassung der Anlage wie zuvor schon der Leasinggeber umsatzsteuerfrei, weil zum Zeitpunkt der Überlassung keine Zahlung geleistet wird:

Anlagekonto   AN   Verbindlichkeiten

Der zu dotierende Wert entspricht dabei dem Gesamtwert der Anlage ohne Zins- und Kostenanteil. Die Buchung der Zahlungen wäre dann jeweils folgendermaßen abzubilden:

Verbindlichkeiten (Tilgung)
Zinsaufwand (Zins)
Vorsteuer   AN   Zahlungskonto

Neben der komplexen Unterscheidung dieser beiden Grundformen des Leasings spielen auch *Sale-and-lease-back*-Operationen eine Rolle (IAS 17.58–66). Bei diesem Geschäftstyp veräußert ein Unternehmen eine Anlage, die es sogleich vom Käufer zurückmietet. Dies kann sowohl zu Finanzierungs- als auch zu *Operate*-Leasing führen. Wenn eine *Sale-and-lease-back*-Operationen zu einem *Operate leasing* führt, so ist ein aus dem Wertunterschied zwischen Buchwert (*carrying amount*) und beizulegendem Zeitwert (*fair value*) entstehender Gewinn oder Verlust unverzüglich auszuweisen (IAS 17.61). Ist der Verkaufspreis unter dem beizulegenden Zeitwert, muß jedweder Gewinn oder Verlust ebenfalls unverzüglich ausgewiesen werden, wenn er nicht durch künftige Leasingzahlungen unter Marktwert ausgeglichen wird. Ein Ausgleich eines Verlustes durch günstigere Leasingbedingungen soll durch Verteilung des Verlustes über die Leasingdauer stattfinden.

Ungelöst ist die Frage, wie der Leasingfall zu behandeln ist, wenn der Leasingnehmer im Namen des Leasinggebers und Eigentümers der Leasingsache an der Herstellung der Leasingsache maßgeblich beteiligt ist. Da der Leasingnehmer bei manchen Vertragsgestaltungen bei der Konstruktion des Leasinggegenstandes weitgehend freie Hand hat, kann er während der Bauphase als Eigentümer betrachtet werden. IAS 17 gibt hierzu keine Auskunft. Der Bilanzierende ist daher u.a. verpflichtet, gemäß *framework* und IAS 8 den IAS 17 analog anzuwenden.

In der Offenlegung müssen jeweils die Leasingverhältnisse mit Laufzeiten bis zu einem Jahr, länger als einem Jahr und unter fünf Jahren sowie ab fünf Jahren separat angegeben werden.

5.11. IAS 18: Revenue

Ertrag ist der aus der gewöhnlichen Tätigkeit des Unternehmens resultierende Bruttozufluß wirtschaftlichen Nutzens während der Berichtsperiode, der zu einer Erhöhung des Eigenkapitals führt, soweit er nicht aus Einlagen der Anteilseigner stammt (IAS 18.7). IAS 18 regelt Erträge aus dem Verkauf von Gütern, der Erbringung von Dienstleistungen und der Nutzung von Vermögenswerten durch Dritte gegen Zinsen, Nutzungsentgelte und Dividenden.

Er befaßt sich nicht mit Leasingerträgen (IAS 17), Dividenden aus Konzerngesellschaften (IAS 28), Versicherungsverträgen nach IFRS 4, Änderungen des beizulegenden Zeitwertes (IAS 39), Wertänderungen kurzfristiger Vermögensgegenstände (IAS 2), dem erstmaligen Ansatz biologischer Vermögensgegenstände (IAS 41) und dem Abbau von Bodenschätzen (IFRS 6).

Grundlegende Bewertungsregel ist die Bemessung zum beizulegenden Zeitwert der erhaltenen oder zu beanspruchenden Gegenleistung (IAS 18.9).

Für Dienstleistungsgeschäfte, die sich über eine Zeit erstrecken, ist die *percentage-of-completion method* zulässig (IAS 18.20), wenn die Höhe der Erträge verläßlich geschätzt werden kann, es wahrscheinlich ist, daß wirtschaftlicher Nutzen der Unternehmung zufließt, der Fertigstellungsgrad bestimmt werden kann und die für die Abwicklung des Geschäfts zu erwartenden Kosten zuverlässig bestimmt werden können. IAS 18.24 schreibt eine Zahl möglicher Berechnungsmethoden zur Ermittlung des Fertigstellungsgrades vor:

- nach erbrachter Arbeitsleistung,
- nach bereits erbrachter Leistung als Prozent der Gesamtleistung oder
- nach Verhältnis der angefallenen Kosten zu den geschätzten Gesamtkosten des Projektes.

Von diesem Fall abgesehen darf der Ausweis des Ertrages aber erst stattfinden, wenn die Unternehmung den Gegenstand nebst allen wesentlichen Risiken an den Käufer übertragen hat, keine Eigentumsrechte oder ähnliche Verfügungsberechtigungen mehr hält, der Betrag des Ertrages verläßlich bestimmt werden kann, es wahrscheinlich ist, daß der Unternehmung aus dem Geschäft ein wirtschaftlicher Nutzen zufließt und die auf die Transaktion entfallenden Kosten zuverlässig bestimmt werden können (IAS 18.14). Insofern ist das Realisationsprinzip festgeschrieben, das im Bereich des deutschen Rechts eher eine Frage des Gewohnheitsrechts und des Rechnungsausweises nach §§ 14 ff UStG darstellt.

Diese Frage kann im Einzelfall problematisch sein, so daß der Anhang zu IAS 18 Richtlinien für eine Vielzahl von Einzelfällen bietet. So soll bei Gütern, die eine Installation erfordern, der Ertrag ausgewiesen werden, wenn der Käufer die Lieferung angenommen hat und die Installation und/oder Inspektion abgeschlossen ist. Bei einem Kauf mit ausgehandeltem Rückgaberecht soll der Ertrag hingegen erst bei Ablauf der Rückgabefrist ausgewiesen werden. Dies gilt jedoch nicht für Verkäufe an Verbraucher, weil dies kein »ausgehandeltes«, sondern ein gesetzliches Rückgaberecht darstellt. Bei Kommissionsverkäufen soll der Ertrag erst ausgewiesen werden, wenn der Kommissionär die Ware verkauft hat und bei Nachnahmekäufen erst im Moment der Vereinnahmung des Betrages durch den Agenten oder Postzusteller.

Vorauszahlungen führen erst bei Lieferung der bestellten Ware zu einem Ertrag, wären also auf seiten des Käufers als Forderung »Geleistete Vorauszahlungen« zu aktivieren und auf seiten des Lieferanten als Verbindlichkeit »Erhaltene Anzahlungen« zu passivieren. Erst im Moment der eigentlichen Lieferung würde der Verkäufer die passivierte Anzahlungsverbindlichkeit ausbuchen und als Ertrag ausweisen.

Bei Verkäufen über fortgesetzte Lieferungen (Zeitschriftenabos) würde gemäß dem Anhang zu IAS 18 der Ertrag jeweils mit dem auf eine Lieferung entfallenden Teilbetrag ausgewiesen werden und bei Grundstücksverkäufen in dem Moment, in dem der erforderliche Rechtstitel (z.B. durch Eintragung in das Grundbuch) auf den Käufer übergeht.

Nach IAS 18.35 erforderliche Offenlegungen sind:

- die angewandten Bilanzierungs- und Bewertungsmethoden,
- der Betrag jeder bedeutsamen Kategorie von Erträgen, wobei Verkauf von Gütern, Dienstleistungen, Zinsen, Nutzungsentgelte und Dividenden als Kategorien vorgeschrieben werden, sowie
- der Betrag der Erträge aus Tauschgeschäften aus diesen Kategorien.

5.12. IAS 19: Employee Benefits und IAS 26: Accounting and Reporting by Retirement Benefit Plans

IAS 19 und 26 bilden ein zusammengehöriges Paar, so daß sie in diesem Werk auch zusammen behandelt werden. Während IAS 19 sich eher generell mit Leistungen an Arbeitnehmer befaßt, geht es in IAS 26 primär um die betriebliche Rentenversicherung. IAS 19 befaßt sich hauptsächlich mit der Bestimmung der in die betriebliche Rentenversicherung (und andere Leistungen an Arbeitnehmer) einzubringenden Aufwendungen, während IAS 26 den Ausweis des Vermögens regelt, das die Substanz der Zukunftssicherung darstellt. IAS 26 ergänzt damit IAS 19.

»Leistungen an Arbeitnehmer« sind solche zwischen der Unternehmung und einer Gruppe von Arbeitnehmern, ihren Repräsentanten – zum Beispiel von Gewerkschaften im Rahmen von Tarifverträgen – oder einzelnen Arbeitnehmern, aufgrund gesetzlicher Erfordernisse oder aufgrund »informeller Praktiken«, die man im Arbeitsrecht auch als »betriebliche Übung« kennt (IAS 19.3). Dies umfaßt eine Vielzahl von Lohn- und Lohnnebenkosten, Sozialkosten und anderen Leistungen des Arbeitgebers, die in IAS 19.4 aufgezählt werden; der Standard befaßt sich aber vorwiegend mit langfristig geltenden Vereinbarungen, da diese mehr buchhalterische und Bewertungsprobleme aufwerfen. Lohnzahlungen oder die gesetzlichen Zwangsversicherungen sind nicht oder kaum relevant.

Zudem sind anteilsbasierte Vergütungen (*share-based payments*) an Arbeitnehmer nicht Gegenstand der IAS 19 und 26, denn diese werden bereits in IFRS 2 behandelt.

IAS 19 unterscheidet dabei zunächst

- kurzfristige Leistungen und
- langfristige Leistungen.

Kurzfristige Leistungen sind Löhne, Gehälter, Sozialversicherungsbeiträge, Urlaubs- und Krankengeld, Gewinn- und Erfolgsbeteiligungen, geldwerte Leistungen usw. (IAS 19.8). Die Kurzfristigkeitsgrenze ist der schon bekannte Zeitraum von zwölf Monaten. Die bilanzielle Behandlung dieser Leistungen ist in aller Regel einfach, weil zur Erfassung des Aufwandes keine finanzmathematischen Konzepte erforderlich sind. Der Betrag solcher kurzfristigen Leistungen ist ohne Abzinsung als Verbindlichkeit bis zur Zahlung auszuweisen (IAS 19.10). Leistungen ohne Arbeitsleistung wie Urlaubsgeld oder Lohnfortzahlung bei Krankheit sind bei Eintritt des jeweiligen Falles auszuweisen; falls sie durch vorherige Arbeitsleistung »angespart« werden (»*accumulating compensated absences*«), sind sie zusammen mit der jeweiligen Arbeitsleistung auszuweisen (IAS 19.11). Dies kann zur Rechnungsabgrenzung führen und die Zwölf-Monats-Grenze sprengen. Bei Urlaub ist das im deutschen Recht selten, da Urlaubstage nur in der seltenen Ausnahme des § 5 Abs. 1 Buchstabe a Bundesurlaubsgesetz in Folgejahre »mitgenommen« werden können.

Dennoch gibt es ein *ähnliches Beispiel*: Die Verkäufer eines Autohauses erhalten als besonderen Anreiz für getätigte Verkäufe entweder eine Barprämie oder eine »*Incentive*«-Reise als Zusatzurlaub. Der Anspruch kann für ein Jahr »mitgenommen« werden. Die Unternehmung muß daher am Jahresende eine Verbindlichkeit in Höhe der »ungenutzten« Reisetage passivieren (IAS 19.11 a i.V.m. IAS 19.14). Obwohl die Auszahlungspflicht hier dem Grunde nach ungewiß ist, weil die »ungenutzten« Reisetage ja noch in Anspruch genommen werden können, besteht keine Eventualverbindlichkeit (IAS 37), weil bei Inanspruchnahme dennoch eine dem Grunde nach sichere Lohnzahlungspflicht (bezahlter Sonderurlaub!) ohne Arbeitsgegenleistung des Arbeitnehmers besteht. Ähnliches gilt auch für Leistungen wie Weihnachtsgelder, Erfolgsprämien usw., die ja i.d.R. auch am Jahresende nicht automatisch verfallen. Solche kurzfristigen Leistungen können also stets mehrere Jahre betreffen.

Langfristige Leistungen finden meist nach Ende des Arbeitsverhältnisses oder mindestens nach langjähriger Beschäftigung statt und sind i.d.R. Vorsorgeleistungen wie Renten- und Lebensversicherungen, medizinische Versorgung nach dem Arbeitsverhältnis, aber auch Sonderurlaub nach langjähriger Dienstzeit, Jubiläen oder Leistungen aus Anlaß der Beendigung des Arbeitsverhältnisses.

Pensionspläne und ähnliche Versorgungsmodelle (*post employment benefits*) werden in IAS 19.24 ff und in IAS 26 geregelt. Diese Modelle folgen i.d.R. einem langfristigen Sparplan, der zumeist in Kooperation mit einem externen Versorgungsträger wie einem Fonds oder einer Versicherung erbracht wird. Der IAS 19 und 26 unterscheiden daher übereinstimmend:

- Beitragsorientierte Pläne (*defined contribution plans*): Bei dieser Form der Bildung von Pensionsrückstellungen ist ein fester Zahlungsbetrag pro Periode an einen Fonds oder eine Pensionskasse zu erfassen, etwa ein monatlicher Beitrag des späteren Rentners. Die spätere Leistung richtet sich nach der Höhe der insgesamt eingezahlten Beiträge. Diese Art der Altersvorsorge ähnelt dem Wesen nach einem Sparvertrag und ist buchhalterisch unproblematisch: die eingezahlten Beträge werden periodengerecht abgegrenzt und als Personalaufwand verbucht.
- Leistungsorientierte Pläne (*defined benefit plans*): Bei dieser Form der Bildung von Pensionsrückstellungen ist die Höhe der Rente oder sonstigen Leistung zuvor fest vereinbart, aber der monatliche Beitrag hängt von der Dauer bis zum Beginn der Rente und von Kapitalmarktgegebenheiten ab. Dies ähnelt eher einer Versicherung, die eine bestimmte (zuvor definierte) Leistung erbringen soll, was eine Vielzahl finanzmathematischer Probleme nach sich zieht. Auch die Bewertung schon vorhandener Vermögensgegenstände und Finanzinstrumente ist ein Thema.

Für alle Verträge dieser beiden Typen ist charakteristisch, daß sie zunächst eine Ansparphase darstellen, in der ein Vermögen durch (zumeist) monatliche Beitragszahlungen aufgebaut wird, und dann eine Leistung ausgezahlt wird, die entweder eine Einmalleistung oder eine Dauerleistung sein kann. Das kann man folgendermaßen visualisieren:

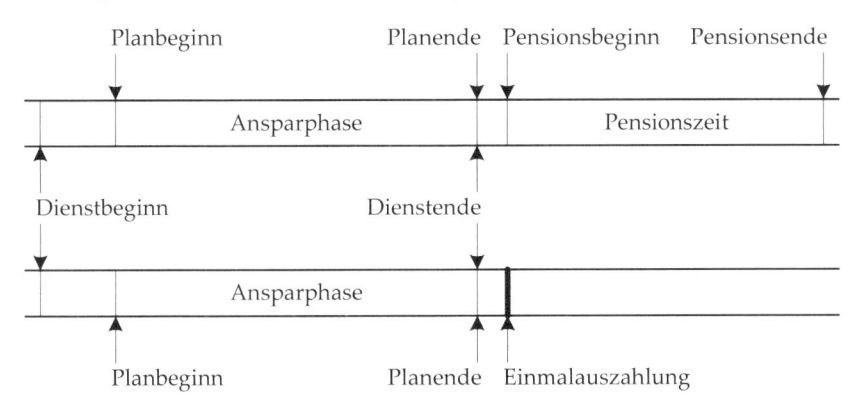

```
    Planbeginn              Planende  Pensionsbeginn   Pensionsende
        ↓                      ↓          ↓                 ↓
    ────┼──────────────────────┼──────────┼─────────────────┼────
        │      Ansparphase     │          Pensionszeit      │
    ────┴──────────────────────┴──────────┴─────────────────┴────
        ↑                      ↑
    Dienstbeginn            Dienstende

    Dienstbeginn            Dienstende
        ↓                      ↓
    ────┼──────────────────────┼──┬──────────────────────────────
        │      Ansparphase     │  ║
    ────┴──────────────────────┴──┴──────────────────────────────
        ↑                      ↑  ↑
    Planbeginn              Planende  Einmalauszahlung
```

Abbildung 5.8: Grundmodell langfristiger Versorgungspläne mit Rente oder Einmalauszahlung

Der Plan kann von einem einzigen Arbeitgeber getragen werden oder von einer Mehrzahl von Arbeitgebern (*multi-employer plan*). In letzterem Fall tragen mehrere Arbeitgeber gemeinsam das mit dem Versorgungsplan verbundene Risiko, was in der Praxis häufiger ist, weil so das Risiko auf mehrere Versorgungsträger verteilt wird. »State plans« wie die deutsche Zwangsrentenversicherung sind nach IAS 19.36 stets wie *multi-employer plans* zu behandeln, weil der einzelne Arbeitgeber keinen Einfluß auf die jeweilige Versorgungsbehörde hat. Sie sind zudem in der Regel *defined contribution plans*, weil die staatliche Versorgungsbürokratie kein bestimmtes Versorgungsniveau verspricht (sondern dieses ja je nach Kassenlage Gegenstand politischer Manöver ist), aber die Höhe der Beiträge durch Gesetz festgelegt wird.

Allgemein gilt für alle Versorgungspläne, daß die Beiträge zum tatsächlichen Wert als Aufwendung, aber die künftigen Leistungen eines bestimmten Arbeitgebers abgezinst zum Barwert als Verbindlichkeit dargestellt werden müssen. Dies ist bei *defined contribution plans* vergleichsweise unproblematisch, weil ja nur der einzuzahlende Beitrag festgelegt ist. Zudem besteht bei einem *multi-employer plan* oder einem *state plan* keine Verbindlichkeit eines bestimmten Arbeitgebers, der – etwa im Rahmen einer Direktversicherung – die spätere Leistungspflicht an den Arbeitgeber ja einem externen Versicherungsdienstleister übertragen hat.

Bei *defined benefit plans* schreibt IAS 19.50 folgende Schritte vor:

1. Aufgrund versicherungsmathematischer Annahmen ist eine Abschätzung der insgesamt verdienten Leistungen vorzunehmen (IAS 19.72–91);

2. diese künftigen Leistungen sind abzuzinsen (IAS 19.64–66);
3. der *fair value* des Planvermögens ist festzustellen (IAS 19.102–104);
4. der Gesamtbetrag der versicherungstechnischen Gewinne oder Verluste ist festzustellen (IAS 19.92–95);
5. wenn ein Versorgungsplan neu eingeführt oder verändert wurde, ist die Summe der in der Vergangenheit bereits verdienten Leistungen festzustellen (IAS 19.96–101) und
6. wenn ein Plan gekürzt oder ausgezahlt wurde, sind die damit verbundenen Gewinne oder Verluste festzustellen (IAS 19.109–115).

Der Standard macht keine starren Vorschriften über versicherungsmathematische Annahmen. IAS 19.72 schreibt als Hauptregel vor, daß die versicherungsmathematischen Modellannahmen (*actuarial assumptions*) unvoreingenommen und zutreffend sein müssen; sie dürfen weder übertrieben vorsichtig noch zu risikofreudig sein (IAS 19.74). Sterbetafeln und statistisches Datenmaterial sind zu verwenden. Das verwendete Datenmaterial muß »regelmäßig« aktualisiert werden (IAS 19.56), was de facto auf eine jährliche Aktualisierung hinausläuft. Es gibt keine starre Zinsregelung wie etwa in § 12 BewG (5,5 %) oder §§ 4d Abs. 1 Nr. 1 Buchst. b oder § 4 Abs. 4a EStG (6 %), sondern IAS 19.78 verpflichtet den Bilanzierenden lediglich auf den Marktzins. Gleichermaßen sind auch Gehaltstrends, medizinische Versorgungskosten und vergleichbare Größen »realistisch« zu schätzen; sie müssen die Inflation, erwartete künftige Kostenentwicklungen und vergleichbare Trends berücksichtigen (IAS 19.88). Die Bewertungen künftiger Leistungsverpflichtungen fallen daher viel realistischer aus, als es im Rahmen des deutschen Systems der Fall wäre. Wer nach IFRS bilanziert, kann nicht den Kopf in den Sand stecken, wie es die deutsche Rentenversicherung so ausdauernd tut.

Beispiel: Ein Arbeitnehmer erhält ein Gehalt von 2.000 € pro Monat, also 24.000 € pro Jahr. Pro Dienstjahr verdient der Arbeitnehmer einen Pensionsanspruch in Höhe von 10 % seines Jahresgehaltes. Es liegt also ein *defined contribution plan* vor, weil keine Pensionshöhe absolut definiert ist.

Jedes Jahr wird ein neuer Tarifvertrag abgeschlossen. Der Gehaltstrend sei eine jährliche Gehaltserhöhung von 4 %. Für die nächsten 10 Jahre sähen damit der Gehaltstrend und die entsprechenden Einstellungen in die Pensionsrückstellung entsprechend aus:

Jahr	Gehalt	Einstellung
1	24.000,00 €	2.400,00 €
2	24.960,00 €	2.496,00 €
3	25.958,40 €	2.595,84 €
4	26.996,74 €	2.699,67 €
5	28.076,61 €	2.807,66 €
6	29.199,67 €	2.919,97 €
7	30.367,66 €	3.036,77 €
8	31.582,36 €	3.158,24 €

Jahr			
9		32.845,66 €	3.284,57 €
10		34.159,48 €	3.415,95 €

Bei einem *defined benefit plan* darf die Höhe der Einzahlungen auch jedes Jahr neu angepaßt werden, so daß unter Berücksichtigung der jeweils relevanten Kapitalmarktzinsen eine angestrebte Endsumme herauskommt. Hierfür ist kein festes Rechenverfahren vorgeschrieben. Ein möglicher Ansatz wäre die Annuitätenrechnung.

Der Ausweis der Zuführung an die Rückstellungen muß nach der *projected unit credit method* erfolgen (IAS 19.64). Diese Methode sieht jede Beitragseinzahlung als zusätzliche Einheit einer künftigen Leistungsberechtigung und bewertet jede Einheit separat, um die endgültige Gesamtleistung aufzubauen. Bei einem *defined contribution plan* sind die Einzahlungen hierbei auf den Endtermin aufzuzinsen. Nehmen wir das vorstehende Beispiel mit dem Gehaltstrend von 4 % p.a. und einen Marktzins von 6 %, so ergibt sich:

Jahr	Gehalt	Einstellung	Endwert
1	24.000,00	2.400,00	4.054,75
2	24.960,00	2.496,00	3.978,24
3	25.958,40	2.595,84	3.903,18
4	26.996,74	2.699,67	3.829,54
5	28.076,61	2.807,66	3.757,28
6	29.199,67	2.919,97	3.686,39
7	30.367,66	3.036,77	3.616,84
8	31.582,36	3.158,24	3.548,59
9	32.845,66	3.284,57	3.481,64
10	34.159,48	3.415,95	3.415,95
Summe		28.814,66	37.272,41

Aus Einzahlungen in Höhe von insgesamt 28.814,66 € wird eine Leistung von 37.272,41 €, weil jede einzelne Einzahlung über die restlichen Jahre aufgezinst wird. Die Einstellungen sind hier die Aufwendungen und die Endwerte die jährlichen Erhöhungen der Verbindlichkeit dem Arbeitnehmer gegenüber.

Bei einem *defined benefit plan* wird die jährliche Zuführung zu der Rückstellung durch Abzinsung aus dem dem jeweiligen Jahr zuzurechnenden Teil der vereinbarten Gesamtleistung ermittelt. Nehmen wir an, daß ein Arbeitnehmer nach zehn Jahren eine Leistung von 50.000 € erhalten solle (*defined benefit*). Offensichtlich fallen 5.000 € auf jedes Jahr der Ansparphase:

Jahr	Anteil	Einstellung	Endwert
1	5.000,00	2.959,49	5.000,00
2	5.000,00	3.137,06	10.000,00
3	5.000,00	3.325,29	15.000,00
4	5.000,00	3.524,80	20.000,00

5	5.000,00	3.736,29	25.000,00
6	5.000,00	3.960,47	30.000,00
7	5.000,00	4.198,10	35.000,00
8	5.000,00	4.449,98	40.000,00
9	5.000,00	4.716,98	45.000,00
10	5.000,00	5.000,00	50.000,00
Summe		39.008,46	

Die in die Rückstellung einzustellenden Werte werden auch hier wieder auf den Barwert abgezinst. 5.000 € in zehn Jahren sind also am Ende des ersten Jahres nur 2.959,49 € wert (Abzinsung über neun Restjahre). Der Unterschied zum *defined contribution plan* besteht eigentlich nur darin, daß hier nicht die jährliche Leistung, sondern das angestrebte Endergebnis das Leitprinzip bildet. Am Schluß der Zehnjahresperiode haben sich die 39.008,46 € Einstellung in die Rückstellung auf insgesamt 50.000 € vereinbarte Leistung aufsummiert.

Der jährlich offenzulegende Nettopensionsaufwand (*net employee benefit cost*) besteht nach IAS 19.61 aus sechs Komponenten, die den Nettopensionsaufwand entweder erhöhen oder senken können:

- \+ Dienstzeitaufwand (*current service cost*), um den der jährlich nach der zugrundeliegenden Planformel erworbene Teilanspruch aufgrund von Arbeitsleistungen des Arbeitnehmers steigt,
- \+ Zinsaufwand (*interest cost*) aus der Abzinsung der künftigen Pensionsverpflichtung,
- − erwarteter Ertrag des Planvermögens (*expected return on plan assets*),
- ± versicherungsmathematische Gewinne (+) oder Verluste (−) (*actuarial gains and losses*) aus nicht erwarteten Erträgen oder Verlusten des Planvermögens und Erträgen oder Verlusten aus Anpassungen der versicherungsmathematischen Berechnungsverfahren,
- \+ nachzuverrechnender Dienstzeitaufwand (*past service cost amortization*) als Gegenleistung für eine Neuzusage für Arbeitsleistung vor Beginn dieser Zusage (die Einführung neuer Pläne oder Aufstockung bestehender Pläne gehört zum Dienstzeitaufwand),
- ± Gewinn (+) oder Verluste (−) aus Plankürzungen oder Abgeltungen.

Kosten der Verträge sind dabei als Aufwendungen darzustellen, und die angewandten finanzmathematischen Methoden sind offenlegungspflichtig. Versicherungsmathematische Gewinne und Verluste ergeben sich aus Anpassungen versicherungsmathematischer Parameter wie Marktzinsen, Pensionsalter, durchschnittliche Lebenserwartung (Sterbetafel), Gehaltstrends, Mitarbeiterfluktuation usw. Auch Gewinne oder Verluste des Planvermögens, die nicht erwartet wurden, gehören hier mit dazu.

Diese Daten haben erfahrungsgemäß eine hohe Volatilität, d.h., sie unterliegen starken Schwankungen. Sie sollten daher nicht direkt in den

Nettopensionsaufwand eingehen, weil dies durch kurzfristige heftige Wertschwankungen ein den tatsächlichen Verhältnissen nicht mehr entsprechendes Bild vermitteln kann. IAS 19.92 f läßt daher die sogenannte Korridormethode (*corridor amortization*) zu. Hierbei dürfen versicherungsmathematischen Gewinne und Verluste zunächst verrechnet werden; sie gehen dann nur zu dem Teil in die GuV ein, der die Grenzen des Korridors überschreitet. Dieser Korridor beträgt

- ± 10 % des Verkehrswertes des Planvermögens am Ende der Vorperiode oder,
- ± 10 % der Pensionsverpflichtung am Ende der Vorperiode, falls höher.

Weitere langfristige *employee benefits* sind (zumeist) freiwillige Sozialleistungen wie

- Jubiläumsgelder,
- kumulierte Ansprüche auf Sonderurlaube,
- langfristige Arbeitszeitguthaben oder
- Nutzung unternehmenseigener Anlagegegenstände wie Werkswohnungen.

Diese Fälle sind meist einfacher zu bewerten, weil sie kaum oder gar keiner finanzmathematischen Unsicherheit unterliegen. Auch für diese Formen der Absicherung sind Offenlegungspflichten vorgeschrieben.

IAS 26 befaßt sich ergänzend zu IAS 19 mit dem Ausweis des Vermögens, aus dem die späteren Leistungen an Arbeitnehmer erbracht werden sollen. IAS 26 ist damit nur anwendbar, wenn ein Arbeitgeber selbst eine eigene Versorgung aus selbst verwalteten Vermögensgegenständen aufbaut, was in der Praxis eher selten ist.

Beim *defined contribution plan* muß der Bilanzierungspflichtige die zur Leistung der späteren Renten verfügbaren *assets* und die angewandten *accounting policies* offenlegen (IAS 26.13ff); beim *defined benefit plan* müssen entweder ebenfalls die verfügbaren *assets* offengelegt werden, hierzu aber auch ihr Barwert (*actuarial present value*) und der zur Leistung der versprochenen Renten fehlende Rest oder vorhandene Überschuß zum Wert der *assets*, oder aber die verfügbaren *assets* und eine Offenlegung des Barwertes der versprochenen Renten, unterteilt nach bereits fest zugesagten (*vested*) und noch zu erlangenden *benefits* (IAS 26.17).

IAS 26.34 ff schreiben eine Fülle von Offenlegungspflichten für die einzelnen *plans* vor, die jeweils von den verfügbaren *assets* ausgehen und steuerliche Effekte der Rentenversicherung, die Namen oder Gruppen der durch den Plan erfaßten Arbeitnehmer, die angewandten *accounting policies* und vieles mehr umfassen.

5.13. IAS 20: Accounting for Government Grants and Disclosure of Government Assistance

In diesem Standard geht es um Beihilfen von Regierungsbehörden, Institutionen mit hoheitlichen Aufgaben und ähnlichen nationalen oder übernationalen Körperschaften. Beihilfen sind Maßnahmen der öffentlichen Hand, die dazu dienen, einem Unternehmen oder einer Reihe von Unternehmen, die bestimmte Kriterien erfüllen, einen Vorteil zu verschaffen (IAS 20.3). Die Gewährung planwirtschaftlicher Zwangspreise weit über dem Marktpreis wie bei den sogenannten »erneuerbaren« Energien wäre damit eigentlich ein Fall der Beihilfe, ist aber ausdrücklich aus der Definition des IAS 20.3 ausgeschlossen. Zuwendung dagegen ist eine direkte Übertragung finanzieller Mittel. Der Standard befaßt sich zudem nicht mit landwirtschaftlichen Subventionen und Staatseigentum an Produktionsmitteln (IAS 20.2), so daß er für europäische Verhältnisse eigentlich wenig aussagekräftig ist, bedenkt man die Höhe der EU-Zahlungen an die Bauern oder den Umstand, daß die Deutsche Bahn, obwohl formal seit 1993 eine Aktiengesellschaft, sich immer noch in hundertprozentigem Bundesbesitz befindet.

Weiterhin werden in IAS 20.2 die Fälle der Gewährung von Steuervorteilen wie Beschränkungen der Steuerschuld oder Ausnahmen von der Besteuerung (»*tax holidays*«) vom Geltungsbereich des Standards ausgeschlossen; wenn auch die Finanzbehörden die Steuern »gleichmäßig« festzusetzen haben (§ 85 Satz 1 AO), was einen Ausfluß des Gleichheitsgrundsatzes des Art. 3 Abs. 1 GG darstellt, so gibt es doch schon im »steuerrechtlichen Dualismus« des § 2 Abs. 2 EStG erhebliche Ungleichheiten, die faktisch vielfach zu »Quasi-*tax holidays*« werden können. Auch diese Form der Ungleichbehandlung wird von IAS 20 nicht weiter behandelt.

Der Standard unterscheidet zwischen Zuwendungen zu Vermögenswerten (Vermögenszuschüsse) und Zuwendungen zum Ertrag (Ertragszuschüsse, erfolgsbezogene Zuschüsse).

Zuwendungen für Vermögenswerte sind solche Zuwendungen, die in direktem Zusammenhang mit bestimmten langfristigen Vermögensgegenständen stehen. Dies ist oft an Bedingungen hinsichtlich Art oder Standort der Anlage gebunden. Bezieht sich eine Zuwendung nicht auf einen bestimmten Vermögensgegenstand, dann ist sie stets eine erfolgsbezogene Zuwendung. Schließlich können auch erlaßbare Darlehen Zuwendungen sein, wenn der Erlaß der Schuld oder Restschuld unter bestimmten Bedingungen eintritt (IAS 20.3).

Eine bilanzielle Erfassung von Zuwendungen erfolgt nach IAS 20.7 nur, wenn das Unternehmen die mit ihnen verbundenen Bedingungen erfüllen wird und die Zuwendungen auch tatsächlich gewährt werden. Letzteres ist nicht in allen Ländern eine Selbstverständlichkeit, so daß die IFRS das als separaten Punkt festlegen.

Vermögenszuschüsse sollen entweder als Ertrag über die Periode ausgewiesen werden, in der sie dem Unternehmen einen Vorteil vermitteln sollen (IAS 20.24), oder direkt vom jeweiligen Vermögensgegenstand als Bewertungsminderung abgesetzt werden. Dies bedeutet in der Regel den Ansatz als Rechnungsabgrenzungsposten, weil eine einmalige Zahlung mehrere (künftige) Perioden betrifft, oder eine Ausnahme vom Verrechnungsverbot. Erfolgsbezogene Zuschüsse sind in der GuV auszuweisen (IAS 20.12; IAS 20.20).

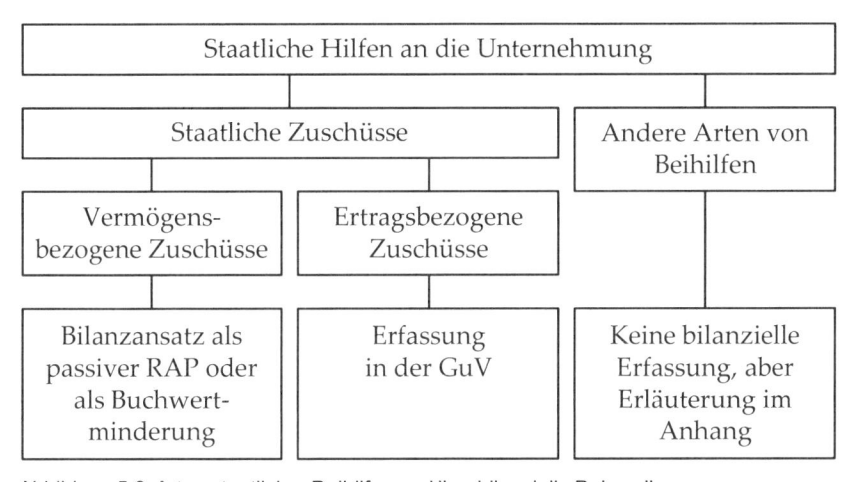

```
                    Staatliche Hilfen an die Unternehmung
                   /                                      \
         Staatliche Zuschüsse                    Andere Arten von
         /              \                              Beihilfen
Vermögens-         Ertragsbezogene                        |
bezogene Zuschüsse    Zuschüsse                           |
    |                     |                               |
Bilanzansatz als      Erfassung                   Keine bilanzielle
passiver RAP oder     in der GuV                  Erfassung, aber
als Buchwert-                                     Erläuterung im
minderung                                         Anhang
```

Abbildung 5.9: Arten staatlicher Beihilfen und ihre bilanzielle Behandlung

Ein Sonderfall wäre die Übertragung von Vermögenswerten an die Unternehmung, z.B. die Übertragung von Grundstücken. In diesem Fall sollen sowohl der Vermögenswert als auch die Subvention zum *fair value* bewertet und separat ausgewiesen werden. Dieser Fall dürfte unter EU-Verhältnissen eher selten sein, kommt aber in anderen Ländern häufig vor.

Andere Formen der staatlichen Unterstützung dürfen gar nicht in das Zahlenwerk eingehen, weil sie sich einer klaren Bewertung in der Regel entziehen. Sie sind jedoch im Anhang zu berichten, weil sie Entscheidungsnutzen für den Abschlußleser vermitteln.

Offenlegungspflichtige Sachverhalte sind:

- die auf die Zuwendungen angewandten Bilanzierungs- und Bewertungsmethoden,
- Art und Umfang der im Abschluß erfaßten Zuwendungen und
- unerfüllte Bedingungen und andere Unsicherheiten.

5.14. IAS 21: The Effects of Changes in Foreign Exchange Rates

Dieser Standard befaßt sich mit dem Umgehen mit Fremdwährungen im Rahmen der IFRS-Rechnungslegung und des IFRS-Abschlusses. Dies betrifft folgende Problembereiche (IAS 21.1):

- die Abrechnung einzelner Transaktionen in Fremdwährung, z.B. bei Kauf oder Verkauf von Gütern im Ausland,
- die Umrechnung von Fremdwährungen ausländischer Konzerngesellschaften und
- die Umrechnung der Darstellung der Vermögens-, Finanz- und Ertragslage des Unternehmens im Jahresabschluß unter Berücksichtigung solcher Fremdwährungstransaktionen und ausländischer Konzerngesellschaften.

Hierbei werden von IAS 21.8 folgende Definitionen zugrunde gelegt:

- Berichtswährung ist die Währung, in der der Jahresabschluß dargestellt wird,
- funktionale Währung ist die Währung des primären Wirtschaftsumfeldes, in dem das Unternehmen tätig ist, und
- Fremdwährung ist jede andere Währung außer funktionaler und Berichtswährung.

Dies kann insgesamt zwei Umrechnungen bedingen:

- in Fremdwährung abgerechnete Transaktionen bzw. Konzerngesellschaften, deren funktionale Währung aus Sicht der Konzernmutter eine Fremdwährung ist, müssen in die funktionale Währung der Konzernmutter umgerechnet werden, was zum Kurs des Tages der Transaktion zu geschehen hat (IAS 21.21), und
- die funktionale Währung muß in die Berichtswährung umgerechnet werden, wenn der Jahresabschluß in einer anderen Währung aufzustellen ist, als der allgemeine Geschäftsbetrieb des hauptsächlichen Wirtschaftsumfeldes abgewickelt wird. Diese Umrechnung soll zum Stichtagskurs vorgenommen werden (IAS 21.39).

Hierbei entstehende Umrechnungsdifferenzen sind direkt im Eigenkapital zu erfassen. Sie werden also nicht über die GuV-Rechnung abgerechnet, sondern erscheinen in der Eigenkapitalveränderungsrechnung.

Nach IAS 21.9 ff ist zunächst eine funktionale Währung festzulegen. Hierbei ist u.a. zu berücksichtigen, welche Fährung den größten Einfluß auf die Verkaufspreise des Unternehmens hat und welche Währung für den Wettbewerb ausschlaggebend ist, dem das Unternehmen ausgesetzt ist.

Bei einem Konzern können die funktionalen Währungen aller Konzerngesellschaften unterschiedlich sein, d.h., die Festlegung der funktionalen Währung ist für jede einzelne Gesellschaft separat vorzunehmen.

Die funktionale Währung muß nicht unbedingt die Landeswährung sein: So werden beispielsweise Ölgeschäfte in der Regel in Dollar fakturiert. Eine europäische Ölgesellschaft kann daher den US-Dollar als funktionale Währung festlegen, obwohl der Euro oder das britische Pfund Landeswährung sein können.

Hinsichtlich der Berichtswährung hat das Unternehmen meist keine Wahl, weil die meisten nationalen Gesetzgeber die Landeswährung als Berichtswährung verlangen. In Deutschland bzw. in den Staaten, die in Europa den Euro eingeführt haben, ist dies jeweils der Euro (§ 244 HGB). Die Verwendung einer anderen Währung als Euro für die Buchung des täglichen Geschäftsbetriebes ist aber nach Handelsrecht zulässig, denn § 244 HGB gilt ja ausdrücklich nur für den Jahresabschluß (und nicht für die laufende Kontierung).

Liegen Berichts- und funktionale Währung fest, so ist jede andere Währung der Welt als Fremdwährung anzusehen.

Die grundlegende Denkweise des IAS 21 kann man nunmehr folgendermaßen visualisieren:

```
  Fremdwährung    Fremdwährung    Fremdwährung
        \              |              /
              Zeitbezugsumrechnung
                       ↓
              Funktionale Währung
      (Währung der Buchungen des laufenden Geschäftsbetriebes)
                       |
        Stichtagsumrechnung zum Abschlußstichtag
                       ↓
                Berichtswährung
         (Währung der Offenlegung im Jahresabschluß)
```

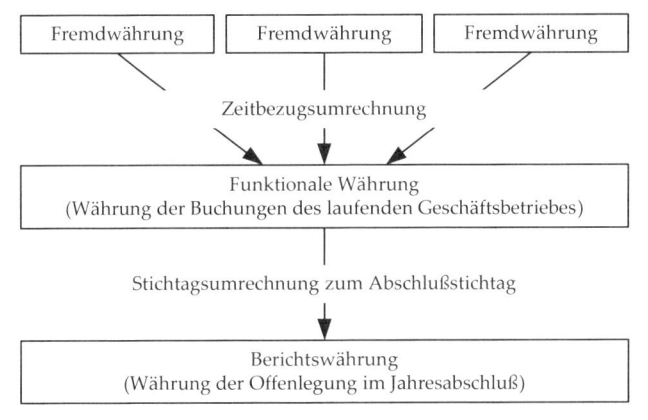

Abbildung 5.10: Grundmodell der Währungsbuchführung

Führt das Unternehmen eine Transaktion in einer Fremdwährung aus, so ist diese zum Kassakurs des Tages der erstmaligen Anwendung der IFRS auf diese Transaktion umzurechnen. IAS 21.20 nennt als Beispiele hierfür insbesondere Käufe oder Verkäufe, Darlehen und Ausleihungen und das Begleichen von Verbindlichkeiten in Fremdwährungen. Man spricht in diesem Zusammenhang von der sogenannten Zeitbezugsumrechnung, weil der Zeitpunkt des Geschäfts maßgeblich ist.

Leider ignoriert der Standard die nach wie vor in vielen Teilen der Welt herrschenden Schwarzmarktverhältnisse, was insbesondere bei Transaktionen über Rohstoffe bedeutsam sein kann. Zudem geht der Standard vom Bestehen eines festgestellten Kassakurses aus, eine Annahme, die wiederum auf eine Zahl rohstoffliefernder Länder keinesfalls anwendbar ist, wie der Autor, der lange in Afrika gelebt hat, aus eigener Erfahrung weiß.

Für Zwecke des Jahresabschlusses ist der Kurs des Jahresabschlußstichtages zu verwenden (IAS 21.39 a). Das gilt auch für die Folgebewertung von Positionen aus dem laufenden Geschäftsjahr, die aus Fremdwährungstransaktionen entstanden sind (IAS 21.25). IAS 21.16 beschränkt die Stichtags-Folgebewertung jedoch auf monetäre Vermögenswerte und Verbindlichkeiten, was Fremdwährungsforderungen und in Fremdwährung notierte Finanzinstrumente umfaßt; nicht-monetäre Vermögenswerte wie z.B. Vorräte, erhaltene oder geleistete Anzahlungen auf Material, Waren oder Dienstleistungen, Geschäfts- oder Firmenwerte oder immaterielle Vermögensgegenstände, die zu historischen Anschaffungs- oder Herstellungskosten bewertet werden (u.a. IAS 2, IAS 16), sind mit dem Kurs am Tag des Geschäftsfalles weiterzubewerten, und solche nicht-monetären Posten, die mit dem beizulegenden Zeitwert in einer Fremdwährung bewertet wurden, sind mit dem Kurs umzurechnen, der am Tag der Ermittlung dieses Wertes gültig war.

Beispiel: Eine Unternehmung kaufe eine Maschine zum Kaufpreis (Anschaffungskosten) i.H.v. 100.000 US$ in den USA:

Aktiva	Kauf, Erstbewertung		Passiva
Maschinen	100 T$	Verbindlichkeiten	100 T$

Die Umrechnung geschehe zunächst zu einem angenommenen Dollarkurs zum Tage der Transaktion:

Aktiva	Zeitbezugsumrechnung		Passiva
Maschinen	80 T€	Verbindlichkeiten	80 T€

Die Maschine ist ein nicht monetärer Vermögenswert, der zu historischen Anschaffungskosten bewertet wird. Sie muß also zum Jahresende nicht neubewertet werden (IAS 21.23 b). Die ausgewiesene Verbindlichkeit indes ist ein monetärer Posten i.S.d. IAS 21.23 a und daher zum Stichtagskurs am Jahresabschlußtermin neuzubewerten. Ist der Euro inzwischen gestiegen, so ergibt sich ein Währungsgewinn:

Aktiva	Währungsgewinn		Passiva
Maschinen	80 T€	Verbindlichkeiten	60 T€
		Währungsgewinn	20 T€

Andernfalls ist ein Währungsverlust auszuweisen:

Aktiva	Währungsverlust		Passiva
Maschinen	80 T€	Verbindlichkeiten	90 T€
Währungsverlust	10 T€		

Ähnlich sieht es auch im Konzernrechnungswesen aus. Betrachten wir auch hierzu ein Beispiel: Ein deutsches Unternehmen habe eine hundertprozentige Tochter in den USA gegründet. Die funktionale Währung des deutschen Unternehmens ist der Euro, die der amerikanischen Tochter ist der Dollar:

Aktiva	Dollarbilanz nach Gründung		Passiva
Anlagevermögen	200 T$	Nennkapital	100 T$
		Verbindlichkeiten	100 T$

Die Tochter sei zunächst zum Tag der Gründung in Euro auszuweisen:

Aktiva	Eurobilanz nach Gründung		Passiva
Anlagevermögen	160 T$	Nennkapital	80 T$
		Verbindlichkeiten	80 T$

Der US-Dollar habe hier offensichtlich bei 0,80 Euro gestanden (oder der Euro bei 1,25 US-Dollar). Zum Jahresende seien aber zwei Änderungen zu berücksichtigen;

- Der Dollar fällt auf 0,50 Euro (oder der Euro steigt auf 2 Dollar) und
- das Anlagevermögen der US-Gesellschaft muß um 10 % oder 20 T$ abgeschrieben werden.

Weitere Änderungen seien nicht zu berücksichtigen. Das Anlagevermögen wäre nunmehr nur noch 180 T$ wert, was aber 90 T€ entspricht, denn jetzt ist ja die Stichtagsumrechnung maßgeblich. Das Anlagevermögen der US-Tochter fällt nicht unter IAS 21.23a, sondern unter IAS 21.39. Auch nach IAS 39.b ist die Abschreibung zum Bilanzstichtag anzusetzen (wenn die US-Tochter und die deutsche Muttergesellschaft das gleiche Geschäftsjahr haben).

Der unveränderte Wert des Anlagevermögens wäre jetzt nunächst 100 T€ (= 200 T$ dividiert durch 2), aber dieses muß ja um 10 % abgeschrieben werden, ist also mit 90 T€ anzusetzen. Die Schulden, die sich nicht verändert haben, sind nunmehr 100 T$: 2 = 50 T€ wert, aber auf US-Seite führe die Abschreibung natürlich auch zu einer Senkung des Eigenkapitals auf 80 T$, was nach dem Kurs von 1,25 US$ einem Betrag von 80 T$ entsprochen hätte, jetzt aber nur noch 40 T€ entspricht:

Aktiva	Stichtagsausweis		Passiva
Anlagevermögen	90 T€	Nennkapital	40 T€
		Verbindlichkeiten	50 T€

In diesem Beispiel ist

- der Rückgang der Verbindlichkeit durch den Anstieg des Euro ein Währungsgewinn, aber
- der Rückgang des Nennkapitals der ausländischen Tochter aus demselben Grund ein Währungsverlust.

Alle Währungsdifferenzen sind stets in der Eigenkapitalveränderungsrechnung anzugeben (IAS 21.39c). Sie sind also nicht über die Gewinn- und Verlustrechnung abzurechnen. Sie erscheinen damit nicht in der GuV-Rechnung. Sie dürfen ebenfalls nicht als »außerordentliche« Posten ausgewiesen werden (IAS 1.85). Diese Behandlung fällt am HGB geschulten Buchhaltern erfahrungsgemäß eher schwer!

Wenn die funktionale Währung des Unternehmens die eines Hochinflationslandes ist (IAS 21.43; vgl. unten), so muß zunächst die in IAS 29 vorgeschriebene Umrechnung vorgenommen werden, bevor IAS 21 angewandt werden darf.

Die funktionale Währung unterliegt dem Grundsatz der Methodenstetigkeit (IAS 8) und darf nicht verändert werden, wenn sich die zugrundeliegenden Geschäftsfälle nicht auch verändert haben (IAS 21.35 ff). Dies wäre allerdings bei einer Änderung des geographischen Geschäftsfeldes denkbar.

Aus Umrechnungsdifferenzen können sich steuerliche Auswirkungen ergeben (IAS 21.50), die gemäß IAS 12 u.U. als Steuerabgrenzungen auszuweisen sind.

Offenlegungspflichtige Sachverhalte sind:

- die funktionale Währung,
- Beträge und Salden der Umrechnungsdifferenzen,
- falls die Darstellungswährung nicht der funktionalen Währung entspricht, der Grund für diesen Unterschied,
- bei einem Wechsel der funktionalen Währung die Gründe hierfür,
- bei Angabe zusätzlicher Informationen in einer anderen als der funktionalen Währung die Nennung dieser Währung und die Umrechnungsmethode.

5.15. IAS 23: Borrowing Costs

Fremdkapitalkosten sind Zinsen und weitere im Zusammenhang mit der Aufnahme von Fremdkapital anfallende Kosten eines Unternehmens. IAS 23.4 nennt neben den eigentlichen Zinsen auf die verschiedenen Arten von Schulden auch das Disagio, Nebenkosten des Geldverkehrs wie Abschlußgebühren bei Krediten, Leasinggebühren und Währungsdifferenzen bei Fremdwährungsdarlehen als Fremdkapitalkosten.

Das Fremdkapital ist grundsätzlich unterteilt in

- finanzielle Schulden (IAS 32.39),
- andere vertragliche Schulden (z.B. nach IAS 17),
- nichtvertragliche Schulden (z.B. latente Steuerschulden, IAS 12) und
- Rückstellungen (IAS 37).

Für alle diese Arten von Fremdkapital können *borrowing costs* entstehen.

Die *Benchmark*-Methode ist die Angabe der Fremdkapitalaufwendungen als Aufwand in der Periode, in der sie angefallen sind (IAS 23.7). Die Wahl dieser Methode ist anzugeben, d.h., es ist darauf hinzuweisen, daß Fremdkapitalkosten in der jeweiligen Periode als Aufwendungen erfaßt wurden (IAS 23.9). Dies schließt die Verteilung von Disagien über die Laufzeit des Kredites nicht aus, weil der Grundsatz der Periodenabgrenzung durch IAS 23 nicht außer Kraft gesetzt wird. Ein Disagio ist damit als Rechnungsabgrenzung anzusetzen und als Verzinsung über die Laufzeit aufzulösen.

Beispiel: Eine Unternehmung nehme ein Darlehen i.H.v. 100.000 € auf. Der Nominalzins beträgt 6 % und die Auszahlung 98 %, d.h., es besteht ein Disagio (Damnum, Abgeld) von 2 %. Die Laufzeit des Darlehens betrage zehn Jahre. Folgendermaßen sähe der Bilanzausweis direkt nach Auszahlung der Darlehenssumme aus:

Aktiva	Bilanz		Passiva
Bank	98.000	Darlehen	100.000
Rechnungsabgrenzung	2.000		

Jedes Jahr wäre nun der Zinsaufwand zu buchen, der der jeweiligen Periode angehört. Dieser besteht aus den 6 % Nominalzins und einem Zehntel des Disagios. Nur der Nominalzins wird jedoch bezahlt; das Disagio wird in zehn einzelnen Raten aufgelöst:

Zinsaufwand	6.200	AN	Bank	6.000
			RAP	200

Ein *allowed alternative treatment* ist die Aktivierung von Fremdkapitalaufwendungen, wenn sie direkt dem Bau, der Herstellung oder Anschaffung eines »qualifizierten Vermögensgegenstandes« zugerechnet werden können (IAS 23.10 ff). Ein »qualifizierter Vermögensgegenstand« (*qualifying asset*) ist ein Vermögenswert, für den ein beträchtlicher Zeitraum erforderlich ist, um ihn in seinen gebrauchs- und verkaufsfähigen Zustand zu versetzen (IAS 23.4). Aktivierungsfähig sind nur die Fremdkapitalaufwendungen, die vermieden worden wären, wenn der Gegenstand nicht beschafft worden wäre, also indirekt jene, die dem *qualifying asset* direkt zurechenbar sind. Eine Aktivierung ist daher nicht zulässig, wenn die Fremdkapitalaufwendungen sich dem Vermögensgegenstand nicht direkt zurechnen lassen (IAS 23.11); das kann schon der Fall sein, wenn zentral von einer anderen Abteilung oder Stelle im Unternehmen finanziert wird (IAS 23.14). Auch die Aktivierung von Fremdkapitalaufwendungen für Kreditlinien auf Girokonten ist i.d.R. nicht zulässig, weil diese wiederum dem Gegenstand nicht direkt zurechenbar sind.

Beispiel: Eine Unternehmung kauft einen neuen Server im Wert von 3.000 €, der per EC-Karte direkt bezahlt wird. Das Bankkonto befindet sich aber schon vor dieser Zahlung um 2.000 € auf der Passivseite der Bilanz der Unternehmung; durch den Kauf entsteht also eine Schuld i.H.v. 5.000 €. In den nächsten Tagen werden zahlreiche weitere Kleinbeträge mit der gleichen EC-Karte bezahlt; zugleich gehen aber auch Forderungen von Kunden i.H.v. 1.000 €, 650,25 € und 3.350,37 € ein. Durch einen Zahlungseingang i.H.v. 7.980,10 € 17 Kalendertage nach dem Kauf des Computers gelangt das Konto wieder auf die Aktivseite der Bilanz, d.h. in die Guthabenzone. Offensichtlich wäre es nicht möglich, die Zinsaufwendungen, die den Computer betreffen, von den Zinsaufwendungen, die die anfänglich schon bestehende Schuld oder die sonstigen Zahlungen nach dem Kauf des Servers betreffen, zuverlässig zu trennen. Selbst wenn der Server ein *qualifying asset* ist (weil er eine gewisse Zeit braucht, um für seinen Einsatz bereitgemacht zu werden, z.B. durch Hardware-Erweiterungen und Software-Installationen), fielen die Girokontozinsen doch nicht unter IAS 23.11. Obwohl ein Teil der Girokontozinsen vermieden worden wäre, wenn die EC-Karte nicht zur Zahlung verwendet worden wäre (IAS 23.13), läßt sich der nicht vermiedene Betrag nicht zuverlässig bewerten.

Zeitpunkt der Aktivierung ist der Moment, in dem die Ausgaben für den Vermögenswert anfallen, Fremdkapitalaufwendungen entstehen und die Arbeiten an dem Vermögenswert begonnen haben (IAS 23.20). Dies bedeutet in der Regel eine Nachaktivierung.

Beispiel: Für die Errichtung eines neuen Verwaltungsgebäudes wird ein Hypothekendarlehen aufgenommen. Am 10.02.20xx wird dieses Darlehen bereitgestellt. Ab dem 01.03.20xx entstehen monatlich Zinsaufwendungen. Die erste Rechnung des Generalunternehmers, der mit den Bauarbeiten beauftragt wurde, geht am 19.03.20xx ein. Erst aufgrund der Rechnung vom 19.03.20xx kann der erste Teilbetrag des Gebäudes aktiviert werden. Erst zu diesem Zeitpunkt darf also der schon am 01.03.20xx gebuchte Zinsaufwand aktiviert werden. Zunächst war der Zinsaufwand daher als Aufwendung zu buchen; diese Buchung kann durch Aktivierung der (Teil)Herstellungskosten am 19.03.20xx storniert werden.

Die Aktivierung der Fremdkapitalaufwendungen muß enden, wenn die Arbeiten an dem *qualifying asset* enden (IAS 23.25). Was bedeutet das für unser vorstehendes Beispiel?

Am 21.12.20xx enden die Bauarbeiten an dem neuen Verwaltungsgebäude mit der feierlichen Schlüsselübergabe an den Geschäftsführer der Unternehmung. Damit muß auch die Aktivierung von Fremdkapitalzinsen aus dem Hypothekendarlehen enden. Nach IAS 23.20 ff wären also nur die vom 1. März bis 1. Dezember während der Bauzeit anfallenden Zinsen aktivierungsfähig. Die später u.U. noch viele Jahre weiter anfallenden Darlehenszinsen sind dann nicht mehr aktivierungsfähig. Bei der Bewertung und Aktivierung der Zinsen als Teil der Herstellungskosten bezieht sich IAS 16.22 ausdrücklich auf die Regelung des IAS 23.

Offenlegungspflichtige Sachverhalte sind (IAS 23.29):

- die angewandten Bilanzierungsmethoden,
- der Betrag der in einer Periode aktivierten Fremdkapitalkosten und
- der Finanzierungszins, der hierbei zugrundegelegt worden ist.

5.16. IAS 24: Related Party Disclosures

Die IFRS erfordern auch die Offenlegung von Beziehungen zu »nahestehenden Personen« (*related parties*), da es für den Abschlußleser interessant sein kann zu wissen, mit wem ein Unternehmen auf welche Art verbunden ist. Der Standard verlangt daher

- die Identifikation von Geschäftsfällen mit nahestehenden Personen,
- die Offenlegung von Salden solcher Geschäftsfälle,
- die Darstellung der Umstände, unter denen solche Geschäfte zustandekommen, und
- die Bestimmung der für diese Posten erforderlichen Angaben.

Eine *Related Party* ist nach IAS 24.9, wer ein Unternehmen leiten oder signifikant beeinflussen kann (*Control*-Verhältnis). Ein anderes Unternehmen zu leiten bedeutet i.d.R., eine Kapitalmehrheit zu besitzen, kann aber auch durch einen Management-Vertrag zustandekommen (was etwa in den neuen Bundesländern nach der Wende häufig der Fall war). *Joint Ventures* und *associates* sind dabei ebenso Fälle von nahestehenden Personen wie Personen, die Schlüsselpositionen eines anderen Unternehmens besetzen, oder einfach Familienangehörige (IAS 24.9). »Signifikanter Einfluß« ist im Sinne des IAS 24 die Möglichkeit, an der Setzung von Richtlinien der Unternehmenspolitik mitzuwirken, was durch Kapitaleigentum, aber auch durch sogenannte Fremdorganschaft, also Mitgliedschaft in einem Leitungsgremium ohne Kapitaleigentum, zustandekommen kann. Aber auch andere, insbesondere informelle Formen der Einflußnahme wären denkbar und durch IAS 24 gedeckt.

Typische in IAS 24.19 aufgezählte Fälle, die unter die Offenlegungspflicht fallen, wären folgende Geschäfte mit *related parties*:

- Kauf oder Verkauf von Gütern, fertigen wie unfertigen,
- Leistung oder Inanspruchnahme von Diensten,
- Agenturverträge (z.B. Vertreter, Makler),

- Leasingverträge,
- Übertragung (*Outsourcing*) von Forschung und Entwicklung an *related parties*,
- Lizenzübereinkünfte (Produktrechtschutz),
- Finanzierungsgeschäfte wie Darlehen oder Kredite,
- Garantiegewährungen, Bürgschaften und ähnliche Geschäfte,
- Management-Verträge.

Hinsichtlich dieser Geschäfte sind anzugeben (IAS 24.17):

- der Umfang der Gesamttransaktion,
- der im Berichtszeitraum geleistete und in der Zukunft noch ausstehende Anteil der Gesamtleistung einschließlich der zugehörigen Konditionen und ggfs. gewährten Garantien,
- Rückstellungen für zweifelhafte Forderungen und
- Forderungsabschreibungen.

Auf diese Art kann der Abschlußleser also auch erkennen, ob zwischen *related parties* außergewöhnlich hohe Forderungsabschreibungen stattgefunden haben, die eine versteckte Sonderkondition darstellen könnten.

IAS 24.20 nennt Beispiele für typische offenlegungspflichtige Sachverhalte, die neben dem Kauf und Verkauf von Gütern auch Leasingverhältnisse, die Übertragung von Aktivitäten der Forschung und Entwicklung oder Lizenzvereinbarungen umfassen. Auch Darlehen an nahestehende Personen oder die Tilgung von Schulden im Namen Dritter wären angabepflichtig.

Die Offenlegungspflicht umfaßt auch die Darstellung der Art der Beziehung zwischen dem Bilanzierenden und der nahestehenden Person (IAS 24.22). Dies zeigt eindeutig, daß *true and fair view presentation* im Mittelpunkt des Interesses des Regelungsgebers steht. Der Abschlußleser soll sich ein Bild von den wahren Verhältnissen der berichtenden Gesellschaft machen. Dies entspricht dem Wesen nach dem Regelungsgehalt von § 238 Abs. 1 Satz 2 HGB; die internationale Rechnungslegung erreicht jedoch das auch im deutschen Bereich vorhandene Ziel viel besser als das Handelsrecht.

Die Offenlegung von konzerninternen Geschäften ist im konsolidierten Konzernabschluß nicht mehr erforderlich, weil schon die Konzernrechnungslegungsvorschriften entsprechende Offenlegungsregeln enthalten, so daß in IAS 24 keine Vorschriften für konzerninterne Transaktionen mehr enthalten sind.

IAS 24.16 verlangt ausdrücklich die Offenlegung der Vergütungen für Mitglieder des Managements (»*key management personnel*«), und zwar:

- kurzfristige Leistungen (wie z.B. das monatliche Entgelt, Leistungszulagen, Prämien und geldwerte Leistungen wie Dienstfahrzeuge oder Werkswohnungen),

- Leistungen aus Anlaß der Beendigung des Arbeitsverhältnisses wie z.B. Abfindungen;
- andere langfristige Leistungen wie Rentenversicherungen und
- anteilsbasierte Vergütungen.

Key management personnel sind alle die Personen, die Verantwortung für die Planung und Steuerung der Aktivitäten der Unternehmung tragen, was mindestens auch das mittlere Management einbeziehen dürfte.

Die in Deutschland zeitweilig heiß geführte Debatte um die Offenlegung von »Managergehältern« ist damit in den IFRS schon längst entschieden. Die Offenlegungspflicht nach IAS 24 geht dabei inhaltlich weiter als die entsprechende Neuregelung in § 285 HGB ab 2006.

Anders als beispielsweise § 113 Abs. 1 AktG (Aufsichtsrat) oder § 87 AktG (Vorstand) enthalten die IFRS aber keine Regelung, daß die gezahlten Vergütungen »angemessen« sein sollen – sie müssen lediglich offengelegt werden. Dies ist bedeutsam, denn hinsichtlich der Frage der »Angemessenheit« gibt es zwei grundsätzlich unterschiedliche und einander widersprechende Ansichten:

- Die deutsche Neidkultur tendiert dazu, »absolut« zu denken, d.h. jede Vergütung oberhalb einer bestimmten Summe für unangemessen zu halten, ganz gleich welcher Leistung oder Verantwortung sie gegenübersteht, was vermutlich etwas mit der Situation der Arbeitslosigkeit, Verarmung und wachsenden Ungleichheit zu tun hat.
- Die eher angelsächsische Auffassung geht davon aus, daß die angemessene Vergütung als Verzinsung auf das im Auftrag der Anteilseigner verwaltete Kapital zu sehen ist, was keine »Obergrenze« impliziert. Die insbesondere amerikanische Denkweise ist daher eher »relativ«.

Die Offenlegung nach IAS 24 ist damit gleichsam »wertneutral«. Sie impliziert keine Wertung, eine bestimmte Vergütung sei unangemessen, sondern lediglich deren Offenlegung aus Gründen des Informationsnutzens für den Abschlußleser. Welche Meinungen dieser sich über den bekanntgegebenen Zahlenwert bildet (oder bilden sollte), wird in IAS 24 nicht präjudiziert.

Die Offenlegung der verschiedenen dem Grunde nach offenlegungspflichtigen Geschäfte und Tatbestände muß nach IAS 24.18 separat für

- die Muttergesellschaft,
- Unternehmungen in Gemeinschaftsbesitz (d.h. i.d.R. *Joint Ventures*),
- Tochtergesellschaften,
- assoziierte Unternehmen,
- *key management personnel* der Unternehmung und der Muttergesellschaft und
- andere nahestehende Personen

erfolgen.

5.17. IAS 27: Consolidated and Separate Financial Statements

An dieser Stelle finden sich die wichtigsten Vorschriften zum Konzernrechnungswesen. Da die IFRS/IAS aber nicht klar nach Einzel- und Konzernabschluß unterscheiden, sind insgesamt im Zusammenhang mit diesem Standard folgende Regelungsquellen von Bedeutung:

- IAS 21 (»*The Effects of Changes in Foreign Exchange Rates*«)
- IAS 28 (»*Investments in Associates*«),
- IAS 31 (»*Financial Reporting of Interests in Joint Ventures*«)
- IFRS 3 (»*Business Combinations*«)

Hauptunterschied zu IFRS 3 ist, daß sich das Konzernrechnungswesen nicht mit dem Kauf ganzer Unternehmen, sondern mit den Mutter-Tochter-Verhältnissen befaßt, bei denen die einzelnen Teileinheiten des Konzerns rechtlich selbständig bleiben. Hauptunterschied zu IAS 28 ist, daß Associates Unternehmen sind, auf die ein »signifikanter Einfluß« ausgeübt werden kann, die aber nicht »beherrscht« werden, was sich meist auf die Frage nach der Höhe der Anteile reduziert. Joint Ventures schließlich sind Gemeinschaftsunternehmen im Besitz mehrerer (meist zweier) Muttergesellschaften und damit als »Mehrmütterkonzerne« Sonderfälle, die in IAS 31 separat behandelt werden. In IAS 21 schließlich werden nur die Währungsumrechnungen innerhalb des Konzerns betrachtet; der Standard kann daher als eine Art Ergänzung zu IAS 27 betrachtet werden.

Im Konzernabschluß sollen alle Konzernunternehmen so dargestellt werden, als handelte es sich um ein einzelnes Unternehmen. Der Prozeß der Zusammenfassung der Einzelabschlüsse zu einem Konzernabschluß heißt Konsolidierung. Der Konzernabschluß umfaßt stets alle Konzernunternehmen (Weltabschlußprinzip, IAS 27.12). Voraussetzung für das Bestehen eines Konzernes ist ein *Control*-Verhältnis zwischen Mutter- und Tochterunternehmen. Mutterunternehmen ist, wer mindestens eine Tochterunternehmung besitzt, über diese also ein *Control*-Verhältnis ausüben kann. Dieses wird nach IAS 27.13 angenommen, wenn das Mutterunternehmen

- direkt oder indirekt über mehr als die Hälfte der Stimmrechte verfügt,
- die Finanz- und Geschäftspolitik eines anderen Unternehmens gemäß Satzung oder einer Vereinbarung (wie z.B. ein Management-Vertrag) bestimmen kann,
- die Mehrheit der Mitglieder der Geschäftsführungs und/oder Aufsichtsorgane ernennen oder abberufen kann,
- die Mehrheit der Stimmen bei den Sitzungen der Geschäftsführungs- und/oder Aufsichtsorganen bestimmen kann.

Diese Definition ähnelt § 15 AktG. Das Unternehmen, das kontrolliert wird, ist ein *subsidiary*. *Parent* ist hierbei die Muttergesellschaft und *subsidiary* ist die Konzerngesellschaft. Die Gesamtheit aus *parent* und allen *subsidiaries* heißt *group*.

Ausnahmen von der Pflicht zur Aufstellung eines Konzernabschlusses bestehen nur und ausschließlich durch IAS 27.10, wenn

- die Mutter selbst eine Tochtergesellschaft ist (mehrstöckiger Konzern) und die Anteilseigner dem Verzicht auf den Konzernabschluß nicht widersprochen haben (was aber die Pflicht, insgesamt einen Konzernabschluß aufzustellen, nicht berührt!);
- die Anteilsscheine oder Schulden (wie z.B. Anleihen) der Muttergesellschaft nicht an einem öffentlichen Markt (einer Börse) gehandelt werden;
- die Muttergesellschaft ihren Jahresabschluß nicht bei einer Regulierungs- oder Kontrollinstanz einreichen muß (wie z.B. die SEC in den USA) und
- die Muttergesellschaft der Muttergesellschaft bereits Konzernabschlüsse nach IFRS offenlegt.

Dies bedeutet im Kern, daß nur – und selbst das in sehr engen Grenzen! – »Zwischenmuttergesellschaften« in mehrstöckigen Konzernen auf die Anwendung des Konzernrechnungswesens nach IAS 27 verzichten können; in der Praxis dürfte das aber eher selten der Fall sein. Die »oberste« Muttergesellschaft (*ultimate parent*) kann gar nicht auf die Anwendung des IAS 27 verzichten. Man kann das an einem Beispiel zeigen:

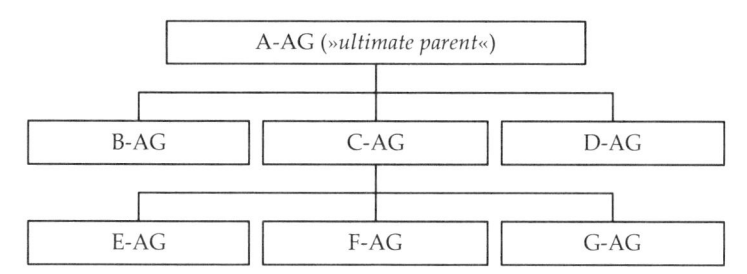

```
                    A-AG (»ultimate parent«)
          ┌──────────────┬──────────────┐
        B-AG           C-AG           D-AG
                 ┌──────┼──────┐
               E-AG   F-AG   G-AG
```

Abbildung 5.11: Beispiel eines »mehrstöckigen« Konzerns

Die A-AG ist hier die »oberste Muttergesellschaft« (*ultimate parent*) und ohne Ausnahmemöglichkeit auf die Anwendung des IAS 27 verpflichtet. Die C-AG ist eine Tochter der A-AG, aber zugleich eine Mutter (»Zwischenmutter«) gegenüber E-AG, F-AG und G-AG. Die C-AG könnte also unter den – restriktiven – Bedingungen des IAS 27.10 auf die Anwendung des Konzernrechnungswesens verzichten.

Grundsätzlich gelten folgende Ausweisvorschriften für den Konzernabschluß für die verschiedenen Arten von Unternehmenskooperationen:

- *Subsidiary-control*-Prinzip (IAS 27, analog zu § 15 AktG und § 290 HGB): Vollkonsolidierung nach IAS 27;
- *jointly controlled assets* (IAS 31): *Equity*-Bewertung oder Quotenkonsolidierung;
- *significant influence* (20 % bis 50 %, IAS 28): *Equity*-Bewertung;
- Finanzinvestition (unter 20 %, IAS 39): Bewertung zu Anschaffungskosten oder *fair value*.

Wir befassen uns im Folgenden nur noch mit der Vollkonsolidierung nach IAS 27. Die hierfür grundlegenden Regelungen stehen in IAS 27.22-36. Bei der Vollkonsolidierung werden die Abschlüsse des Mutterunternehmens und aller einzubeziehenden Tochterunternehmen durch Addition gleichartiger Posten zusammengeführt. Hierbei soll allerdings ein Gesamtabschluß entstehen, so als sei die *group* ein einziges Unternehmen. Bei der Addition der einzelnen Postem müssen also

- die Buchwerte der dem Mutterunternehmen gehörenden Anteile an den Tochterunternehmen eliminiert werden (IAS 27.22 a),
- Minderheitenanteile am Periodenergebnis und am Reinvermögen (*equity*) konsolidierter Tochterunternehmen ermittelt und ausgewiesen werden (IAS 27.22 b–c) und
- konzerninterne Salden, Transaktionen, Gewinne und Aufwendungen stets in voller Höhe eliminiert werden (IAS 27.24).

Der Ausweis der Minderheitenanteile dient dabei der Vermittlung eines den tatsächlichen Verhältnissen entsprechenden Bildes; die Eliminierung konzerninterner Verrechnungen beruht auf dem Grundgedanken, daß ein einheitliches Unternehmen, das im Konzernabschluß dargestellt werden soll, nicht bei sich selbst Forderungen, Verbindlichkeiten oder Gewinne haben kann.

Ein *minority interest* ist in diesem Zusammenhang eine Minderheitsbeteiligung einer Gesellschaft, die nicht zum *parent* gehört (IAS 27.4) und damit nicht der Konsolidierungspflicht unterliegt.

1. Schuldenkonsolidierung: Dieser Rechenschritt eliminiert wechselseitige Verbindlichkeiten, die Mutter und Tochter gegeneinander haben, weil man keine Schulden bei sich selbst haben kann. Im Einzelabschluß ausweispflichtige Forderungen und Verbindlichkeiten (»*intragroup balances*«) dürfen also nicht im Konzernabschluß erscheinen. Bei Gemeinschaftsunternehmen ist dieser Schritt nach der jeweiligen Quote vorzunehmen.

Beispiel: Die Forderungen der Mutter i.H.v. 50 enthalten ein Darlehen an die Tochter i.H.v. 20 (aus Vereinfachungsgründen werden Fristigkeiten hier ignoriert):

Aktiva	Mutter		Passiva
Anlagen	80	Eigenkapital	70
Forderungen	**50**	Fremdkapital	100
Vorräte/Geldmittel	40		
	170		170

Aktiva	Tochter		Passiva
Anlagen	30	Eigenkapital	20
Forderungen	10	**Darlehen von der Mutter**	**20**
Vorräte/Geldmittel	20	Fremdkapital	20
	60		60

Dieses Darlehen ist in der Konzernbilanz zu eliminieren, während die übrigen Positionen addiert werden müssen:

Aktiva	Konzern		Passiva
Anlagen	110	Eigenkapital	90
Forderungen	**40**	Fremdkapital	120
Vorräte/Geldmittel	60		
	210		210

Die Summe der Forderungen (50 + 10) wurde ebenso wie die Summe der Fremdkapitalbeträge (100 + 20 + 20) um den Betrag der »*intragroup balance*« i.H.v. 20 reduziert.

2. **Kapitalkonsolidierung:** Das vorliegende Beispiel ist jedoch insofern unvollkommen, als wir die wechselseitige Kapitalbeziehung ignoriert haben. Die Anlagen der Mutter enthalten nämlich im Wege der Beteiligung das Eigenkapital der Tochter:

Aktiva	Mutter		Passiva
Anlagen	60	Eigenkapital	70
Beteiligungen	**20**	Fremdkapital	100
Forderungen	50		
Vorräte/Geldmittel	40		
	170		170

Aktiva	Tochter		Passiva
Anlagen	30	**Eigenkapital**	**20**
Forderungen	10	Darlehen von der Mutter	20
Vorräte/Geldmittel	20	Fremdkapital	20
	60		60

Auch die Beteiligung der Mutter und das ihr entsprechende Eigenkapital der Tochter sind bei der Addition der Einzelbilanzen fortzulassen:

Aktiva	Konzern		Passiva
Anlagen	90	Eigenkapital	70
Forderungen	40	Fremdkapital	120
Vorräte/Geldmittel	60		
	190		190

Die Anteile der Tochter unterliegen jedoch meist einem Börsen- oder Marktpreis. Sie sind zum Abschlußstichtag zu bewerten (Stichtagsmethode). Nehmen wir an, daß das mit einer Beteiligung i.H.v. 20 in den Büchern der Mutter stehende Tochterunternehmen am Bilanzstichtag einen Marktpreis von 30 aufweise. Durch diese Differenz entsteht ein Geschäfts- oder Firmenwert (*goodwill*):

Aktiva	Konzern		Passiva
Anlagen	60	Eigenkapital	80
Goodwill	10	Fremdkapital	120
Forderungen	40		
Vorräte/Geldmittel	60		
	200		200

Auf diese Art werden indirekt stille Reserven in der Weise aufgedeckt, daß immaterielle Vermögensgegenstände, wie die Wertschätzung der Anleger, sich als Wirtschaftsgut in der Konzernbilanz materialisieren. Die Vorgehensweise entspricht im Prinzip dabei der bei der Übernahme nach IFRS 3. Für den *goodwill* (Geschäfts- oder Firmenwert) besteht – im Gegensatz zum deutschen Steuerrecht, § 7 Abs. 1 Satz 3 EStG) – in IFRS 3 ein Abschreibungsverbot; allerdings ist ein regelmäßiger Werthaltigkeitstest (*impairment test*) vorzunehmen.

Ist hingegen der Börsen- oder Marktpreis der Anteile der Konzerntochter am Bilanzstichtag auf 10 gefallen, so würde sich ein negativer Geschäfts- oder Firmenwert (*badwill*) ergeben:

Aktiva	Konzern		Passiva
Anlagen	90	Eigenkapital	60
Forderungen	40	Badwill	10
Vorräte/Geldmittel	60	Fremdkapital	120
	190		190

Diese Position hätte Eigenkapitalcharakter, weil sie keiner Verbindlichkeit entspricht.

3. Zwischenergebniskonsolidierung: Weil Vermögensgegenstände, die in der Konzernbilanz anzusetzen sind, nach Anschaffungs- oder Herstellungskosten darzustellen sind, ist festzustellen, welche Aufwendungen und Erträge aus Sicht des Konzerns aktivierungspflichtig sind. Sowohl nach § 304 HGB als auch nach IAS 27.24 sind zu diesem Zweck Gewinne aus konzerninternen Geschäften, die in den Einzelabschlüssen enthalten sind, in der Konzernbilanz zu eliminieren. Konzerninterne Verluste sind hierbei als positive Differenz zwischen den Konzernabschaffungskosten bzw. der Untergrenze der Konzernherstellungskosten und dem Einzelabschlußwert auszuweisen:

Aktiva	Mutter		Passiva
Sachanlagen	60	Eigenkapital	70
Beteiligungen	20	Fremdkapital	100
Forderungen	**50**		
Vorräte/Geldmittel	40		
	170		170

Aktiva	Tochter		Passiva
Anlagen	30	Eigenkapital	20
Forderungen	10	Darlehen von der Mutter	20
Vorräte/Geldmittel	20	**kurzfr. Fremdkapital**	**20**
	60		60

Im vorstehenden Beispiel hat die Mutter der Tochter Waren im Wert von 10 zum Preis von 15 verkauft. Auf seiten der Mutter steht also eine Forderung i.H.v. 15, die Verbindlichkeiten der Tochter gegenüber der Mutter i.H.v. 15 entspricht. Da der Wert der fraglichen Waren vor ihrem Verkauf aber nur 10 (statt 15) betrug, steht diesem Wert ein Zwischenergebnis von 5 gegenüber, das als Gewinn auf Seiten der Mutter in der Einzelbilanz ausgewiesen worden war. Sowohl der Mehrwert der Waren durch wertschöpfenden Verkauf als auch dieser konzerninterne Gewinn ist nunmehr herauszurechnen:

Aktiva	Konzern		Passiva
Anlagen	90	Eigenkapital	65
Forderungen	25	Fremdkapital	105
Vorräte/Geldmittel	55		
	170		170

Das Beispiel berücksichtigt natürlich auch das o.g. konzerninterne Darlehen i.H.v. 20 und die Kapitalkonsolidierung ohne Annahme eines Geschäfts- oder Firmenwertes.

4. Aufwands- und Ertragskonsolidierung: Aufwendungen und Erträge aus operativen Geschäften innerhalb des Konzerns sind gemäß § 305 HGB und IAS 27.24 herauszurechnen, weil der Konzern keine Aufwendungen oder Erträge gegen sich selbst haben kann. Dies entspricht von der Sache und der Methode her der Zwischenergebniskonsolidierung, betrifft aber eine Vielzahl möglicher Fälle:

- Lieferung von Dienstleistungen an Konzerngesellschaften,
- Lieferung verbauchter Produkte wie Material oder Energieträger,
- Management-Dienstleistungen oder
- Miet-, Pacht- und Leasingverträge.

Alle diese Geschäftsarten führen innerhalb des Konzerns nicht nur (solange die Rechnungen nicht bezahlt wurden) zu konzerninternen Forderungen und Verbindlichkeiten, sondern auch zu Aufwendungen und Erträgen, die sich jeweils auf Konzerngesellschaften beziehen und daher eliminiert werden müssen.

5. Ausweis der Gemeinschaftsunternehmen: Gründen zwei Mutterunternehmen gemeinsam ein *Joint Venture*, so ist dies nach der Quotenkonsolidierung abzurechnen. IAS 27 verweist in diesem Zusammenhang ausdrücklich auf IAS 31. Zweck der Quotenkonsolidierung ist, den Eigentümern eines *Joint Ventures* jeweils den ihnen zuzurechnenden Anteil auch bilanziell zuzuordnen. Hierbei wird jeder Mutter der ihr zustehende Anteil im Verhältnis der Kapitalbeteiligung am Gemeinschaftsunternehmen zugerechnet. Im folgenden Beispiel gehört das Eigenkapital des *Joint Ventures* zwei Müttern zu jeweils 50 %:

Aktiva	Mutter 1		Passiva
Sachanlagen	80	Eigenkapital	50
Beteiligungen	**15**	Fremdkapital	130
Forderungen	55		
Vorräte/Geldmittel	30		
	180		180

Aktiva	Mutter 2		Passiva
Sachanlagen	120	Eigenkapital	150
Beteiligungen	**15**	Fremdkapital	110
Forderungen	80		
Vorräte/Geldmittel	45		
	260		260

Aktiva	Gemeinschaftsunternehmen (Joint Venture)		Passiva
Anlagen	40	Eigenkapital	30
Forderungen	50	Fremdkapital	70
Vorräte/Geldmittel	10		
	100		100

Die beiden Beteiligungen von jeweils 15 und das Eigenkapital des *Joint Ventures* i.H.v. 30 werden hierbei eliminiert; die Vermögensgegenstände und Schulden des Gemeinschaftsunternehmens werden den Mutterunternehmen zu jeweils 50 % anteilig zugerechnet:

Aktiva	Mutter 1		Passiva
Sachanlagen	100	Eigenkapital	50
Forderungen	80	Fremdkapital	165
Vorräte/Geldmittel	35		
	215		215

Aktiva	Mutter 2		Passiva
Sachanlagen	140	Eigenkapital	150
Forderungen	105	Fremdkapital	145
Vorräte/Geldmittel	50		
	295		295

Auch hier wären natürlich noch weitere Schulden-, Zwischenergebnis- und Aufwands- sowie Ertragskonsolidierungen denkbar.

Die Quotenkonsolidierung ist damit eigentlich ein Sonderfall der Vollkonsolidierung.

IAS 27 enthält jetzt keine Frist für die Aufstellung des Konzernabschlusses mehr, aber nach HGB muß der Konzernabschluß spätestens drei Monate nach den Einzelabschlüssen vorliegen.

Um einen Konzernabschluß aufzustellen, sollen die angewandten Bilanzierungs- und Bewertungsmethoden im ganzen Konzern einheitlich sein (IAS 27.28). Im Rahmen der IFRS ist das unproblematisch, weil diese ja weltweit gelten. Um eine einheitliche Bilanzierungspolitik zu gewährleisten, sollen auch alle Konzerngesellschaften den gleichen Abschlußstichtag aufweisen, also einheitliche Geschäftsjahre haben. Das ist schon etwas problematischer, weil in einigen Branchen andere Geschäftsjahre üblich sind: So sollte ein Touristikunternehmen nicht gerade in der Hochsaison seinen Jahresabschluß aufstellen, ein Wintersportbetrieb hingegen kann sehr gut im Sommer die Abschlußarbeiten vornehmen. Zudem schreiben einige nationale Gesetzgeber den Unternehmen verbindliche Geschäftsjahre vor, von denen nicht abgewichen werden darf.

Während die erste Problemvariante bei diversifizierten Mischkonzernen mit sehr unterschiedlichen Geschäftsfeldern häufig ist, haben geographisch ausgedehnte »*global player*« eher das zweite Problem mit der mangelnden Konvergenz unterschiedlicher Wirtschaftsräume.

Das Problem kann gelöst werden, indem die Töchter, die abweichende Geschäftsjahre haben wollen oder müssen, Zwischenabschlüsse aufstellen (IAS 34), die dann als Grundlage für die Konzernbilanzkonsolidierung dienen (IAS 27.26).

Es gilt also insgesamt die

- Einheitlichkeit der Bilanzierung,
- Einheitlichkeit der Bewertung und
- Einheitlichkeit der Abschlußstichtage der einzelnen Konzernunternehmen.

5.18. IAS 28: Investments in Associates

Ein *associate* ist ein Unternehmen, auf das das Unternehmen einen signifikanten Einfluß ausüben kann, das aber selbst kein *subsidiary* und kein *Joint Venture* ist. Insofern ist IAS 28 gegen IFRS 3 (*Business combinations*) und IAS 27 (*Consolidated and Separate Financial Statements*) abgegrenzt. »Signifikanter Einfluß« ist die Macht, an der Geschäftsführung mitzuwirken (sie also nicht zu bestimmen). Es wird vermutet, daß ein solcher Einfluß besteht, wenn eine Kapitalbeteiligung von wenigstens 20 % besteht (IAS 28.6). Die Vermutung des maßgeblichen Einflusses auf die Geschäftsleitung ist widerlegbar (z.B. wenn nur ein einziger anderer Anteilseigner existiert, der den gesamten Rest der Stimmrechte hält und daher nicht überstimmt werden kann) und besteht nicht unter der Grenze von 20 %. Gleichwohl kann tatsächlich ein »signifikanter Einfluß« etwa durch die Teilnahme am Entscheidungsprozeß in der Geschäftsführung, wesentliche Transaktionen zwischen dem Investor und der Gesellschaft, in die er investiert hat, den Austausch von leitenden Mitarbeitern oder die Bereitstellung wesentlicher technischer Informationen bestehen (IAS 28.7). Das entspricht im wesentlichen den Leitgedanken der IAS 24 und 27: auch das Vorhandensein nahestehender Personen in der Geschäftsleitung eines anderen Unternehmens kann zu einem »signifikanten Einfluß« führen, unter Umständen sogar ohne Kapitalbeteiligung.

In manchen Branchen ist auch die Gründung von Arbeitsgemeinschaften üblich, die rechtlich als Gesellschaften bürgerlichen Rechts bewertet werden können. Das gilt insbesondere für das Baugewerbe:

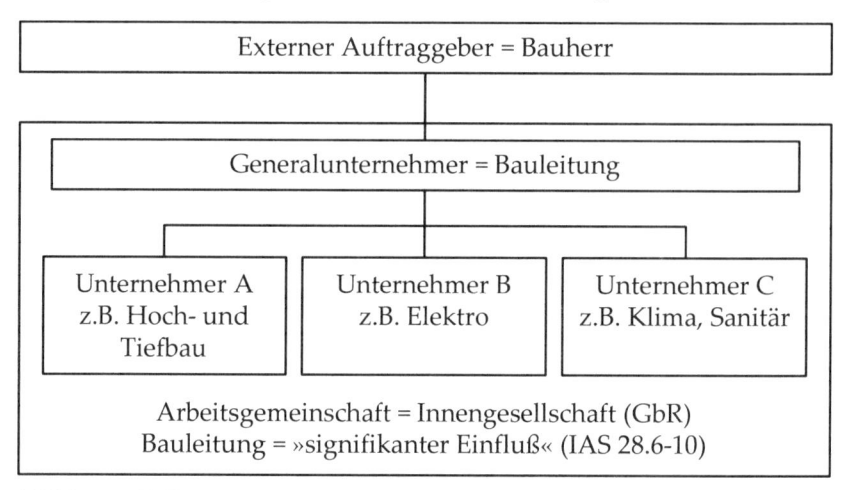

```
┌─────────────────────────────────────────────────────────┐
│              Externer Auftraggeber = Bauherr            │
├─────────────────────────────────────────────────────────┤
│           Generalunternehmer = Bauleitung               │
│  ┌──────────────┐  ┌──────────────┐  ┌──────────────┐  │
│  │ Unternehmer A│  │ Unternehmer B│  │ Unternehmer C│  │
│  │ z.B. Hoch- und│  │ z.B. Elektro │  │z.B. Klima,   │  │
│  │   Tiefbau    │  │              │  │   Sanitär    │  │
│  └──────────────┘  └──────────────┘  └──────────────┘  │
│      Arbeitsgemeinschaft = Innengesellschaft (GbR)      │
│    Bauleitung = »signifikanter Einfluß« (IAS 28.6-10)   │
└─────────────────────────────────────────────────────────┘
```

Abbildung 5.12: Die Arbeitsgemeinschaft und das Konzernrechnungswesen

In diesem Beispiel würde ein Unternehmer die Bauleitung übernehmen und dem Auftraggeber gegenüber als Verhandlungspartner auftreten. Während der Bauleiter Planungs- und Kontrollaufgaben übernimmt (und meist auch als Architekt und Bauingenieur auftritt), wird die eigentliche Arbeit auf der Baustelle von einer Vielzahl einzelner Unternehmen erledigt. Der Bauleiter kann, wenn das Projekt groß genug ist, über die einzelnen Unternehmer, die Teil der BGB-Gesellschaft sind, einen »signifikanten Einfluß« ausüben. Der Generalunternehmer kann damit zur Anwendung des IAS 28 verpflichtet sein, und zwar unter Umständen auch zeitlich beschränkt – etwa für die Bauzeit eines Großprojektes.

IAS 28 gilt allerdings nicht für assoziierte Unternehmen, die gehalten werden von Wagniskapital-Organisationen (z.B. bei *Venture-capital*-Finanzierung) und Investmentfonds, Unit Trusts und ähnlichen Unternehmen einschließlich fondsgebundener Versicherungen.

Auch bei *investments in associates* ist ein konsolidierter Jahresabschluß zu erstellen. Allerdings ist hierbei die sogenannte *Equity*-Methode anzuwenden. Diese besteht darin, daß der *associate* zunächst zu Anschaffungskosten bewertet wird, dann in der Folgebewertung aber nach dem Anteil des Investors am Eigenkapital des *associates* ausgewiesen wird.

Der Wert der jeweils zu berücksichtigenden Vermögensgegenstände in der Konzernbilanz wird also auf den Anteil der jeweiligen Beteiligung am Gesamtkapital des *associates* reduziert. Diese Methode ist im Normalfall anzuwenden (IAS 28.11). Hiervon darf nur abgewichen werden, wenn der *associate* ein gemäß IFRS 5 als *held for sale* klassifiziertes Investment darstellt oder die Ausnahme des IAS 27.10 zutrifft (vgl. oben), d.h. der Investor selbst eine Konzerntochter ist, die unter den in IAS 27.10 genannten restriktiven Bedingungen auf die Anwendung des Konzernrechnungswesens verzichten darf.

Betrachten wir ein Beispiel für die *Equity*-Methode. Ein Investor besitze 20 % des Eigenkapitals des *associates*:

Aktiva	Investor		Passiva
Sachanlagen	100	Eigenkapital	80
Beteiligungen	**20**	Fremdkapital	120
Forderungen	60		
Vorräte/Geldmittel	20		
	200		200

Aktiva	Associate		Passiva
Anlagen	120	Eigenkapital	100
Forderungen	100	Darlehen von der Mutter	80
Vorräte/Geldmittel	20	kurzfr. Fremdkapital	60
	240		240

Auch hier wird die Beteiligung eliminiert; die sonstigen Vermögenswerte und Schulden werden dem Investor aber nur zu 20 % zugerechnet. Die Sachanlagen des Associate i.H.v. 120 werden daher beispielsweise nur mit einem Wert von 24 in die konsolidierte Bilanz einbezogen oder die Forderungen des *associates* mit einem Wert von 20:

Aktiva	Konsolidierte Bilanz		Passiva
Sachanlagen	124	Eigenkapital	80
Forderungen	80	Fremdkapital	148
Vorräte/Geldmittel	24		
	228		228

Hier gelten die gleichen Mechanismen wie oben hinsichtlich IAS 27 dargestellt, d.h., konzerninterne Forderungen und Verbindlichkeiten, Aufwendungen und Erträge sowie Zwischenergebnisse sind zu eliminieren. Berechnet sich die Summe der Forderungen in der konsolidierten Bilanz ohne das Bestehen einer gegenseitigen konzerninternen Beziehung noch aus $60 + 100 \times 20\% = 80$, so müßte eine bestehende Forderung des *associates* an die Muttergesellschaft in Höhe von 10 zunächst herausgerechnet werden, da auch für das Wechselverhältnis mit dem *associate* gilt, daß man keine Forderungen bei sich selbst haben kann. Der konsolidierte Bilanzausweis der restlichen Forderung wäre dann $60 + 90 \times 20\% = 78$. Dies würde aber zu einem Geschäfts- oder Firmenwert führen, denn die Eliminierung der Forderung führt nicht zu einer Neubewertung der Beteiligung:

Aktiva	Konsolidierte Bilanz		Passiva
Sachanlagen	124	Eigenkapital	80
Goodwill	2	Fremdkapital	148
Forderungen	78		
Vorräte/Geldmittel	24		
	228		228

Die *Equity*-Methode bewirkt aber, daß die »Richtung« der Forderung bedeutsam ist. Spielt es im Konzern im Rahmen der Vollkonsolidierung für die Eliminierung an sich keine Rolle, ob die Mutter gegen die Tochter oder die Tochter gegen die Mutter eine Forderung ausweist, so ist diese Richtung der Beziehung hier bedeutsam: Hat nämlich der *associate* eine Forderung gegen die Mutter, so ergibt das einen *goodwill* von 2; hätte aber die Mutter eine Forderung von 10 gegen die Tochter, so entsteht ein *goodwill* von 10, weil diese Forderung ja jetzt zunächst in voller Höhe vom Forderungsbestand der Mutter i.H.v. 60 subtrahiert wird, und dann die Forderungen des *associates* i.H.v. 80 zu 20 % einbezogen werden. Der konsolidierte Bilanzausweis wäre daher nur $(60 - 10) + 100 \times 20\% = 70$:

Aktiva	Konsolidierte Bilanz		Passiva
Sachanlagen	124	Eigenkapital	80
Goodwill	10	Fremdkapital	148
Forderungen	70		
Vorräte/Geldmittel	24		
	228		228

Der *goodwill* unterliegt auch in IAS 28.23 einem Abschreibungsverbot; allerdings wird der *goodwill*, der sich auf einen *associate* bezieht, auch nicht selbst auf Wertminderung geprüft (IAS 28.33), weil er ja nur aus der Bewertung der Vermögensgegenstände und Schulden des *associates* resultiert. Ändert sich also die Bewertung der Vermögensgegenstände des *associates*, z.B. durch eine Wertminderungsprüfung (*impairment test*), dann ändert sich schon dadurch der Wert des *goodwills*. Eine separate Werthaltigkeitsprüfung für den *goodwill* ist damit überflüssig.

Der jeweils neuste Jahresabschluß des *associates* soll für die Erstellung der konsolidierten Bilanz genutzt werden; haben *associate* und Investor unterschiedliche Abschlußstichtage, so soll der *associate* für die Erstellung der konsolidierten Bilanz einen Zwischenabschluß aufstellen (IAS 28.24), sofern dies möglich ist. Dies entspricht der in IAS 27.26 vorgeschriebenen Vorgehensweise. Wie in IAS 27 schreibt auch IAS 28.26 die Anwendung einheitlicher Rechnungswesengrundsätze zwischen Investor und *associate* vor.

Verliert der Investor seinen signifikanten Einfluß auf den *associate*, so ist dieser nach IAS 39 durch die *cost method* auszuweisen, wenn nicht ein *Joint Venture* oder ein Konzern im Sinne des IAS 27 vorliegt (IAS 28.18). Das kann nicht nur durch Verkauf der Kapitalbeteiligung, sondern (im Falle der Arbeitsgemeinschaft) auch durch Ende des Bauprojektes geschehen. Ist der signifikante Einfluß nicht-monetär, so kann beispielsweise das Ende des gemeinsamen Projektes zum Ende jedweden Bilanzausweises führen.

In IAS 28.37 ist eine Vielzahl von Offenlegungsvorschriften gegeben; auch eine Offenlegung nach IAS 1 ist verbindlich.

5.19. IAS 29: Financial Reporting in Hyperinflationary Economies

Dieser Standard ist anwendbar, wenn die funktionale Währung (IAS 21) die eines Hochinflationslandes ist. Da die funktionale Währung nicht die Landeswährung sein muß, kann der Standard zumindestens theoretisch auch für europäische Unternehmungen anwendbar sein, wenn diese in Hochinflationsländern tätig sind.

Hochinflation (*hyper inflation*) wird nicht mehr mit einer (einzigen) absoluten Grenze definiert, sondern ist eine Ermessensfrage. Anhaltspunkte für das Vorliegen einer Hochinflation sind jedoch (IAS 29.3):

- die Bevölkerung legt Vermögenswerte in einer stabileren Fremdwährung an,
- die Bevölkerung rechnet in Fremd- und nicht in Inlandswährung,
- Verkäufe und Käufe auf Kredit werden zu Preisen getätigt, die selbst bei kurzer Laufzeit den Kaufpreisverlust kompensieren,
- Zinsen und Löhne sind an einen Preisindex gebunden,
- die kumulative Inflationsrate der letzten drei Jahre nähert sich oder übersteigt 100 %.

Der Standard betrachtet nur manifeste Hochinflationen; latente Hochinflationen, die in vielen Ländern des Westens bestehen, sind nicht relevant.

> **Latente Hyperinflation:** Unter der Bilanz sind zusätzlich die Eventualverbindlichkeiten anzugeben (vgl. unten, IAS 37). Diese übersteigen bei Banken die Bilanzsumme bei weitem (z.B. über 300-fache Eventualverbindlichkeiten im Vergleich zur Eigenkapitalsumme bei der Deutschen Bank). Dies bewirkt eine hohe Geldmenge M_3 und M_4 im volkswirtschaftlichen Sinne, die aber nicht nachfragewirksam ist, weil diese Gelder in Spekulations- und Sicherungsgeschäften gebunden sind. Verlieren die Anleger aber das Vertrauen in diese Geschäfte, versuchen sie, ihre Papiere abzustoßen, was zu einer »Realisierung« der in M_3 und M_4 kristallisierten Geldbeträge in M_3 führt – wo diese Summen aber nachfragewirksam auf den Gütermarkt drängen. Da die Gesamtsumme von M_3 und M_4 viel höher als das Bruttoinlandsprodukt ist, würde durch einen solchen Zusammenbruch des Finanzmarktes in wenigen Tagen, wenn nicht in Stunden eine Hyperinflation entstehen. Den Ausbruch dieser gleichsam eingefrorenen Inflation zu verhindern könnte als wahrer Grund für die Einführung des Emissionshandels ab 2005 betrachtet werden, denn Emissionsrechte sind – im Gegensatz zu anderen Papieren – wertstabil, weil ihnen eine künstlich erzeugte Verknappung (und also ein Plan- und kein Marktprozeß) zugrunde liegt.

Hauptproblem der manifesten Hyperinflation ist ja der schnelle Kaufkraftverlust des Geldes, der zum Verlust der Geldfunktion führt – zum Beispiel durch die Rückkehr zu Tauschgeschäften oder zu Hamsterkäufen im Moment der (meiste baren) Auszahlung von Löhnen und Gehältern, da diese schon im Laufe des Monats praktisch wertlos werden. Offensichtlich beeinträchtigt das auch die Aussagekraft von Jahresabschlüssen. Hierfür kann auch IAS 29 keine wirkliche Lösung anbieten. Er schreibt jedoch zwei Bewertungsmethoden vor (IAS 29.5 ff):

- die *historical cost method* legt die Preise zum Zeitpunkt des Vertragsschlusses zugrunde und
- die *current cost method* legt die Gegenwartspreise zugrunde, erhöht die historischen Daten also um einen Inflationsindex.

Der Abschluß nach *historical cost* ist eigentlich der Normalfall. Jeder Jahresabschluß legt Bewertungen zum Zeitpunkt des Entstehens einer Größe zugrunde – etwa Anschaffungs- oder Herstellungskosten von Anlagen oder Lagerbeständen. IAS 29.11 fordert jedoch bei hyperinflationären Verhältnissen das *restatement*, d.h. die Neubewertung aufgrund eines Preisindex. Geldwerte wie Bargeld, Forderungen oder Verbindlichkeiten werden nicht *restated*, weil sie bereits in der zum Abschlußstichtag gültigen Größe angegeben sind; dies stellt freilich keine Lösung für das Problem der sinkenden Zahlungsmoral bei Inflation dar. Allerdings müssen die sich aufgrund der Inflation ergebenden Gewinne oder Verluste ausgewiesen werden (IAS 29.27). Das betrifft keineswegs nur das Problem der schlechten Zahlungsmoral und der sich daraus ergebenden Wertverluste der Forderungen und Verbindlichkeiten: Wareneinsatz oder Materialentnahme werden beispielsweise zum Zeitpunkt ihres Stattfindens bewertet, was aber unter den Bedingungen einer Hyperinflation schon nach ein paar Wochen Lagerdauer einen völlig anderen Preis bedeuten kann als der historische Einkaufspreis. Nach der *historical cost method* müßte der Wert der Entnahme auf den Index zum Zeitpunkt des Kaufes abgewertet werden, nach der *current cost method* hingegen müßte eine Aufwertung durch Multiplikation mit dem Index auf den Zeitpunkt des Jahresabschlusses stattfinden. Beide Verfahren führen aber in der Praxis zu Gewinnen oder Verlusten, weil unter den Bedingungen einer Hyperinflation auch die Verhältnisse von Werten untereinander ständigen Schwankungen unterliegen.

In der Offenlegung des Abschlusses muß auf die Tatsache hingewiesen werden, daß Werte *restated* wurden; zudem muß der angewandte Preisindex auf jeden Fall offengelegt werden. Ebenso müssen die Vorjahreszahlen durch einen Preisindex angepaßt werden, um vergleichbar zu sein (IAS 29.34). Im Konzernabschluß müssen *associates* und *subsidiaries* aus Hochinflationsgebieten jeweils mit ihrem Preisindex angepaßt werden (IAS 29.35).

5.20. IAS 30: Disclosures in the Financial Statements of Banks and Similar Financial Institutions

Dieser Standard regelt die besonderen Ausweis- und Offenlegungspflichten in den Abschlüssen von Banken und Finanzdienstleistern (»*similar institutions*«). Alle Organisationen, deren Hauptaktivitäten in der Geldanlage und Geldaufnahme zum Zwecke der Kreditgewährung und

Geldanlage liegen und die unter die gesetzlichen Reglementierungen für Banken der jeweiligen Länder fallen, müssen diesen Standard anwenden. Die Bankendefinition des § 1 KWG ist daher auch für diesen Standard anwendbar; der Paragraph enthält eine Aufzählung von Bankgeschäften. Da auch »similar institutions« von IAS 30 erfaßt worden, sind auch die Finanzdienstleister i.S.d. § 1 Abs. 1a KWG zur Anwendung dieses Standards verpflichtet.

Während das Hauptmerkmal der IFRS-Rechnungslegung der Entscheidungsnutzen ist, besteht für den Abschlußleser eines Bankabschlusses ein besonderes Informationsbedürfnis, das im besonderen Geschäft der Banken begründet liegt. IAS 30.3 verweist auf die besonderen Risiken und die volkswirtschaftliche Wichtigkeit des Bankensektors. Der Standard enthält daher besondere und erweiterte Angabepflichten, die stets zusätzlich zu den Offenlegungspflichten anderer Standards anzuwenden sind (IAS 30.4).

In der GuV-Rechnung der Bank müssen Aufwendungen und Erträge nach Art gruppiert werden (IAS 30.9). Das rückt schon die Gewinn- und Verlustrechnung in die Nähe der Segmentberichterstattung. Zusätzlich zu anderen Anforderungen (u.a. nach IAS 1) müssen außerdem folgende Posten in der GuV-Rechnung oder im Anhang des Bankabschlusses ersichtlich sein (IAS 30.10):

- Zinsen und ähnliche Erträge,
- Zinsen und ähnliche Aufwendungen,
- Dividendenerträge,
- Dienstleistungsentgelte und Provisionserträge,
- Provisionsaufwendungen,
- Gewinne abzüglich Verluste aus Wertpapieren des Handelsbestandes,
- Gewinne abzüglich Verluste aus Wertpapieren des Anlagebestandes,
- Gewinne abzüglich Verluste aus dem Devisenhandel,
- sonstige betriebliche Erträge,
- Wertminderungsaufwendungen aus dem Kreditgeschäft,
- allgemeine Verwaltungsaufwendungen und
- sonstige betriebliche Aufwendungen.

Die Aufstellung soll separat nach den einzelnen operativen Geschäftsarten einer Bank erfolgen. IAS 30.11 nennt hier Zinsen, Dienstleistungen, Provisionen und Handel als angabepflichtige Geschäftsbereiche. IAS 30.13 wiederholt das Verrechnungsverbot; allerdings sind nach IAS 32 Verrechnungen im Zusammenhang mit dem *hedge accounting* zulässig und auch für Banken erlaubt.

Die erweiterten Angabepflichten sollen dem Abschlußleser ein besseres Verständnis gerade des Bankgeschäfts ermöglichen. Das gilt auch für die zusätzlichen Angabepflichten in der Bilanz. Hier sind zusätzlich zu den Anforderungen anderer Standards die folgenden Angaben zu machen:

Aktiva:
- Barreserven und Guthaben bei der Zentralbank,
- Schatzwechsel und andere rediskontfähige Wechsel,
- öffentliche und andere Wertpapiere des Handelsbestandes,
- Forderungen und Kredite an andere Banken,
- andere Geldmarktgeschäfte,
- Forderungen an Kunden und
- Wertpapiere des Anlagevermögens.

Passiva:
- Verbindlichkeiten gegenüber anderen Banken,
- andere Verbindlichkeiten aus Geldmarktgeschäften,
- Verbindlichkeiten gegenüber Kunden,
- Einlagezertifikate,
- eigene Akzepte und andere verbriefte Schulden sowie
- andere aufgenommene Gelder.

Hier sollen offensichtlich drei Hauptgebiete für den Abschlußleser insbesondere verdeutlicht werden: erstens die Beziehung der jeweiligen Geschäftsbank zur Zentralbank des Landes. Dies betrifft insbesondere die (in der EU bei der EZB zur *deposit rate*) geführten Einlagen sowie die Mindestreserven der Bank. Die Mindestreservepolitik ist ein flexibles Mittel der Inflationspolitik und besteht darin, daß Banken bestimmte Beträge zinslos bei der EZB hinterlegen müssen. Höhere Mindestreserven verringern die Buchgeldmenge M_2 und damit die wirksame volkswirtschaftliche Nachfrage. Sie wirken daher als eine Art »Inflationsbremse«. Da die Europäische Zentralbank die Mindestreserven aber nicht nur generell für alle Banken, sondern bankenspezifisch individuell festlegen kann, besteht ein besonderes Interesse des Abschlußlesers, die festgesetzte Mindestreserve zu kennen. Weiterhin sollen aus dem Bankabschluß die Beziehungen der Banken untereinander offensichtlich werden. Schließlich soll in der Bilanz die Beziehung zum Geldmarkt offengelegt werden, was ja nicht nur das Hauptgeschäft der Bank darstellt, sondern auch mit besonderen Risiken belastet ist. Aus demselben Grund muß auch eine Reihe von Eventualverbindlichkeiten angegeben werden (IAS 30.26).

Der zweite Bereich sind die Eventualverbindlichkeiten. Diese sind dem Grunde nach (und nicht nur, wie Rückstellungen, hinsichtlich Zeit und/oder Höhe) ungewisse Schulden. Sie entstehen aus Bürgschaften aber auch aus Derivatgeschäften und stellen, wie oben schon hinsichtlich der Berichterstattung in hyperinflationären Umgebungen diskutiert, ein latentes gesamtwirtschaftliches Inflationspotential dar, weil sie die Bilanzsumme oft bei weitem übersteigen. Das rückt die Berichterstattung über Eventualverbindlichkeiten in die Nähe der Risikoberichterstattung.

Die Fälligkeiten von Verbindlichkeiten und Forderungen sind nach Laufzeiten zu kategorisieren. Die Kategoriengliederung wird nicht fest vorgeschrieben; bis zu ein Monat, ein bis drei Monate, drei Monate bis ein Jahr, ein bis fünf Jahre und über fünf Jahre wird als Vorschlag in IAS 30.33 vorgegeben.

Drittens sind, ebenfalls aus Gründen der Risikooffenlegung, »signifikante« Konzentrationen von Vermögensgegenständen, Schulden und außerbilanziellen Positionen hinsichtlich geographischen Gebieten, Kunden- oder Branchengruppen oder anderen Kriterien offenzulegen (IAS 30.40). Dies kann auch Teil der Segmentberichterstattung nach IAS 14 sein, ist aber – anders als diese – stets verpflichtend.

Weiterhin sind die angewandten Grundsätze bei der Abschreibung von Darlehensforderungen und die Verluste aus dem Kreditgeschäft separat offenlegungspflichtig (IAS 30.43). § 50 fordert die Offenlegung weiterer bankspezifischer Risiken. Schließlich müssen die durch Sachwerte gesicherten Verbindlichkeiten angegeben werden (IAS 30.53).

IAS 30.56 schließlich schreibt erweiterte Offenlegungsanforderungen hinsichtlich nahestehender Personen vor. Das ist ein besonders heißes Eisen, denn es rührt an die grundsätzlichen Prinzipien des Bankgewerbes in den jeweiligen Ländern. In Deutschland gilt in diesem Zusammenhang das sogenannte Universalbankprinzip. Dieses besagt, daß, wer ein Bankgeschäft betreibt, auch zum Betrieb aller anderen in § 1 KWG aufgezählten Bankgeschäfte berechtigt ist. Daß hierbei Interessenwidersprüche entstehen können, wenn etwa ein und dieselbe Bank Spareinlagen, Privatkundeninvestment und Wertpapierhandel betreibt, scheint den deutschen Gesetzgeber nicht weiter zu stören. Im Gegensatz hierzu besteht im angelsächsischen Raum meist das Spezialbankprinzip als grundlegendes Regelungsmodell. Dieses besagt, daß wer ein Bankgeschäft betreibt, von den anderen Bankgeschäften – bei Androhung von Strafen! – ausgeschlossen ist, nämlich gerade um solche Interessenwidersprüche zu vermeiden. Hier liegt der tiefere Sinn der im Vergleich zu IAS 24 erweiterten Offenlegungspflichten hinsichtlich Geschäften mit Nahestehenden, denn man könnte das Spezialbankprinzip durch konzerninterne Geschäfte umgehen. Dies soll durch die Offenlegungspflicht zumindest erschwert werden.

5.21. IAS 31: Financial Reporting of Interests in Joint Ventures

Ein *Joint Venture* ist allgemein jede vertragliche Vereinbarung zwischen zwei oder mehr Vertragsparteien, die auf die gemeinsame Durchführung eines Geschäftes oder eines Projektes gerichtet ist. Das *Joint Venture* kann damit binnenwirtschaftlich wie schon die vorstehenden Formen ebenfalls eine Form der bürgerlichen Gesellschaft darstellen; in der Praxis werden *Joint Ventures* jedoch grenzüberschreitend zwischen verschiedenen Partnern in unterschiedlichen Ländern zur Durchführung von

Projekten geschlossen, die die Ressourcen oder Fähigkeiten eines einzelnen der Partner überschreiten. Das *Joint Venture* ist damit ein wesentliches Mittel der Internationalisierung, weil es jedem Partner erlaubt, sich den politischen oder ideologischen Zwängen in seinem Heimatbereich zu entziehen.

Das *Joint Venture* ist dem Konsortium ähnlich, unterscheidet sich aber dadurch, daß es in der Regel nicht zeitlich beschränkt ist.

Charakteristisch ist zumeist die Gründung eines Gemeinschaftsunternehmens durch die *Joint-Venture*-Partner, die ihre jeweilige rechtliche und wirtschaftliche Selbständigkeit behalten. Es entsteht damit ein Konzern mit mehreren Muttergesellschaften:

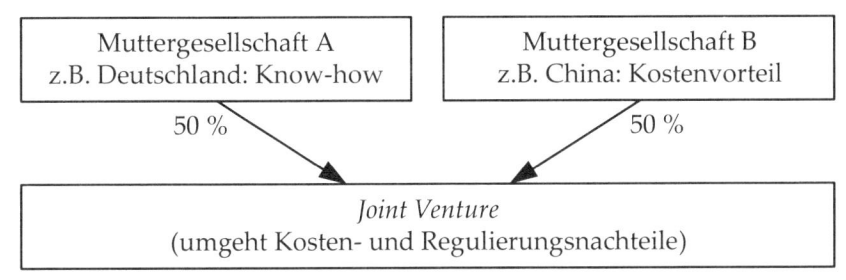

```
┌─────────────────────────┐        ┌─────────────────────────┐
│  Muttergesellschaft A   │        │  Muttergesellschaft B   │
│ z.B. Deutschland: Know-how │     │  z.B. China: Kostenvorteil │
└─────────────────────────┘        └─────────────────────────┘
            50 % ↘                        ↙ 50 %
        ┌───────────────────────────────────────────┐
        │              Joint Venture                │
        │ (umgeht Kosten- und Regulierungsnachteile)│
        └───────────────────────────────────────────┘
```

Abbildung 5.13: Das Joint Venture als Mehrmütterkonzern

Das auf diese Art ausgegliederte Unternehmen erbringt die jeweils angestrebte Leistung oder Funktion. Das *Joint Venture* ist damit auch eine Form des *Outsourcings*. *Joint Ventures* sind daher besonders im außenwirtschaftlichen Bereich häufig, oft um politisch-ideologische Beschränkungen oder einfach nur die hohen Kosten eines Wirtschaftsraumes zu umgehen. Die *Joint-Venture*-Partner sind nach Kapitaleinlage oder nach jeweiliger vertraglicher Vereinbarung an den Gewinnen, Verlusten und sonstigen Ergebnissen wie etwa Markenwert oder Forschungsergebnissen beteiligt.

IAS 31 gilt für alle Arten von *Joint Ventures*, allerdings nicht für solche, die gehalten werden von Wagniskapital-Organisationen (z.B. bei *Venture-capital*-Finanzierung) und Investmentfonds, *unit trusts* und ähnlichen Unternehmen einschließlich fondsgebundener Versicherungen. Ausnahmen bestehen zudem, wenn das *Joint Venture* zum Verkauf gehalten wird (IFRS 5) oder wenn es im Sinne des IAS 27.10 nicht konzernrechnungslegungspflichtig ist.

Der Standard unterscheidet drei grundlegende Arten von *Joint Ventures*:

- *jointly controlled operations*,
- *jointly controlled assets*,
- *jointly controlled entities*.

Jointly controlled operations (IAS 31.13 ff) sind gemeinsam betriebene Geschäftsbereiche und müssen so berichtet werden, daß über Umfang und Art der (gemeinsamen) Kontrolle und die hierfür eingegangenen

Verpflichtungen Rechenschaft abgelegt wird. Im Jahresabschluß müssen die der Verfügungsmacht des Partnerunternehmens unterliegenden Vermögenswerte, die eingegangenen Verbindlichkeiten und die getätigten Aufwendungen und anteiligen Erträge des *Joint Ventures* ersichtlich sein.

Jointly controlled assets (IAS 31.18 ff) sind gemeinsam beherrschte Vermögensgegenstände. Über diese ist auf einer *proportional basis* zu berichten, d.h., der jeweilige Anteil des Bilanzierenden ist zugrunde zu legen. Zudem müssen die im eigenen Namen eingegangenen Verbindlichkeiten, der Anteil an gemeinschaftlichen Verbindlichkeiten, die Aufwendungen und Erlöse aus dem *Joint Venture* und die Aufwendungen für das *Joint Venture* ersichtlich sein. Die anteiligen Vermögenswerte und Verbindlichkeiten werden hierbei so klassifiziert, wie diese Vermögensgegenstände und Schulden auch zu klassifizieren wären, wenn sie nicht Teil eines *Joint Ventures* wären.

Jointly controlled entities (IAS 31.24 ff) sind Gemeinschaftsunternehmen, also Unternehmen, die im Besitz mehrerer Obergesellschaften zugleich stehen. Während bei den gemeinschaftlich betriebenen Geschäftsbereichen und den Vermögensgegenständen in gemeinschaftlichem Besitz jeweils nur einzelne Elemente des Ganzen einer gemeinschaftlichen Kontrolle unterliegen, liegt hier der Mehrmütterkonzern im eigentlichen Sinne vor. In diesem Fall ist das *benchmark treatment* die nach den jeweiligen Anlagen gefertigte konsolidierte Bilanz. Eine erlaubt Alternative ist die *Equity*-Methode.

Die Ausweisvorschriften unterscheiden sich im Grunde nur hinsichtlich der Grundlage, über die berichtet wird, aber nicht hinsichtlich ihres wesentlichen Gedankens, daß nämlich jeder *Joint-Venture*-Partner anteilig seinen Anteil am Ganzen offenlegen muß. Die *equity method* ist selbst eine Methode der anteiligen Bilanzierung und unterscheidet sich nicht grundsätzlich von der *proportional basis*, die für *jointly controlled assets* zugrunde zu legen ist.

Control (Leitung) ist in allen Fällen die vertragliche Teilung der Leitungsbefugnis (IAS 31.3) und setzt stets Einstimmigkeit (»*unanimous consent*«) bei strategischen, finanziellen und operativen Entscheidung hinsichtlich des gemeinschaftlich beherrschten Objektes voraus. *Control* muß nicht in einer Kapitalbeteiligung bestehen, sondern kann auch ein »signifikanter Einfluß« sein. Wie auch schon im Beispiel der *associates* (IAS 28) kann dies auf vielerlei Art und Weise zustande kommen. So könnte eine Arbeitsgemeinschaft mehrere Generalunternehmer haben, die jeweils für sich über »signifikanten Einfluß« auf die ausführenden Firmen verfügen. Auf diese Art käme ein *Joint Venture* vom Typ »*jointly controlled entities*« zustande. Ein Konsortium kann, unter loser Leitung eines Konsortialführers, der keinen signifikanten Einfluß auf die Mitglieder des Konsortiums (die Konsorten) ausübt, einen gemeinschaftlichen Vermögensgegenstand verwalten. Hierdurch käme ein *Joint Venture* vom Typ »*jointly controlled assets*« und/oder »*jointly controlled operations*« zustande. Das ist insbesondere bei Bankenkonsortien häufig: Das Eurotunnel-Projekt beispielsweise wurde von über 200 verschiedenen Banken gemeinschaftlich finanziert. Dies ist mindestens eine gemeinschaftlich betriebene Tätigkeit.

Zweifelsfälle können sich ergeben, wenn Industrieprojekte als Konsortien strukturiert werden, ohne daß gemeinschaftlich beherrschte Unternehmen entstehen. Das betrifft meist Normierungsprojekte, bei denen die *Asset*-Eigenschaft der gemeinschaftlich erzielten Normierung zweifelhaft sein kann. Ein gutes Beispiel wäre die Standardisierung von Kommunikationsprotokollen und Seitenbeschreibungssprachen im Internet (HTML, XML oder für Geschäftszwecke XBRL). IAS 31 wäre hier nur anwendbar, wenn die jeweilige Vereinheitlichung als immaterieller Vermögensgegenstand anzusehen ist. Ähnlich ist es mit der einstigen *Trusted Computing Platform Alliance* (TCPA), die jetzt unter dem Namen »Trusted Computing Group« (TCG) die Standardisierung der »Sicherheitsarchitektur« von PCs vorantreibt. Auch hier ist die *Asset*-Eigenschaft der Standardisierung als solche möglicherweise zweifelhaft; da die Technologie des »*trusted computing*« aber auch zur Gängelung von Mediennutzern durch *Digital Rights Management* (DRM), für Kopierschutzzwecke sowie zur Zensur von Inhalten genutzt werden kann, erbringt die vereinheitlichte Systemarchitektur künftigen wirtschaftlichen Nutzen in Form von Lizenzzahlungen der Rechteinhaber, die ihre Inhalte nur noch über solcherart gesicherte Plattformen verbreiten. Anders als beispielsweise bei HTML oder CSS, die zwar standardisiert sind, aber aufgrund der Standardisierung keine Lizenzeinkünfte erbringen, könnte man also bei »trusted computing« sehr wohl von einem *Joint Venture* ausgehen.

Im Jahresabschluß müssen Geschäfte zwischen *Joint Venture* und *Joint Venturer* separat ausgewiesen werden (IAS 31.48), was im Kern eine Variante der Berichterstattung über nahestehende Parteien ist. Weiterhin muß der *Joint Venturer* seine Eventualverbindlichkeiten hinsichtlich des *Joint Ventures* separat offenlegen (IAS 31.54).

5.22. IAS 32: Financial Instruments: Disclosure and Presentation und IAS 39: Financial Instruments: Recognition and Measurement

Finanzierungsinstrumente (*financial instruments*) sind allgemein Kredite bzw. Forderungen, verzinsliche Wertpapiere, Aktien, Beteiligungen, Verbindlichkeiten und Derivate. IAS 32 und IAS 39 sind gleichmaßen anwendbar und werden daher in diesem Kapitel gemeinsam dargestellt. Während IAS 32 sich mit der Definition der *financial instruments* und ihrer Offenlegung (*disclosure*) befaßt, regelt IAS 39 den Bilanzansatz und insbesondere die Sicherungsgeschäfte (*hedge accounting*).

5.22.1. Grundlegende Definitionen

IAS 32 definiert das Finanzinstrument sehr weit als Vertrag, der gleichzeitig bei einem Unternehmen zu einem finanziellen Vermögenswert und bei einem anderen Unternehmen zu einer finanziellen Verbindlichkeit oder einem Eigenkapitalinstrument führt. Ein Eigenkapitalinstrument begründet einen Residualanspruch an den Vermögenswerten des Unternehmens nach Abzug der Schulden (IAS 32.11). Diese Definition wird in IAS 39.2 wiederholt.

Beide Standards gelten für alle Finanzinstrumente außer

- Anteile an Tochterunternehmen (IAS 27), assoziierten Unternehmen (IAS 28) und *Joint Ventures* (IAS 31),
- Verpflichtungen des Arbeitgebers seinen Arbeitnehmern gegenüber aus Altersvorsorge (IAS 19),
- Verträge mit bedingter Gegenleistung bei Unternehmenszusammenschlüssen gemäß IFRS 3,
- Versicherungsverträge gemäß IFRS 4,
- andere Finanzinstrumente nach IFRS 4 und
- *share-based payments* nach IFRS 2.

Dies bewirkt, daß eine Beteiligung an einem *associate*, die – zum Beispiel durch Kapitalerhöhung – unter die Mindestgrenze von 20 % fällt, als *financial instrument* nach IAS 32 und 39 ausweispflichtig werden kann.

Ein »*financial instrument*« ist ein Vertrag, der ein *financial asset* auf einer Seite und eine *financial liablity* auf der anderen Seite zugleich erzeugt (IAS 32.11). Unter »*financial asset*« versteht der Standard Bargeld, Anteilsscheine anderer Unternehmungen, das vertragliche Recht, Geld oder Finanzvermögen von einer anderen Unternehmung zu beziehen oder mit ihr auszutauschen, oder einen Vertrag, der in den eigenen Anteilsscheinen der Unternehmung beglichen werden wird oder kann.

Neben Bar- und Buchgeld umfaßt diese Definition Wechsel und Schecks, aber auch die Zession bei Darlehen und Forderungen, Wandelschuldverschreibungen und Aktien, zudem auch Optionen und Termingeschäfte.

Zu einem »*financial instrument*« werden diese aber nur, wenn auf der jeweils anderen Seite auch eine Finanzverbindlichkeit entsteht. Eine solche besteht in der vertraglichen Verpflichtung, Geld oder andere Finanzinstrumente zu liefern oder den Vertrag durch Hingabe eigener Anteilsscheine zu erfüllen.

Beispiel: Ein Kunde kauft bei einem Händler Waren. Da dieser das Geschäft absichern will, zieht er als Geldgläubiger einen Wechsel auf den Kunden. Diese Tratte wird vom Kunden akzeptiert. Der Wechsel ist insofern ein Nebengeschäft zum Warenhandelsgeschäft, was auch daran ersichtlich wird, daß der Wechseldiskont den Umsatzsteuersatz der Ware teilt, weil Nebenleistungen steuerlich das Schicksal der Hauptleistung teilen. Dieser Teil des Geschäftes hat zwar mit einem Wertpapier zu tun, bedingt aber kein *financial instrument* im Sinne des IAS 32.

Der Händler gibt jedoch das Akzept an seinen Lieferanten weiter; dieser indossiert den Wechsel erneut, bis er schließlich vom letzten Wechselinhaber zur Zahlung vorgelegt wird. Alle diese Geschäfte fallen unter IAS 32, weil ihnen kein Warenhandels- oder sonstiges Realgeschäft mehr direkt zugrunde liegt, sondern bei jeder Wechselweitergabe auf einer Seite ein *financial asset*, auf der anderen Seite jedoch eine *financial liability* entsteht:

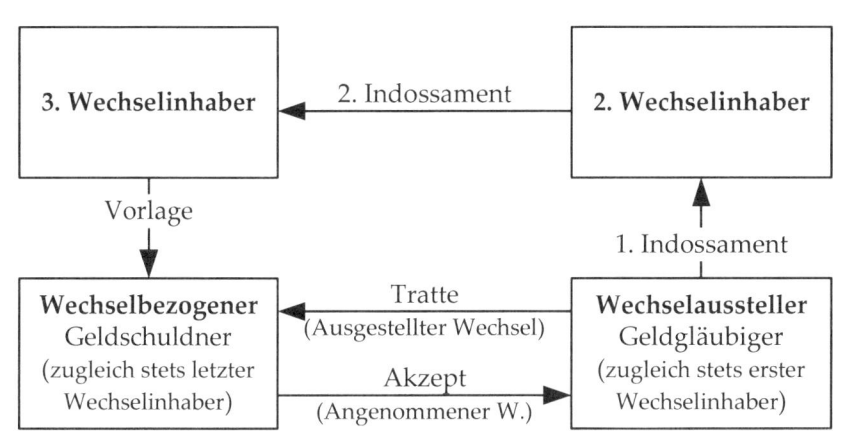

Abbildung 5.14: Grundmodell der Wechselweitergabe

IAS 32 gilt ausdrücklich auch für Verträge über den Kauf oder Verkauf von nichtfinanziellen Vermögenswerten, die in Bar- oder Buchgeld oder durch Hingabe anderer Finanzinstrumente bezahlt werden können (IAS 32.8). Das ist eine wichtige Erweiterung des Geltungsbereiches, denn es stellt klar, daß schon der Ausweis des Besitzwechsels auf seiten des Wechselausstellers im vorstehenden Beispiel unter IAS 32 fällt, denn die verkaufte Ware wurde mit einem *financial instrument* bezahlt. Darlehensverträge oder Wechsel beispielsweise sind also nur dann Finanzinstrumente im Sinne dieses Standards, wenn sie ge- oder verkauft werden. Sie unterliegen nicht dem IAS 32, wenn sie erstmalig eingegangen werden bzw. entstehen.

Beispiel: Ein Kunde kauft eine Ware auf Ziel. Hierdurch entsteht eine Verbindlichkeit, aber die Zahlung durch Wechsel sei nicht vereinbart. Insofern hat die Sache also – anders als das vorstehende Wechselbeispiel – nichts mit IAS 32 zu tun. Der Verkäufer tritt die Forderung jedoch an eine *Factoring*-Firma ab, die das Forderungsmanagement und das Inkasso übernimmt. Insofern entsteht eine Finanzverbindlichkeit, die durch Bargeld oder durch andere Finanztitel beglichen werden kann. Der Fall der Forderungsabtretung ist damit im Geltungsbereich des IAS 32.

5.22.2. Häufige Arten von Financial Instruments

Der Ausweis der Finanzinstrumente muß grundsätzlich nach ihrem wirtschaftlichem Gehalt erfolgen, was den *Materiality*-Grundsatz konkretisiert (IAS 32.15). Für verschiedene Arten von Finanzinstrumenten sind entsprechende Vorschriften gegeben. So müssen Zinsen, Dividenden, Verluste und Gewinne im Zusammenhang mit Finanzinstrumenten erfolgswirksam erfaßt werden; die Transaktionen mit Anteilseignern sind jedoch direkt im Eigenkapital auszuweisen (IAS 32.35). Sie gehen also nicht den »üblichen« Weg über die GuV-Rechnung, was am HGB geübten Buchhaltern oft Schwierigkeiten bereitet. Eigene Anteile werden nicht erfolgswirksam erfaßt, sondern sind vom Eigenkapital abzuziehen (IAS 32.33), was einer Verrechnung (*offsetting*) gleichkommt. Würde eine Unternehmung mit 10.000 eigenen Anteilen (die wir der Einfachheit halber zu einem Nennwert von 1 €/Stück annehmen) also 100 eigene Anteile erwerben, so müßte die Situation direkt nach dem Kauf

Aktiva	Bilanz nach Erwerb eigener Anteile		Passiva
Eigene Anteile	100	Grundkapital	10.000

durch Verrechnung folgendermaßen ausgewiesen werden:

Aktiva	Verrechnete eigene Anteile		Passiva
		Grundkapital	9.900

Die IFRS kennen keine Beschränkung der maximal zulässigen Anzahl der eigenen Anteile; eine solche Restriktion findet sich jedoch stets im nationalen Recht. Im Aktienrecht ist nach § 71 Abs. 1 AktG der Erwerb eigener Anteile nur zulässig,

1. um einen schweren, unmittelbar bevorstehenden Schaden von der Gesellschaft abzuwenden,
2. um Mitarbeiteraktien auszugeben,
3. um Aktionäre abzufinden, z.B. nach § 305 Abs. 2, § 320b oder nach § 29 Abs. 1, § 125 Satz 1 i.V.m. § 29 Abs. 1, § 207 Abs. 1 Satz 1 UmwG,
4. bei unentgeltlichem Erwerb (selten) oder Einkaufskommission bei Banken (häufig),
5. durch Gesamtrechtsnachfolge,
6. aufgrund eines Beschlusses der Hauptversammlung zur Einziehung nach den Vorschriften über die Herabsetzung des Grundkapitals,
7. für Zwecke des Wertpapierhandels bei Banken und Finanzdienstleistern, auf Beschluß der Hauptversammlung und
8. aufgrund einer Ermächtigung durch die Hauptversammlung zum Zwecke der Kapitalherabsetzung durch Einziehung.

Aus eigenen Aktien stehen ferner der Gesellschaft keine Teilhaberrechte zu (§ 71b AktG). Umgehungsgeschäfte sind verboten (§ 71a AktG). Hauptzweck dieser vergleichsweise restriktiven Regelung ist der Gläubigerschutz. Die IFRS kennen keine so engen Regelungen, aber sehr weitgehende Offenlegungspflichten, so daß der Abschlußleser über den Besitz eigener Anteile informiert sein kann.

Abgesehen von diesen Fällen des *offsetting* sind Verrechnungen jedoch verboten (IAS 32.42), es sei denn, die Unternehmung hat einen Rechtsanspruch auf Verrechnung (*legal right to set off*) und beabsichtigt, einen Ausgleich auf Nettobasis herbeizuführen oder gleichzeitig mit der Verwertung des Vermögenswertes die Schulden abzulösen.

5.22.3. Derivate

Eine weitere häufige Klasse von Finanzinstrumenten sind Derivate, die zu Handels- oder zu Sicherungszwecken gehalten werden. Die Bedeutung der derivativen Absicherung von Geschäften nimmt auch für »traditionelle« Unternehmen der »*old economy*« immer weiter zu; durch den Emissionshandel sind alle Unternehmen, die der Energierationierung unterliegen, zur Teilnahme am Derivatmarkt gezwungen.

Ein Derivat wird in den IFRS ähnlich wie in § 1 Abs. 1 Satz 4 KWG definiert als ein Finanzinstrument,

- dessen Wert sich infolge einer Zins- oder Marktpreisänderung selbst verändert,
- das ohne Anschaffungsauszahlung erworben werden kann und
- das zu einem künftigen Zeitpunkt beglichen wird, also »auf Termin« lautet.

Die meisten Derivate sind damit auf einen zukünftigen Termin lautende Optionen auf den Kauf oder Verkauf von

- Rohstoffen (z.B. auch Treibstoffen, Öl),
- Währungen (zur Sicherung von Fremdwährungsgeschäften),
- Darlehen zu bestimmten Zinsen (Zinsoptionen) und
- Kapazitäten (z.B. Transportkapazitäten).

Kaufoptionen werden hier als »*calls*« und Verkaufsoptionen als »*puts*« bezeichnet. Klassische Termingeschäfte sind Kauf- oder Verkaufaufträge auf Termin (»*futures*«) an Terminbörsen oder im »*Over-the-counter*-Handel« mit Banken (»*forwards*«). Zinstermingeschäfte (»*forward rate agreements*«) beziehen sich auf die Erstattung der Differenz zwischen festen und variablen Zinsen; »*swaps*« beziehen sich auf mehrere Zinsperioden und »*caps*« oder »*floors*« richten sich auf die Begrenzung des Zinsänderungsrisikos nach oben oder unten.

IAS 32
IAS 39

Derivate können grundsätzlich zu zwei verschiedenen Zwecken gehalten werden:

- zur Absicherung eines zugrundeliegenden Realgeschäfts oder
- zur Spekulation.

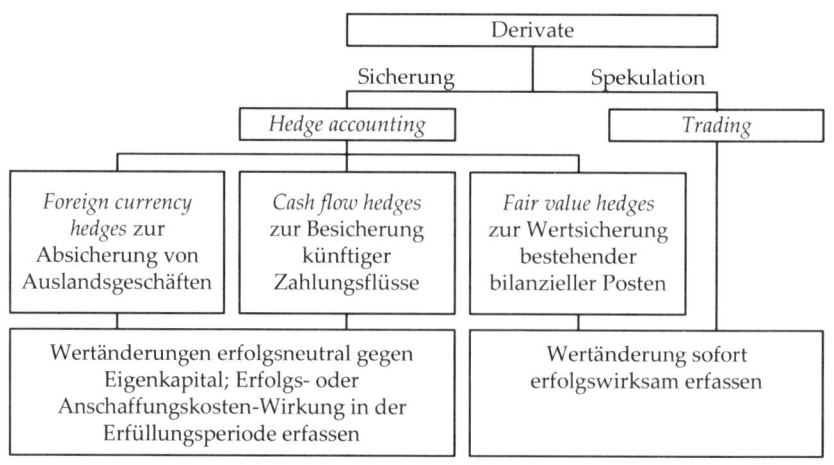

```
                          Derivate
                    Sicherung    Spekulation
                 Hedge accounting    Trading

  Foreign currency    Cash flow hedges    Fair value hedges
  hedges zur          zur Besicherung     zur Wertsicherung
  Absicherung von     künftiger           bestehender
  Auslandsgeschäften  Zahlungsflüsse      bilanzieller Posten

  Wertänderungen erfolgsneutral gegen     Wertänderung sofort
  Eigenkapital; Erfolgs- oder             erfolgswirksam erfassen
  Anschaffungskosten-Wirkung in der
  Erfüllungsperiode erfassen
```

Abbildung 5.15: Arten von Derivaten

Beispiel: Ein Unternehmen benötigt für einen bestimmten Kundenauftrag eine bestimmte Menge eines Rohstoffes. Da der Zeitraum der Ausführung dieses Auftrages noch nicht hundertprozentig gewiß ist, möchte die Geschäftsleitung die durch den Rohstoff entstehenden Kosten absichern. Sie erwirbt daher einen Terminkontrakt, der die Lieferung des Rohstoffes zu einem zuvor vereinbarten Preis vorsieht. Offensichtlich sichert das das Preisrisiko des Geschäftes ab. Allerdings ist der Terminpreis bei Erwartung eines Preisanstieges meist höher als der gegenwärtige Börsen- oder Marktpreis. Liegt der tatsächliche Marktpreis zum Liefertermin über dem Kontraktpreis, so hat der Vertragspartner einen Verlust gemacht. Liegt er darunter, so hat die Unternehmung einen Verlust erwirtschaftet. In jedem Fall handelt es sich um ein Sicherungsgeschäft im engeren Sinne.

Weiteres Beispiel: Der Terminkontrakt aus dem vorstehenden Beispiel ist handelbar. Er kann, ohne daß die zugrundeliegenden Rohstoffe gekauft werden, veräußert werden. Eine andere Unternehmung kann den Terminkontrakt in der Hoffnung erwerben, der Wert des Rohstoffes entwickele sich in eine bestimmte Richtung. Das führt auch zu einer entsprechenden Marktpreisveränderung des Terminkontraktes. Dieser Fall beschreibt ein Spekulationsgeschäft; der zugrundeliegende Rohstoff ist nicht mehr interessant. Aus dem Sicherungsgeschäft ist ein Spekulationsgeschäft geworden.

Spekulationen dieses Typs gelten als wesentlich für den Anstieg des Ölpreises in den letzten Jahren. Das ändert zwar nichts an der Tatsache, daß den größten Anteil des Preises eines Liters Benzin noch immer die Mineralölsteuer ausmacht, die selbst – wie der eigentliche Wert der Ware – zur Bemessungsgrundlage der Umsatzsteuer gehört, schadet aber dennoch dem produktiven Sektor und führt zur Vernichtung von Arbeitsplätzen.

Ein besonderes Problem sind *embedded derivatives*. Hierunter versteht man Derivate, die als Teil eines nichtderivativen Grundvertrages (*host contract*) auftreten. Diese sollen vom Rahmenvertrag getrennt und separat bilanziert werden (IAS 39.10 ff). Das findet sich insbesondere häufig bei sogenannten hybriden Finanzinstrumenten, die Eigenkapital- und Schuldinstrumente kombinieren. Ein gutes Beispiel hierfür ist die Wandelanleihe; auch eine Indexanleihe, deren Rückzahlungsbetrag von einem Aktienindex abhängt, wäre ein solcher Fall. Sie wäre wirtschaftlich in eine reguläre Anleihe mit fixem Rückzahlungsbetrag und in ein Termingeschäft auf den Aktienindex zu zerlegen. *Embedded derivatives* sind auch im Zusammenhang mit Versicherungsverträgen häufig und werden unten im Zusammenhang mit IFRS 4 dargestellt. IFRS 4 hat die grundlegenden Regelungen des IAS 39 für diesen Zweck übernommen.

5.22.4. Sicherungsgeschäfte

Bei derivativen Geschäften, die der Absicherung zugrundeliegender Realgeschäfte dienen, unterscheidet man drei hauptsächliche Formen:

- *foreign currency hedges* dienen der Absicherung von Auslandstransaktionen durch Sicherung des Wechselkurses,
- *cash flow hedges* dienen der Absicherung künftiger Zahlungsströme durch Sicherung von Warenpreisen oder Zinssätzen und
- *fair value hedges* dienen der Wertsicherung bestehender Posten.

Die Sicherungsbeziehung muß fünf Bedingungen erfüllen (IAS 39.88):

- zu Beginn der Absicherung sind sowohl die Sicherungsbeziehung als auch die Riskomanagement-Zielsetzungen und -Strategien des Unternehmens hinsichtlich der Absicherung festzulegen und zu dokumentieren,
- die Absicherung muß als wirksam eingeschätzt werden,
- bei Absicherung von Zahlungsströmen muß eine der Absicherung zugrundeliegende erwartete künftige Transaktion eine hohe Eintrittswahrscheinlichkeit haben,
- die Wirksamkeit der Sicherungsbeziehung muß zuverlässig bestimmbar sein sowie

- fortlaufend beurteilt und als tatsächlich wirksam eingeschätzt werden.

5.22.5. Bewertung und bilanzieller Ausweis

Gemäß IAS 39.10 müssen die Finanzinstrumente eines Unternehmens in einer der folgenden vier Kategorien geführt werden:

- *held-for-trading*: alle *financial instruments*, die zur kurzfristigen Spekulation gehalten werden, bei denen die Absicht besteht, aus kurzfristigen An- und Verkäufen einen Gewinn zu erzielen;
- *held-to-maturity*: alle *financial instruments*, die bis zur Endfälligkeit gehalten werden; Darlehen und Forderungen der Gesellschaft gehören jedoch nicht dazu. Zur Klassifizierung in diese Kategorie gehört auch, daß das Wertpapier eine feste Zahlung zur Endfälligkeit und einen bekannten Verfallstermin besitzt;
- Darlehen und Forderungen der Gesellschaft bilden insofern einen Sonderfall und sollen separat klassifiziert werden;
- *available-for-sale*: alle anderen Formen von *financial instruments*, die in keine der vorstehenden Kategorien gehören.

Die Einordnung in eine der genannten Kategorien muß vorgenommen werden, wenn das Objekt erstmalig bilanziert wird (IAS 39.27). Umwidmungen zu späterer Zeit sind grundsätzlich möglich, aber nur unter vergleichsweise engen Bedingungen:

- Umwidmung von »*held-for-trading*« nach »*available-for-sale*« oder »*held-to-maturity*«: Hier greift das Umwidmungsverbot gemäß IAS 39.107, da die erstmalige Zuordnung zu dieser Kategorie auf einer entsprechenden Zielsetzung beim Ersterwerb basierte.
- Umwidmung von »*available-for-sale*« nach »*held-for-trading*«: Analog zu IAS 39.92 b sind Wertänderungen, die bisher erfolgsneutral erfaßt wurden, im Rahmen der Umwidmung in »übriges Eigenkapital« zu belassen, bis das Wertpapier schließlich veräußert wird. Wurden Wertänderungen bisher schon erfolgswirksam verbucht, ergibt sich keine Änderung.
- Umwidmung von »*available-for-sale*« nach »*held-to-maturity*«: Wertänderungen, die bisher erfolgsneutral erfaßt wurden, sind in Anlehnung an IAS 39.92 a in »übriges Eigenkapital« zu amortisieren. Wurde bereits vorher erfolgswirksam vorgegangen, ergeben sich keine Auswirkungen.
- Umwidmung von »*held-to-maturity*« nach »*held-for-trading*«: Unrealisierte Gewinne oder Verluste, die bisher nicht erfaßt worden sind, müssen aufgedeckt werden, weil das Ziel des Haltens bis zur Endfälligkeit fortfällt (IAS 39.90 i.V.m. IAS 39.103).

- Umwidmung von »*held-to-maturity*« nach »*available-for-sale*«: Unrealisierte Gewinne oder Verluste, die bisher nicht erfaßt worden sind, können nach Wahl der Unternehmung erfolgswirksam oder erfolgsneutral behandelt werden (IAS 39.90 i.V.m. IAS 39.103); eine erfolgswirksame Behandlung findet jedoch spätestens bei tatsächlichem Verkauf statt.

Müssen beispielsweise aufgrund eines Liquiditätsengpasses »*held-to-maturity*«-*financial instruments* dennoch vorzeitig verkauft werden, so kann eine Umgruppierung des gesamten »*Held-to-maturity*«-Bestandes in die Kategorie »*available-for-sale*« oder »*held-for-trading*« erforderlich werden. Zudem muß eine Rückumwidmung in »*held-to-maturity*« für eine »geraume Zeit« unterbleiben (IAS 39.83 ff). Nach herrschender Meinung und aufgrund von IAS 39.83 wird hierbei von einem Zweijahreszeitraum ausgegangen. Die Umklassifizierung in »*available-for-sale*« oder »*held-for-trading*« kann unterlassen werden, wenn

1. es sich bei den veräußerten Papieren nur um einen »unwesentlichen Teil« des gesamten »*held-to-maturity*«-Bestandes (unter 10 %) handelt;
2. die betreffenden *financial instruments* erst kurz vor dem Ende der Laufzeit veräußert werden, so daß Marktzinsvariationen der restlichen Laufzeit keinen wesentlichen Einfluß mehr haben können;
3. die bislang erhaltenen Zahlungseingänge im wesentlichen dem vereinbarten Rückzahlungsbetrag entsprechen oder
4. der Verkauf vor der eigentlichen Fälligkeit in Folge eines weder vorhersehbaren noch durch die Unternehmung beeinflußbaren einmaligen Ereignisses wie der plötzlichen, deutlichen Verschlechterung der Bonität eines Schuldners erforderlich wird.

In der Erstbewertung müssen Finanzinstrumente zum beizulegenden Zeitwert (*fair value*) plus direkt zurechenbare Transaktionskosten bewertet werden (IAS 39.43). In der Folgebewertung dürfen Transaktionskosten für die Veräußerung von Finanzvermögensgegenständen nicht subtrahiert werden (IAS 39.46).

Ganz offensichtlich stellen *Financial instruments* einen besonderen Risikofaktor dar. IAS 32.56 ff schreiben daher eine umfangreiche Risikoberichterstattung vor. Insbesondere muß die Unternehmung ihre Risikomanagement-Ziele und Sicherungspolitik für jede Art von Geschäft, für welches derivative *Hedge*-Transaktionen angewandt wurden, offenlegen. Dies umfaßt

- eine Beschreibung jeder Kategorie von Sicherungsgeschäften,
- eine Beschreibung der angewandten Sicherungsgeschäfte,
- eine Beschreibung des abgesicherten Risikos und
- für alle *cash flow hedges* die Periode der Fälligkeit und den erwarteten Gewinn oder Verlust.

Die Risiken, die berichtet werden müssen, sind

- das Marktrisiko, welches das Währungsrisiko, das Bewertungsrisiko (*fair value risk*) und das Preisrisiko umfaßt,
- das Kreditrisiko,
- das Liquiditätsrisiko hinsichtlich der Zahlungsfähigkeit der Unternehmung und
- das *cash flow*-Zinsrisiko künftiger Schwankungen bestehender *financial instruments* aufgrund von Zinsfluktuationen.

Zudem müssen Gewinn und Verluste in bezug auf *hedges* ausgewiesen werden (IAS 32.59) und für alle *financial assets* und *liabilities* die ihnen zugrundeliegenden Bedingungen.

5.23. IAS 33: Earnings per Share

Ziel dieses Standards ist die Darstellung der Ertragskraft der Anteilsscheine, um die Vergleichbarkeit zwischen den Perioden und zwischen Unternehmen zu verbessern.

Der Standard unterscheidet zwischen *basic earnings per share* und *diluted earnings per share*. *Basic earnings per share* kommt zustande, wenn der Jahresüberschuß oder Jahresfehlbetrag eines Berichtsjahres durch die gewichtete Anzahl der im Handel befindlichen Anteilsscheine dividiert wird. Der Jahresüberschuß oder -fehlbetrag soll hierbei nur den Anteil des Gewinnes oder Verlustes berücksichtigen, der auf die gewöhnlichen Stammaktien entfällt; Vorzugsdividenden, die etwa auf Vorzugsaktien entfallen, sollen zuvor abgezogen und nicht in diesem Wert berücksichtigt werden. Die Gewichtung soll Veränderungen der Anzahl der Aktien über den Berichtszeitraum reflektieren. Hierzu enthält IAS 33.15 das folgende Beispiel:

Datum	Fall	Ausgegebene Aktien	Eigene Anteile	Kursierend
01.01.20xx	Anfangsstand	2.000	300	1.700
31.05.20xx	Emission	800	-	2.500
01.12.20xx	Kauf eigener Anteile	-	250	2.250
31.12.20xx	Endstand	2.800	550	2.250

Die Bestimmung der gewichteten Anzahl der Aktien wäre hier: (1.700 × 5/12) + (2.500 × 6/12) + (2.250 × 1/12) = 2.146 Anteile. Durch diesen Wert müßte der Jahresüberschuß oder Jahresfehlbetrag der Berichtsperiode dividiert werden. Daß die Anzahl der eigenen Aktien in diesem Beispiel mit deutschem Recht unvereinbar wäre, ist für die Sache zunächst unerheblich.

Diluted earnings per share kommt zustande, wenn Finanzierungsinstrumente berücksichtigt werden, die in Aktien umgetauscht werden können. Das betrifft beispielsweise die Wandelschuldverschreibungen, bei

Beispiel: Basic und Diluted Earnings per Share		
Jahresüberschuß		1.004 €
Kursierende Stammaktien		1.000 Stück
Basic Earnings per Share		1,00 €/Stück
Wandelschuldverschreibungen:		100 Stück
(Jeweils 10 Wandelschuldverschreibungen seien umtauschfähig in 3 Stammaktien)		
Zinsaufwendungen für Wandelschuldverschreibungen:		10 €
Steuerersparnis für diese Zinsaufwendungen:		4 €
Korrigierter Jahresüberschuß:	1.005 + 10 − 4 =	1.010 €
Durch Umtausch auszugebende Aktien:		30 Stück
Anteil Stammaktien für die Diluted-Berechnung:	1.000 + 30 =	1.030 Stück
Diluted Earnings per Share:	1.010 € / 1.030 Stück =	0,9805825 €/Stück

Der Diluted-Wert ist auch bei Vorhandensein von Aktienoptionen bedeutsam, wie das folgende Beispiel aus IAS 33.35 zeigt (eigene Übersetzung, leicht verändert):

Jahresüberschuß		1.200.000 €
Kursierende Stammaktien (gewichtet):		500.000 Stück
Durchschnittswert einer Stammaktie im Berichtszeitraum:		20,00 €/Stück
Anzahl Aktienoptionen (gewichtet):		100.000 Stück
Kaufpreis für Optionsrecht:		15,00 €/Aktie

Berechnung:	Per Share	Earnings	Shares
Jahresüberschuß		1.200.000 €	
Kursierende Stammaktien			500.000 Stück
Basic Earnings per Share	2,40 €/Stück		
Aktienoptionen			100.000 Stück
Resultierende Emission			75.000 Stück
(100.000 × 15) / 20			
Diluted Earnings per Share	2,08696 €/Stück	1.200.000 €	575.000 Stück

Abbildung 5.16: Basic und Diluted Earnings per Share

denen es sich um Anleihen (also Schuldverschreibungen) handelt, die in Aktien umtauschbar sind. »*Diluted*« meint, daß der auch auf diese Finanzierungsinstrumente entfallende Gewinn oder Verlust der Periode berücksichtigt werden muß. Hierzu gibt IAS 33.27 das folgende Zahlenbeispiel.

Basic- und *Diluted*-Werte sollen auf der GuV-Rechnung präsentiert werden. Sind verschiedene Aktiengattungen ausgegeben worden, so sollen diese Berechnungen für jede Gattung von Anteilsscheinen separat ausgeführt werden.

Durch die Angabe des *Diluted*-Wertes wird der Jahresabschluß aussagekräftiger und informativer. Er sagt nun aus, welchen Wert ein Anteilsschein verdient hätte, wenn Options- oder Umtauschrechte ausgeübt worden wären.

5.24. IAS 34: Interim Financial Reporting

Ein *interim financial report* ist ein Zwischenabschluß, der unterjährig aus verschiedenen Anlässen wie etwa dem Verkauf des Unternehmens oder der Erhohung der Klarheit und Transparenz erstellt werden könnte. Dieser Standard enthält die speziellen Regelungen für diese besondere Form des Jahresabschlusses. Dabei wird nicht vorgeschrieben, unter welchen Umständen überhaupt ein Zwischenabschluß erforderlich ist: Dies wird den jeweiligen örtlich relevanten Gesetzgebern oder praktischen Gegebenheiten überlassen. IAS 34 rät aber öffentlichen Unternehmen, jeweils zur Jahresmitte innerhalb von 60 Tagen eine Zwischenbilanz vorzulegen.

Der Standard definiert den Mindestumfang eines Zwischenabschlusses als *condensed balance sheet*, *condensed income statement* und *condensed cash flow statement* (IAS 34.8). Diese müssen sich in ihrer Struktur nach den »normalen« Abschlüssen gemäß IAS 1 richten (IAS 34.9–10), können vom Umfang her aber nach verschiedenen Kriterien reduziert werden. Die auf den »normalen« Jahresabschluß angewandten Bewertungsmethoden und sonstigen *accounting policies* müssen auch in einem *interim financial report* beibehalten werden (Grundsatz der Stetigkeit).

Die *notes* zu einem *interim financial report* können ebenfalls reduziert werden und werden als Update zum vorausgehenden vollständigen Jahresabschluß betrachtet. IAS 34.16 enthält einen Mindestumfang an Anhangangaben, der im Zwischenbericht darzustellen ist.

Um die Investoren und Kapitaleigner besser zu informieren, muß über regelmäßige und unregelmäßige *cash flows* besonders Rechenschaft abgelegt werden. Aus dem gleichen Grund fordert dieser Standard, besondere Ereignisse separat offenzulegen. Kosten und Aufwendungen, die über das Jahr verteilt und auch noch unregelmäßig anfallen, sind innerhalb des Jahres abzugrenzen (IAS 34.39). Hierfür gibt es eine Vielzahl von Beispielen, die im Anhang B zu diesem Standard erläutert werden: So wären beispielsweise jährliche Zahlungen von Arbeitgebern an ihre Arbeitnehmer zu antizipieren. Gleiches gilt für Urlaubstage und andere Formen der bezahlten Abwesenheit. Größere Reparatur- oder saisonmäßige Instandsetzungsarbeiten, die am Ende des Geschäftsjahres auftreten, dürfen hingegen nur vorweggenommen werden, wenn ihnen eine rechtliche Verpflichtung zugrunde liegt. Dies entspricht der Vorschrift über die Bildung von Rückstellungen. Aus demselben Grund dürfen auch Boni nur antizipiert werden, wenn ihnen ein Rechtsgrund zugrunde liegt und eine Schätzung zuverlässig möglich ist. Für Pensionen und Renten müssen die bekannten versicherungsmathematischen Verfahren auch innerhalb des Jahres angewandt werden. Der Standard läßt sich aber nicht dazu aus, ob dies mit monatlichen Zinsterminen oder Bruchteilen eines einzigen jährlichen Termins zu geschehen habe. Der Grundsatz, daß die auf den Jahresabschluß geltenden Prinzipien auch für den Zwischenabschluß gelten sollen, kann aber so interpretiert werden, daß, wenn im Jahresabschluß mit einem jährlichen Zinstermin abgerechnet wird, dies auch innerhalb des Jahres zu geschehen habe.

Schwieriger kann die Anwendung des Stetigkeitsgrundsatzes zwischen Jahres- und Zwischenabschluß bei Größen sein, die sich teilweise oder weitgehend der Kontrolle des Unternehmens entziehen, zum Beispiel bei der Ertragsbesteuerung. Offensichtlich ist, daß erwartete jährliche Steuerschulden über das Jahr verteilt werden müssen: Erwartet das Unternehmen beispielsweise eine Ertragsbesteuerung von 10.000, so entfielen auf jedes Quartal 2.500. Hier kann es aber zu unterjährigen Änderungen der Prognosen kommen, die zu Änderungen im Zwischenbericht führen: So erwarte eine Unternehmung im ersten Quartal einen Gewinn für das laufende Jahr, der eine Steuer von 1.500 bewirken werde; nach dem ersten Quartalsabschluß wird aber durch den Vorjahresabschluß ein Verlust festgestellt, der zu einer Minderung der Steuer um gerade diese 1.500 berechtigt (d.h., Vorjahresverlust und Berichtsjahresgewinn gleichen einander zu null aus). Diese Differenz wäre als Steuerguthaben (*tax credit*) in den drei Folgequartalen auszuweisen:

Quartal	1	2	3	4
Steuerausweis	+1.500	−500	−500	−500

Das entspricht der Umgehensweise mit *tax credits*, die manche Staaten den Unternehmungen aufgrund anderer Sachverhalte wie Forschung und Entwicklung oder politischem Wohlverhalten gewähren.

Unterscheiden sich schließlich das Geschäftsjahr und das steuerliche Jahr (*fiscal year*), soll sich die Schätzung in den Zwischenperioden jeweils auf das steuerliche Jahr beziehen, in das die Zwischenperioden fallen.

Auch im Produktionsbereich gibt es eine Vielzahl von speziellen Problemen der Zwischenberichterstattung. So sollen auch beim Umlaufvermögen die Prinzipien des Jahresabschlusses auf den Zwischenabschluß übertragen werden. Marktpreise und Fertigstellungskosten, die für die Anschaffungs- oder Herstellungskostenbewertung erforderlich sind, sollen sich dabei auf den Zwischenberichtstermin beziehen. Entsprechende Preisänderungen dürfen aber nicht innerhalb des Jahres abgegrenzt werden, weil sie in den restlichen Perioden zu unrealistischen Bewertungen führen würden. Sie sind daher als unterjährige Aufwendungen oder Erträge zu erfassen. Gleiches gilt für Währungsgewinn oder -verluste im Zusammenhang mit dem Umlaufvermögen.

Die Abschreibung schließlich soll nur die Anlagen umfassen, die zum Zwischenberichtstermin vorhanden sind und keine Käufe später im Berichtsjahr vorwegnehmen; wie nichtlineare Methoden der Abschreibung (z.B. degressiv, digital) unterjährig abzugrenzen sind, erklärt der Standard jedoch nicht. Der Autor empfiehlt die lineare Verteilung der für das Jahr berechneten Abschreibung auf die Zwischenperioden, auch dann, wenn der Jahreswert der Abschreibung des Berichtswertes nicht dem des Vor- oder Folgejahres entspricht.

5.25. IAS 36: Impairment of Assets

Impairment ist der Begriff für die Wertminderung oder Wertbeeinträchtigung von Vermögensgegenständen (*assets*) im Rahmen der IAS. Die Regelungen finden sich in IAS 36 und entsprechen in etwa den Bewertungsvorschriften der §§ 253, 255 HGB und § 6 Abs. 1 Nr. 1 und 2 EStG, sind aber weitaus differenzierter.

Da das oberste Prinzip der IAS die Vermittlung eines den tatsächlichen Verhältnissen entsprechenden Bildes ist, muß der Bilanzierungspflichtige zunächst den wertgeminderten Vermögensgegenstand identifizieren (IAS 36.7 ff). Dann folgen Vorschriften über die einzelnen dem Vermögensgegenstand beizulegenden Werte.

Die Anwendung des Standards kann grundsätzlich jederzeit erfolgen, wenn Grund zur Annahme einer Wertminderung besteht; für Anlagevermögensgegenstände (IAS 16.59) und für immaterielle Vermögensgegenstände (IAS 38.101 f) ist jedoch eine jährliche Wertprüfung vorgeschrieben (*impairment test*).

5.25.1. Identifikation des wertgeminderten Vermögensgegenstandes

Hierzu ist zunächst eine Erfassung relevanter Informationen erforderlich. Der Bilanzierende hat dabei selbst die Wahl der herangezogenen Informationsquellen, was der *true and fair view presentation* dient. Man spricht in diesem Zusammenhang auch vom sogenannten »*impairment test*«; dieser ist für immaterielle Wirtschaftsgüter jährlich vorgeschrieben (IAS 38.101).

Man unterscheidet gemäß IAS 36.12 externe und interne Informationsquellen. Externe Informationsquellen sind:

- Marktwert während der Rechnungsperiode,
- den Zielen der Unternehmung entgegenwirkende Entwicklungen,
- Zinssätze oder andere relevante Marktgrößen, die den für den Gegenstand erzielbaren Wert beeinträchtigen,
- Verringerung des *carrying amounts* (Zeitwertes) der *assets* der berichtenden Gesellschaft unter ihre Marktkapitalisierung.

Interne Informationsquellen sind:

- Veralten oder physikalische Unbrauchbarkeit eines Vermögensgegenstandes,
- Pläne, den Gegenstand anders oder gar nicht mehr zu benutzen, die auch Restrukturierung oder Beendigung von Geschäftsbereichen umfassen können,
- Verschlechterung der wirtschaftlichen Leistung des betrachteten Vermögensgegenstandes.

Die vorstehenden Listen werden in IAS 36.13 ausdrücklich als nicht abschließend bezeichnet. Der Bilanzierende kann beliebige weitere Sachverhalte auffinden und entsprechend zur Bemessung einer Wertbeeinträchtigung heranziehen.

Hauptmaß für die tatsächliche Wertminderung ist insbesondere der durch den Vermögensgegenstand vermittelte *cCash flow* (IAS 36.14); insofern denken die IAS wiederum zahlungsorientiert und kennen keinen Kosten- oder Leistungsbegriff deutschen Zuschnittes.

Betrachtungsgegenstand bei der Bemessung einer Wertminderung ist ein einzelner Vermögensgegenstand (*asset*); aufgrund der Zahlungsorientierung ist jedoch oft die Bemessung in Geld erforderlich. Das setzt voraus, daß Zahlungen Vermögensgegenständen zuzuordnen sind. Da das nicht immer einfach ist, definiert IAS 36.6 das »*cash generating unit*« als kleinste Einheit mehrerer *assets*, die durch ihre Benutzung einen Geldzufluß an die Unternehmung erzeugen, der von anderen Vermögensgegenständen weitgehend unabhängig ist. Diese Definition ist auch ähnlich der Kostenstelle, und die Kostenstellenrechnung an den *cash generating units* auszurichten kann einen Synergieeffekt bedingen.

5.25.2. Grundgedanken der Bewertung

Grundlage der *Impairment*-Betrachtung ist der *recoverable amount*. Hierunter versteht der Standard den jeweils höheren Betrag aus dem Nettoverkaufswert und dem *value in use* des Vermögensgegenstandes (IAS 36.18). Nettoverkaufswert ist in diesem Zusammenhang der unter Marktbedingungen und unter sachkundigen Vertragsparteien durch Verkauf erzielbare Wert abzüglich der eventuellen Kosten der Entsorgung. *Value in use* ist der Barwert, der aufgrund zukünftiger erwarteter Zahlungszu- und -abflüsse sich durch die Kapitalwertmethode ergibt, wobei ebenfalls der Entsorgungswert am Schluß der erwarteten Lebenszeit des Vermögensgegenstandes zu betrachten ist. Dies entspricht entfernt dem »beizulegenden Wert« des § 253 Abs. 2 Satz 3 HGB, hat aber insbesondere mit den steuerlichen Wertvorschriften des § 6 Abs. 1 EStG wenig zu tun, denn »Nachhaltigkeit« der Wertminderung ist im Standard nicht vorausgesetzt. Das liberale Bewertungsmodell des IAS 36 ist also mit dem restriktiven deutschen Steuerrecht nicht kompatibel, was eine Einheitsbilanz auch zwischen Steuerrecht und IAS i.d.R. unmöglich macht.

Der *net selling price* ist der Preis, der sich »*in an arm's length transaction*« erzielen ließe. Dies läßt Raum für die Einschätzung des Bilanzierenden und erfordert Marktkenntnis. Der Standard versucht damit nicht, einen Niederstwert zu erzwingen.

Zur Bestimmung des »*value in use*« ist eine Abschätzung der zukünftigen *cash flows* erforderlich, die der Vermögensgegenstand vermittelt. Auch hier ist die »vernünftige kaufmännische Beurteilung« des Bilanzierenden gefragt (IAS 36.27). Budgets und Prognosen dürfen bei der Abschätzung verwendet werden. Das »*useful life*« der Anlage (oder des *cash generating unit*) ist vorauszusetzen. »*Useful life*« ist in diesem Zusammenhang in IAS 36.6 definiert als die Zeitperiode, über die ein Vermögensgegenstand erwartungsgemäß von der Unternehmung genutzt wird (betriebsübliche Nutzungsdauer) oder die Anzahl der produzierten Einheiten oder Exemplare, die erwartungsgemäß von einer Anlage zu erwarten ist (technische Nutzungsdauer).

Auch hier obliegt die realistische Bewertung wiederum dem Bilanzierenden. Ist die betriebsübliche Nutzungsdauer erfahrungsgemäß kleiner als die technische Lebensdauer, so kann auch die kürzere erwartete tatsächliche Nutzungsdauer verwendet werden.

Für die Bestimmung und Bemessung der *cash-flow*-Schätzungen ist in IAS 36.39 ff eine Vielzahl von Detailvorschriften gegeben, die jedoch immer der Sachkunde des Bilanzierenden und der Berücksichtigung der Marktgegebenheiten Raum lassen. So dürfen beispielsweise auch bereits bekannte künftige Pläne wie Restrukturierungsmaßnahmen oder die beabsichtigte Einstellung von Geschäftsbereichen berücksichtigt werden, was relevant ist, weil hierdurch die verbleibende betriebsübliche Nutzungsdauer verkürzt werden kann.

Der bei der Bestimmung des *value in use* anzuwendende Zinssatz sollte ein Vorsteuer-Marktzins sein und die spezifischen Risiken des Vermögensgegenstandes einbeziehen (IAS 36.55).

5.25.3. Ausweis des Wertverlustes

Wird erkannt, daß der *recoverable amount* kleiner ist als der *carrying amount* (Zeitwert) des Vermögensgegenstandes, dann – und nur dann – ist auf den niedrigeren *recoverable amount* abzuschreiben. Es liegt damit eine Teilwertabschreibung vor, und zwar eine dem Wesen nach außerordentliche. Diese Abschreibung soll im *income statement* erscheinen, ist also zugleich eine bilanzielle Abschreibung. Zudem sollen künftige Abschreibungen für die restliche Lebensdauer des Vermögensgegenstandes infolge der Wertminderung entsprechend angepaßt werden (IAS 36.58-65).

Die Bewertung sollte normalerweise nach dem Einzelwertprinzip vorgenommen werden, also einzelne Vermögensgegenstände betreffen. In manchen Fällen ist dies jedoch nicht möglich. In diesen Fällen ist es zulässig, auch ein *cash generating unit* kollektiv zu bewerten und abzuschreiben. Die Bewertung eines einzelnen Vermögensgegenstandes ist nicht möglich, wenn

- der Einzelwert des Vermögensgegenstandes nicht festgestellt werden kann, was etwa der Fall ist, wenn dem Vermögensgegenstand

keine zukünftigen Geldzu- oder -abflüsse einzeln zuzuordnen sind, oder
- der Vermögensgegenstand nicht einzeln für sich, von anderen *Assets* unabhängig, Geldzu- oder -abflüsse erzeugt, sondern dies nur in Einheit mit anderen Vermögensgegenständen tut.

Bei der Bemessung der Abwertung kann herauskommen, daß der Verlust durch Wertbeeinträchtigung (*impairment loss*) größer ist als der Zeitwert des Vermögensgegenstandes. In diesem Fall kann sogar eine Verbindlichkeit infolge der Wertbeeinträchtigung erkannt werden (IAS 36.62). Der auf einen gleichsam negativen Wert reduzierte Vermögensgegenstand wird damit passiviert. Dies setzt aber voraus, daß ein anderer Standard eine solche Passivierung zuläßt. Die Verwandlung eines *goodwill* in einen *badwill* ist die vermutlich einzige praktische Anwendung, da Anlagen nach IAS 16 nicht auf der Passivseite vorkommen können.

5.25.4. Weitere Impairment-Fälle

1. Impairment bei goodwill: Auch ein Geschäfts- oder Firmenwert kann der Wertbeeinträchtigung unterliegen. Hierzu schreibt IAS 36.80 einen sogenannten »*Bottom-up*«-Test vor. Dabei ist zunächst festzustellen, ob der Zeitwert des Firmenwertes zuverlässig mindestens einem *cash generating unit* zugewiesen werden kann; anschließend ist ein Review dieser *cash generating units* durchzuführen. Sind die *cash generatung units*, die einem Firmenwert zuzuordnen sind, wertgemindert, dann ist es auch der Firmenwert, der sich aus diesen Einheiten zusammensetzt. Dies gilt faktisch nur für die Fälle des Geschäfts- oder Firmenwertes aufgrund einer Unternehmensübernahme nach IFRS 3, weil bei Konzernen (IAS 27) der *goodwill* ohnehin jährlich neu gebildet wird.
2. Impairment bei corporate assets: Ein *corporate asset* ist ein Vermögensgegenstand, der der Gesellschaft dient, aber selbst keine unabhängigen Zahlungszuflüsse verursacht. Das Verwaltungsgebäude oder Forschungszentren werden als Beispiele genannt. Sie sind daher im wesentlichen wie Firmenwerte analog zu behandeln. Im Einzelfall kann eine Bewertung solcher Objekte jedoch sehr problematisch sein.
3. Abschreibung und Zuschreibung: Die Regelungen für Wertminderungen gelten in jeweils beide Richtungen. Aufgrund der oben dargestellten Datenquellen kann sich ergeben, daß eine früher erkannte Wertminderung nicht mehr besteht. In diesem Fall darf der geminderte Wert nicht mehr beibehalten werden, sondern muß wieder entsprechend durch Zuschreibung nach oben korrigiert werden (IAS 36.94 ff). Dies gilt für einzelne Vermögensgegenstände wie auch für *cash generating units*. Der *impairment loss* eines Firmenwertes darf i.d.R. jedoch nicht umgekehrt werden, ist also endgültig, sofern er nicht von einmaligen, außerordent-

lichen äußeren Ereignissen ausgelöst worden ist und durch ebenfalls äußere Ereignisse wieder umgekehrt wurde (IAS 36.109). Im Kern bedeutet dies, daß Änderungen in der Einschätzung einer Situation nicht zu Rückgängigmachung beim Ausweis einer Wertminderung eines Firmenwertes führen dürfen.

5.26. IAS 37: Provisions, Contingent Liabilities and Contingent Assets

Während eine Verbindlichkeit eine gegenwärtige Verpflichtung ist, die aus Ereignissen der Vergangenheit resultiert und einen Abfluß wirtschaftlicher Mittel in der Zukunft bedingen wird, wird eine Rückstellung als hinsichtlich Zeit oder Höhe ungewisse Verbindlichkeit definiert, und eine Eventualverbindlichkeit ist dem Grunde nach ungewiß (IAS 37.10). Das entspricht weitgehend den auch im deutschen Recht üblichen Abgrenzungen und kann folgendermaßen visualisiert werden:

Abgrenzung der verschiedenen Arten von Verbindlichkeiten

Zahlungspflicht	Zahlungszeit	Zahlungshöhe	Art von Position und deren bilanzielle Behandlung
gewiß	gewiß	gewiß	Normale Verbindlichkeit (*liability*) i.S.d. IAS 37.10 und F 49
gewiß	Mindestens ein Merkmal ungewiß		Rückstellung (*provision*) gemäß IAS 37.10
ungewiß	(nicht mehr relevant)		Eventualverbindlichkeit (*contingent liability*) nach IAS 37.10

Vorsorgepositionen und Rückstellungen werden von IAS 37 ähnlich wie im deutschen Recht an die Wahrscheinlichkeit des Eintrittes eines Vermögensabflusses gekoppelt. Die Wahrscheinlichkeit des Eintrittes der Zahlungsverpflichtung wird auf 50 % festgesetzt, und die Schätzung hat realistisch zu erfolgen. Zur Abgrenzung gibt IAS 37 im Appendix B das nebenstehende Entscheidungsdiagramm (eigene Übersetzung).

Gemäß IAS 37.10 ist eine Eventualverbindlichkeit eine mögliche Verpflichtung des Unternehmens, die aus Ereignissen der Vergangenheit entsteht und deren Existenz erst durch das Stattfinden oder Ausbleiben eines oder mehrerer künftiger Ereignisse, die nicht vollständig der Kontrolle durch die Gesellschaft unterliegen, bestätigt wird, oder eine gegenwärtige Verpflichtung, die aus Ereignissen der Vergangenheit entsteht, aber nicht ausgewiesen wird, weil es nicht wahrscheinlich, aber mehr als unwahrscheinlich ist, daß ein Abfluß von Ressourcen mit wirtschaft-

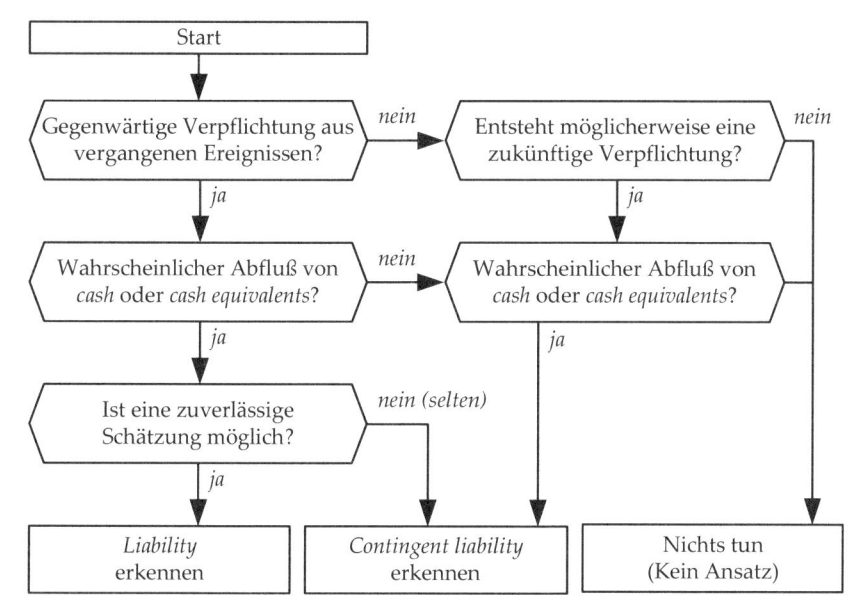

```
                    ┌─────────┐
                    │  Start  │
                    └────┬────┘
                         ↓
         ┌─────────────────────────┐      nein    ┌──────────────────────────┐    nein
         ⟨ Gegenwärtige Verpflichtung ⟩ ──────────→ ⟨ Entsteht möglicherweise  ⟩ ──────→
         ⟨ aus vergangenen           ⟩             ⟨ eine zukünftige           ⟩
         ⟨ Ereignissen?              ⟩             ⟨ Verpflichtung?            ⟩
         └────────────┬────────────┘              └────────────┬─────────────┘
                      │ ja                                     │ ja
                      ↓                                        ↓
         ┌─────────────────────────┐      nein    ┌──────────────────────────┐
         ⟨ Wahrscheinlicher Abfluß ⟩ ──────────→ ⟨ Wahrscheinlicher Abfluß   ⟩
         ⟨ von cash oder           ⟩             ⟨ von cash oder             ⟩
         ⟨ cash equivalents?       ⟩             ⟨ cash equivalents?         ⟩
         └────────────┬────────────┘              └────────────┬─────────────┘
                      │ ja                                     │ ja
                      ↓                                        │
         ┌─────────────────────────┐   nein (selten)           │
         ⟨ Ist eine zuverlässige   ⟩ ──────────────┐           │
         ⟨ Schätzung möglich?      ⟩               │           │
         └────────────┬────────────┘               │           │
                      │ ja                         ↓           ↓
                      ↓                                                
         ┌─────────────────┐       ┌──────────────────────┐    ┌─────────────────┐
         │   Liability     │       │ Contingent liability │    │   Nichts tun    │
         │   erkennen      │       │      erkennen        │    │  (Kein Ansatz)  │
         └─────────────────┘       └──────────────────────┘    └─────────────────┘
```

Abbildung 5.17: Identifikation verschiedener Arten von Verbindlichkeiten

lichem Nutzen erforderlich sein wird, die Verpflichtung zu erfüllen, oder der Betrag der Verpflichtung kann nicht mit hinreichender Zuverlässigkeit bewertet werden.

Die häufigsten Ursachen für Eventualverbindlichkeiten sind außerbilanzielle Geschäfte, wie zum Beispiel

- Leasing,
- Kreditzusagen,
- Akkreditive im Außenwirtschaftsverkehr,
- Treuhandgeschäfte,
- das Depotstimmrecht der Banken,
- weitere Bankgeschäfte wie Anlageberatung oder Vermögensverwaltung,
- Factoring und Zession sowie
- Vorkaufsrechte und Rückkaufverpflichtungen.

Hinzu kommen die schon im § 251 HGB genannten Fälle:

- Bürgschaften,
- Scheck- und Wechselhaftung und
- Gewährleistungsverträge (Garantie).

Dementsprechend bestimmt IAS 37, daß die Wahrscheinlichkeit des künftigen Ressourcenabflusses aufgrund der Verpflichtung das zugrundeliegende Kriterium für Ausweis- und Offenlegungsanforderungen ist. Je höher die Wahrscheinlichkeit, desto umfangreicher die Offenlegungsvorschriften:

- Ausweis-, Bewertungs- und Offenlegungsanforderungen gelten nur, wenn ein Abfluß wirtschaftlicher Ressourcen mit einer Wahrscheinlichkeit von mehr als 50 % zu erwarten ist. Die Position ist also zu bilanzieren und damit als Rückstellung zu behandeln.
- Nur Bewertungs- und Offenlegungsanforderungen, aber keine Bilanzierungspflichten gelten, wenn ein Abfluß wirtschaftlicher Ressourcen weniger wahrscheinlich, aber mehr als unwahrscheinlich ist, also die Wahrscheinlichkeit zwischen 10 % und 50 % liegt (IAS 37.36–52, IAS 37.86).
- Keine Anforderungen gelten, wenn ein Abfluß wirtschaftlicher Ressourcen unwahrscheinlich ist, also die Wahrscheinlichkeit nicht mehr als 10 % beträgt. In diesen Fällen ist weder zu bilanzieren noch als Eventualverbindlichkeit aufzuführen (IAS 37.28).

Die Bewertung der Eventualverbindlichkeiten ist offensichtlich ein problematisches Thema. IAS 37.36 ff enthält die Bewertung nach einem »*best estimate*«. Hierfür ist der Wert anzusetzen, der nach vernünftiger kaufmännischer Beurteilung tatsächlich erforderlich sein wird, die Verbindlichkeit zu begleichen. Dies ermöglicht auch eine Abzinsung künftiger Zahlungsverpflichtungen oder eine Bewertung aufgrund des Erwartungswertes. Die Berücksichtigung des Risikos (IAS 37.42–44) und des Barwertes (IAS 37.45–47) sowie möglicher weiterer künftiger Ereignisse (IAS 37.48 ff) sind ausdrücklich zugelassen. Letztlich wird es jedoch nie eine »wirklich« zuverlässige Bewertung der Eventualverbindlichkeiten geben. Gerade die ihnen ja grundlegende Unsicherheit verhindert dies. Auch wenn der Bilanzierende neutral und unvoreingenommen sein soll, wird immer bis zu einem gewissen Maß eine persönliche Einschätzung in die Bewertung der Eventualverbindlichkeiten eingehen.

Die Regelungen des IAS 37 können auch dazu führen, daß aus ein und derselben zugrundeliegenden vertraglichen Vereinbarung eine Verbindlichkeit, eine Rückstellung und eine Eventualverbindlichkeit gleichzeitig gebucht werden, etwa wenn ein Vertrag eine bestimmte feste Leistungspflicht vorsieht (=Verbindlichkeit), darüber hinaus aber auch noch eine ungewisse Haftung (=Eventualverbindlichkeit). Das entspricht im Prinzip dem aus IFRS 4 und IAS 39 bekannten Problem der »eingebetteten« Derivate. Auch hier bringt ja ein zugrundeliegendes Vertragsverhältnis (der »*host contract*«) einen dem Grunde nach anders zu bilanzierenden Posten gleichsam mit. Eigentlich trifft das schon auf jeden Versicherungsvertrag zu, denn die Leistungspflicht ist ja dem Grunde nach ungewiß – das versicherte Schadensereignis könnte niemals eintreten. Die Versicherungsverträge sind aber in IFRS 4 geregelt und daher wie auch Derivatgeschäfte, Ertragsteuern und die sich aus ihnen ergebenden Rückstellungen und Verbindlichkeiten, langfristige Fertigungsaufträge, Leistungen an Arbeitnehmer, vertragliche Leistungspflichten aus laufenden Vertragen, sofern der Vertrag nicht absehbar mehr kostet als nutzt (»*onerous contracts*«), und eine Vielzahl spezieller Fälle, z.B. Pensionsrückstellungen, von der Behandlung als Eventualverbindlichkeit ausgeschlossen, weil hierfür besondere Standards bestehen (IAS 37.1-9). Die Fälle der gleichzeitigen Bilanzierung einer Eventualverbindlichkeit und einer Schuld sind damit nicht mehr sehr zahlreich. Ein gutes Beispiel wären Restrukturierungen, die dem Grunde nach sichere und dem Grunde nach ungewisse Verbindlichkeiten gleichermaßen bedingen können. Eine Restrukturierung wird in IAS 37.10 als von der Geschäftsleitung geplante und geleitete Maßnahme definiert, die entweder den Geschäftsbereich oder die Art und Weise der Betriebstätigkeit in grundlegender Weise verändert.

Bei den Rückstellungen sind drei Arten von Rückstellungen unzulässig bzw. eingeschränkt:

- Rückstellungen für drohende Verluste aus schwebenden Geschäften,
- Rückstellungen für drohende Verluste aus zukünftigen Geschäften und
- Rückstellungen für Umstrukturierungen sind nur zulässig, wenn das Unternehmen hierfür einen verbindlichen Plan besitzt (die bloße Entscheidung eines geschäftsführenden Organs reicht nicht), und auch dann noch inhaltlich eingeschränkt. Zum Beispiel sind Kosten für Training oder Umschulung von Personal keinesfalls rückstellungsfähig.

Ganz anders, als es im vorsichtsorientierten Handelsrecht der Fall wäre, kennt IAS 37.31–35 auch den Begriff der Eventualvermögensgegenstände. Diese entstehen zumeist aus ungeplanten Ereignissen der Vergangenheit, aber gewähren die Chance eines künftigen Ressourcenzuflusses (IAS 37.32). Ein Beispiel sind ungewisse Rechtsansprüche, z.B. wenn diese noch per gerichtlicher Durchsetzung verfolgt werden müssen. Eventualvermögensgegenstände dürfen nicht bilanziert werden (IAS 37.31), wenn der künftige Mittelzufluß nicht sicher ist, aber hierdurch werden aus Eventualvermögensgegenständen ja »normale« Vermögensgegenstände. Sie sind jedoch angabepflichtig, wenn der Mittelzufluß »wahrscheinlich« ist (IAS 37.34 i.V.m. IAS 37.89). Der internationale Regelungsgeber versucht hier offensichtlich einen Ausgleich zwischen Vorsichtsprinzip und Entscheidungsnutzen: Angabe, aber keine Bewertung. Das ist besser, als es im Handelsrecht war!

Ein Anwendungsfall dieser Regelung ist übrigens die Behandlung von Erstattungsansprüchen: IAS 37.53 schreibt vor, daß diese lediglich dann zu bilanzieren sind, wenn es als sicher gilt, daß der Vergütungsanspruch auch wirklich eingetrieben werden kann. Der Anspruch ist dann als selbständiger Vermögenswert zu behandeln, und der Betrag, zu dem er bewertet wird, darf die ggfs. zugehörige Rückstellung nicht überschreiten. Ist nicht sicher, daß der Betrag eingetrieben werden kann, so ist der

Erstattungsanspruch wie ein Eventualvermögensgegenstand zu behandeln, d.h. nicht zu bewerten, aber anzugeben.

Insgesamt ist in diesem Standard gut die Intention des Regelungsgebers erkennbar, die Verzerrung eines die wirklichen Verhältnisse widerspiegelnden Bildes durch stille Reserven zu vermeiden.

5.27. IAS 38: Intangible Assets

Dieser Standard betrifft explizit alle nichtmateriellen Wirtschaftsgüter, die nicht schon in anderen Standards behandelt worden sind. IAS 38.3 zählt eine Vielzahl spezifischer Sachverhalte auf, die bereits in anderen Standards behandelt werden, wie beispielsweise latente Steueransprüche (IAS 12), Vermögenswerte aus Leistungen an Arbeitnehmer (IAS 19) oder Geschäfts- oder Firmenwerte (u.a. IFRS 3). Es bleibt aber immer noch eine Vielzahl von möglichen Anwendungsfällen wie

- Werbung und öffentliche Meinung,
- Training,
- Start-up (d.h. Kosten der Gründung und Ingangsetzung) sowie
- Forschung und Entwicklung.

Insgesamt besteht eine Fülle von Definitionen, was alles als immaterieller Vermögenswert betrachtet werden kann. IAS 38 enthält keine endgültige Festlegung auf bestimmte Arten von Vermögenswerten. Der Vermögensbegriff wird damit in eine Vielzahl potentieller Vermögenswerte ausgeweitet und verliert an Kontur.

5.27.1. Definitionen

Ein immaterieller Vermögensgegenstand kann mit einem materiellen Objekt kombiniert auftreten. Etwa kann Software von einem Datenträger abhängig und ggfs. mit diesem untrennbar verbunden sein (IAS 38.4). Das Unternehmen muß in diesem Fall einschätzen, ob die materielle Grundlage oder die in ihr verkörperte immaterielle Substanz wesentlicher und damit bilanzierungspflichtig ist.

Allgemeine Voraussetzung der Bilanzierbarkeit nach IAS 38.11 ff sind Identifizierbarkeit (bilanzielle Greifbarkeit), Verfügungsmacht über den Gegenstand, Wahrscheinlichkeit, daß ein dem Gegenstand zurechenbarer wirtschaftlicher Nutzen dem Unternehmen zufließen wird, und zuverlässig ermittelbare Anschaffungs- oder Herstellungskosten.

Identifizierbarkeit bedeutet, daß der immaterielle Vermögenswert von anderen Vermögenswerten und insbesondere vom Geschäfts- oder Firmenwert (*goodwill*, *badwill*) getrennt unterscheidbar ist. Er muß daher selbständig verkauft, lizensiert oder sonst rechtsgeschäftlich übertragbar sein (IAS 38.12). Verfügungsmacht ist die tatsächliche Sachherrschaft im Sinne des Sachenrechts (IAS 38.13). Künftiger wirtschaftlicher Nutzen ist, was allgemein Teil der zugrundeliegenden Definition des Vermögens ist. Ein Wahlrecht in diesem Zusammenhang besteht nicht. Insofern ähnelt diese Regelung sehr der deutschen kaufmännischen Vorsicht. Schwierigkeiten bei der Beurteilung ergeben sich vor allem bei sogenannten selbsterstellten immateriellen Vermögensgegenständen. Aus diesem Grund sieht IAS 38 eine Reihe zusätzlicher Kriterien vor, die erfüllt sein müssen, damit derartige Ausgaben aktivierbar sind.

5.27.2. Erstbewertung

Ein immaterieller Vermögensgegenstand darf nach IAS 38.21 nur bilanziert werden, wenn und insoweit er einen wahrscheinlichen zukünftigen wirtschaftlichen Nutzen vermittelt und die Anschaffungs- oder Herstellungskosten des Gegenstandes zuverlässig bewertet werden können. Die Bewertung bei Zugang erfolgt stets mit Anschaffungs- oder Herstellungskosten (IAS 38.24). IAS 38.25 ff enthalten Einzelvorschriften für deren Bewertung.

Bei Erwerb im Zusammenhang mit einer Vielzahl anderer Vermögensgegenstände, z.B. bei einer Unternehmensübernahme (IFRS 3), entsprechen die Anschaffungs- oder Herstellungskosten dem beizulegenden Zeitwert (*fair value*) des Gegenstandes (IAS 38.33). Weitere spezielle Erwerbsmethoden wären durch Zuwendungen der öffentlichen Hand und durch Tausch. Ein selbstgeschaffener Geschäfts- oder Firmenwert (*internally generated goodwill*) unterliegt einem Aktivierungsverbot (IAS 38.48) und stellt insofern eine stille Reserve dar.

5.27.3. Forschung und Entwicklung

Dies konkretisiert sich in den Regelungen zur Forschung und Entwicklung, die ein häufiges Anwendungsproblem des IAS 38 sind. Grundsätzlich darf auch ein selbstgeschaffener immaterieller Vermögenswert aktiviert werden, wenn er identifizierbar ist, es also einen feststellbaren künftigen wirtschaftlichen Nutzen gibt, und die Herstellkosten verläßlich bestimmbar sind (IAS 38.51). Der Standard wendet diese Grundlage auf die Forschung und Entwicklung an und unterscheidet dabei zwischen der Forschungsphase (IAS 38.54 ff) und der Entwicklungsphase (IAS 38.57 ff) eines immateriellen Vermögensgegenstandes, wobei gilt:

- Forschung ist die planmäßige Suche nach neuen Erkenntnissen;
- Entwicklung ist die planmäßige Suche nach neuen Anwendungsmöglichkeiten für bestehende Erkenntnisse.

Hierbei ist die Forschung stets als Periodenaufwand zu erfassen und nicht bilanzierungsfähig, während die Entwicklung jedoch aktiviert werden muß, wenn eine Reihe von Bedingungen in IAS 38.57 erfüllt ist. Beispielsweise muß der Gegenstand technisch realisierbar sein und die Entwicklung muß tatsächlich nutzbar sein. Diese Regelung ist wesentlich zeitgemäßer als § 248 Abs. 2 HGB und kann folgendermaßen zusammengefaßt werden:

Aktivierung als immaterieller Vermögensgegenstand

	Forschung	Entwicklung	Weiterentwicklung
HGB	Verbot	Verbot	Verbot
IAS 38	Verbot	Pflicht	Pflicht

Einbeziehung in die Herstellkosten

	Forschung	Entwicklung	Weiterentwicklung
HGB	Verbot	Verbot	Wahlrecht
IAS 38	Verbot	Pflicht	Pflicht

Dies ist damit begründet, daß durch Entwicklung – im Gegensatz zur Grundlagenforschung – eine Anwendung entsteht, die potentiellen künftigen wirtschaftlichen Nutzen verkörpert. Dies ist aber gerade die Definition des Vermögensgegenstandes aus dem Rahmenkonzept.

5.27.4. Folgebewertung

Die Bewertung nach dem erstmaligen Ansatz hat nach IAS 38.72 nach dem Anschaffungskostenmodell oder dem Neubewertungsmodell zu erfolgen. Beim Anschaffungskostenmodell ist der erstmalige Ansatz planmäßig abzuschreiben. Beim Neubewertungsmodell ist jede Periode ein *impairment test* vorzunehmen.

Führt eine Neubewertung zu einer Erhöhung des Buchwertes, so ist die Wertsteigerung direkt im Eigenkapital als Neubewertungsrücklage zu erfassen (IAS 38.85); wurde allerdings nur eine frühere Wertminderung rückgängig gemacht, so darf diese erfolgswirksam erfaßt werden. Wertminderungen sind stets erfolgswirksam zu erfassen (IAS 38.86), soweit sie vorhandene Neubewertungsrücklagen übersteigen.

Hinsichtlich der Nutzungsdauer macht IAS 38 keine absoluten Angaben mehr; vielmehr hat das Unternehmen die zu erwartende Nutzungsdauer zuverlässig zu schätzen. Die Dauer des Produktrechtschutzes kann hierbei eine Obergrenze abgeben:

- Patent: 20 Jahre,
- Gebrauchsmuster: 20 Jahre,
- Geschmacksmuster: 25 Jahre,
- Marke: unbegrenzt, in Einheiten zu jeweils 10 Jahren und
- Urheberrecht: 70 Jahre ab Tod des letzten Urhebers des Werkes.

Ist keine definitive Obergrenze feststellbar, wie bei der Marke, oder die tatsächliche erwartungsgemäße Nutzungsdauer wesentlich kürzer als die theoretisch mögliche Schutzdauer, so bietet IAS 38.90 eine Vielzahl von Entscheidungsrichtlinien an, bespielsweise technische Veralterung, voraussichtliche tatsächliche Nutzungsdauer, typische Produktlebenszyklen, voraussichtliche Handlungen der Konkurrenz usw.

Die Abschreibungsmethode soll den erwarteten tatsächlichen Wertverlauf abbilden und muß linear sein, wenn dieser nicht zuverlässig bestimmt werden kann (IAS 38.97). Der Restwert ist null, falls kein anderer Restwert verläßlich bestimmt werden kann (IAS 38.100).

5.27.5. Angaben

IAS 38.118 verlangt eine Fülle von Anhangangaben für jede Gruppe von immateriellen Vermögensgegenständen. Auch sind die zugrunde gelegte Nutzungsdauer, die Abschreibungsmethode sowie umfangreiche Informationen über die Entwicklung der Buchwerte im Jahresvergleich anzugeben.

Die bilanzielle Behandlung immaterieller Vermögensgegenstände gehört zu den kompliziertesten Themen der IFRS. Wir vertiefen an zwei Exkursen, wie schwierig und bisweilen kontrovers die bilanzielle Behandlung einzelner Arten von Vermögensgegenständen sein kann – und wie unterschiedliche Dinge bilanzierungsfähig sind.

5.27.5. Exkurs 1: Markenrechte als immaterielle Vermögensgegenstände

Markenrechte sind Rechte an Marken im Sinne des Markengesetzes. Die wirtschaftliche Bedeutung von Marken nimmt aufgrund einer Vielzahl von Faktoren zu, u.a. wegen

- der zunehmenden Sättigung von Märkten,
- der Entwicklung hin zur Dienstleistungs- und zur Kommunikationsgesellschaft, in der Leistungen i.d.R. nur noch durch die Mar-

ke, aber nicht mehr durch »eigentliche« Produkteigenschaften unterscheidbar sind,
- der Verkürzung von Produktlebenszyklen und
- der Entwicklung hin zur außengeleiteten Gesellschaft.

Zwecke der Markenbewertung: Die Bewertung von Markenrechten dient nicht nur ihrer Bilanzierung, sondern hat darüber hinausgehende Ziele:
- objektivere Preisfindung bei Lizenzvergabe
- Sicherheit bei Verhandlungen über Übernahmen und Unternehmenskäufe
- Verbesserung der Bonität insbesondere bei Rating-Modellen hinsichtlich Basel II
- bessere Schnittstelle zum Finanz-Controlling
- Orientierungspunkt und Erfolgsmaß für das Marken-Management

Verfahren der Markenbewertung: Mangels einer einheitlichen und akzeptierten Definition wird eine Vielzahl konkurrierender Modelle gehandelt, denen kein einheitlicher Standard zugrunde liegt. Auch IAS 38 hat hier nicht zu einer Standardisierung geführt. Allgemein unterscheidet man aber Globalmodelle und an einer Indikatorgröße orientierte Modelle. Globalmodelle sind diejenigen Verfahren, die den Markenwert als Einheit betrachten und aus diesem Grund auch den Wert der Marke als Einheit quantifizieren. Hier lassen sich die folgenden Methoden differenzieren:

Verfahren der historischen Kosten: Der Markenwert wird aus der Summe der historischen Kosten bestimmt. Grundlage ist hier die Summe aller Investitionen, die in der Vergangenheit für den Aufbau der Marke nötig waren, das heißt Kosten für Forschung & Entwicklung, Werbung, Distribution usw. Die Problematik dieses Ansatzes liegt in der Veranschlagung der Kosten und in der Vermischung der Begriffe »Kosten«, »Aufwand«, »Ausgabe« und »Auszahlung«. Zudem ist bei jüngeren oder erworbenen Marken die Kostenzurechnung einfach, bei langsam aufgebauten Marken aber oft nur schwer möglich. Zudem finden ausschließlich quantitative Größen Berücksichtigung; der Wert einer Marke liegt aber gerade in qualitativen Merkmalen wie zum Beispiel bei Bekanntheit und Image. Ferner sagt die Summe der verursachten Kosten nichts über die Stärke einer Marke aus, denn gerade schwache Marken verschlingen oft erhebliche Mittel, wie zum Beispiel die Kosten für verstärkte Werbung.

Verfahren der Wiederbeschaffungskosten: Dieses Verfahren versucht, die Probleme bei der Bestimmung der historischen Werte zu umgehen, indem die Kosten angesetzt werden, die heute nötig wären, um eine identische Marke zu kreieren. Grundlage ist hier also die Summe der imaginären aktuellen Anschaffungskosten einer Marke gleicher Stärke. Kritik ist hier ebenfalls die einfältige Betrachtung auf allein quantitativer Basis, die relevante Größen vernachlässigt. Eine Marke zeichnet sich durch ihre Einmaligkeit aus, was der Annahme entgegensteht, eine identische Marke zu entwickeln.

Marktwertorientierte Verfahren: Der Wert einer Marke wird hier am Verkaufspreis als Ergebnis aus Angebot und Nachfrage festgemacht, den sie am Markt erzielen würde. Dieser Wert ist weitaus objektiver, wenn er durch Verhandlungen bestimmbar ist; Hauptproblem ist aber, daß kein Markenmarkt etwa vergleichbar zum Immobilienmarkt besteht, die Bestimmung des potentiellen Verkaufspreises also außerordentlich schwierig sein kann und bei Vorliegen von Ergebnissen konkreter Verhandlungen stets nur eine Momentaufnahme und keine Trendanalyse bietet. Transaktionen Dritter oder anderer Marken bieten zudem kaum eine Orientierungshilfe, da jede Marke ein Individuum darstellt, und Käufer mit der Akquise unterschiedliche Zielsetzungen verfolgen, die den Kaufpreis determinieren. Voraussetzung müßte sein, daß zum Vergleich eine aktuelle Transaktion auf dem gleichen Produktmarkt eines isolierten Zeichens vorliegt, welche in der Realität fast den Grad der Unmöglichkeit erreicht.

Premium-pricing-Verfahren: Eine Sonderform des Marktwertverfahrens stellt das sogenannte »*Premium-pricing*«-Verfahren dar. Der Markenwert wird dabei aus der Differenz zwischen dem Preis des Markenprodukts und einem unmarkierten, sonst aber gleichartigen Produkt bemessen. Der Preis der markierten Ware wird konstant gehalten, während der Preis der unmarkierten variiert. Die so ermittelte Preisdifferenz ist folglich der Wert, um den die Marke das Produkt anreichert, der Marktwert, den der Kunde bereit ist für den psychologischen Zusatznutzen Marke zu zahlen. Diese Methode bietet einfache Datengewinnung aus der Marktforschung, leidet aber unter »Verzerrungen« der Erkenntnisse, wenn die Qualität oder andere relevante Eigenschaften des unmarkierten Produktes nicht mit dem der Markenware übereinstimmen, was häufig der Fall ist. Zudem kommt es bei Nischenprodukten oft zu Überbewertungen.

Hedonischer Ansatz: Ein weiterer an Marktpreisen festgemachter Ansatz ist die sogenannte hedonische Theorie. Hedonische Preise sind im wesentlichen Marktpreise, d.h. die Preise, die ein Kunde als seine persönliche Bewertung der einzelnen Produktmerkmale insgesamt zahlen würde. Auf die Problematik der Markenwertbestimmung angewandt kann so der Wert der Marke isoliert von anderen Produkteigenschaften betrachtet werden. Das ist allerdings im Kern nichts anderes als das Premium-pricing-Verfahren, denn der Markenwert ist dann einfach der Wert des Produktelementes »Marke«.

Indikatorenorientierte Modelle bewerten den Markenwert anhand bestimmter Indikatoren, die als Katalog relevanter Kriterien festgelegt und einzeln bewertet werden. Der Markenwert ergibt sich im Rahmen eines Rating-Modells aus der (zumeist gewichteten) Summe dieser Einzelindikatoren.

Cash-flow-Verfahren: Beim *Cash-flow*-Verfahren ist der Markenwert definiert als der Barwert aller zukünftigen Einzahlungsüberschüsse, die durch die Marke erzielt werden. Insofern wird der *Cash flow* als alleiniger Indikator für den Markenwert gesehen. Es gestaltet sich allerdings schwierig, zukünftige Ein- und Auszahlungsströme sowie die (theoretisch ja unendliche) Lebensdauer der Marke zu schätzen; das Verfahren hat also die gleichen Schwierigkeiten wie die dynamischen Investitionsrechenverfahren. Zusätzlich liegt auch hier wieder ein Abgrenzungsproblem vor, das in der Isolation des nur auf der Marke beruhenden *Cash flows* liegt. Insbesondere bei stark differenzierten Unternehmen treten hier schnell Divergenzen auf.

Scoring-Modelle: Scoring-Modelle gehören zu den indikatorenorientierten Verfahren und versuchen, dem multidimensionalen Problem der Markenbewertung durch Berücksichtigung aller möglichen Einflußfaktoren Rechnung zu tragen. Die Zerlegung in einzelne relevante Kriterien ermöglicht so eine Bewertung nach Punkten, die gewichtet werden und dann zu einem Wert verdichtet werden. Das bekannteste Beispiel ist die sogenannte Marken-Bilanz von A.C. Nielsen, die die folgenden in sechs Kategorien unterteilten Kriterien als Indikatoren für den Markenwert heranzieht:

- Definition des relevanten Marktes: Marktwert, Entwicklung des Marktes und Wertschöpfung des Marktes
- Marktanteil der Marke: wertmäßiger und relativer Marktanteil, die Marktanteilsentwicklung und Gewinnmarktanteil
- Sicht des Handels: gewichtete Distribution und die Handelsattraktivität der Marke
- Anstrengungen des Markeninhabers: Produktqualität, Preisverhalten der Marke, »*Share of voice*« (d.h., im wesentlichen »erzielte Bekanntheit«)
- Gesamtheit der Vorstellungen der Konsumenten: Markentreue, das Vertrauenskapital der Marke, »*Share of mind*« (d.h. im wesentlichen »Wiedererkennungswert«), Werbeerinnerung und Marken-Identifikation
- Geltungsbereich der Marke: Internationalität und internationaler Markenschutz

Diese Kriterien werden nach ihrem angenommenen Einfluß auf den Markenwert gewichtet und zu einem Ergebniswert verrechnet.

Das Markenbewertungsmodell der Interbrand Ltd. berücksichtigt sieben Kategorien und knapp 100 Einzelindikatoren:

- Marktführerschaft, das heißt die Fähigkeit, den Markt zu beeinflussen,
- Markenstabilität, das heißt die Resistenz in Krisensituationen,
- relevanter Markt,
- Trend der Marke, das heißt ihr Wachstumspotential,

- Internationalität der Marke,
- Marketingunterstützung, das heißt Qualität und Kontinuität und
- rechtlicher Schutz der Marke.

Auch hier werden die in diesen Kategorien festgelegten Einzelindikatoren bewertet und zu einem gewichteten Gesamtresultat verdichtet.

Allgemein sind Scoring-Modelle weitaus differenzierter und tendenziell objektiver als Globalverfahren. Sie sind aber auch mit erheblich größerem Aufwand verbunden und verursachen daher auch mehr Kosten. Problematisch ist auch oft die Abgrenzung der relevanten Teilmärkte, wenn Marken marktübergreifende Bekanntheit besitzen, was häufig, wenn nicht der Regelfall ist (»Persil«, »Golf«). Zudem können Scoring-Verfahren für junge Märkte oder junge Marken unpraktikabel sein bzw. die Gewinnung valider Daten kann unmöglich oder sehr problematisch werden. Für Start-ups oder Mittelständler sind sie daher faktisch oft nicht verfügbar oder erreichbar.

Es besteht ein Synergieeffekt zwischen Markenbewertung und finanziellem Rating insbesondere unter Basel-II-Gesichtspunkten. Ein hoher Markenwert kann, auch wenn er nicht bilanzierungsfähig ist, die Bonität erhöhen. Strategisch bedeutet dies, daß das Rating von Kreditnehmern und die Markenbewertung Leistungen sind, die in einer sinnvollen Differenzierungsstrategie kombiniert angeboten werden können. Ratingagenturen bieten daher vielfach auch Markenbewertung als Parallelleistung an.

5.27.6. Exkurs 2: Bilanzierung von Webseiten

Auch Webseiten und ihre zugehörigen Domains sind der Behandlung als immaterielle Vermögensgegenstände nach IAS 38 zugänglich. Während man unter einer Domain einen virtuellen Speicherbereich versteht, der durch einen Namen (Domainname) eindeutig identifiziert ist, bezeichnet der Begriff »Webseite« die Gesamtheit der unter einer Domain hinterlegten Dateien. Diese können rein gestalterischer Art sein, d.h. aus Grafikelementen und der Seitenbeschreibungssprache HTML bzw. deren Erweiterung CSS bestehen, oder auch ausführbaren Code enthalten, etwa in JavaScript, als JavaApplet, als CGI, PHP, Perl-Skript oder in beliebiger anderer Form. Die Webseite ist damit eine Form der Software, wobei die Anwendung des BMF-Schreibens vom 20.01.1992 (IV B 2 – S 1280 – 1/92) problematisch sein kann. Dort wird definiert, daß Software nur ist, was Befehle an den Rechner gibt, wohingegen es zweifelhaft sein kann, ob HTML-Kommandos Befehle im Sinne des BMF-Schreiben sind. Der Webseite kommt aber i.d.R. ein identifizierbarer künftiger wirtschaftlicher Nutzen zu, so daß eine Bilanzierungsfähigkeit nach IAS 38 prinzipiell gegeben ist. Grundlage hierfür ist der urheberrechtliche Schutz der Webseite.

Dieser ergibt sich i.d.R. aus

- einer gewissen künstlerischen Gestaltungshöhe (§ 2 Abs. 1 UrhG),
- der Qualifikation als Computerprogramm im Sinne des § 69a UrhG,
- dokumentarischem Charakter, z.B. bei Sammel- oder Datenbankseiten (§ 4 Abs. 1 und 2 UrhG).

Bilanziell ergeben sich hier allerdings gleich drei mögliche Arten der Behandlung von Webseiten: Als Vermögensgegenstände, als Rechnungsabgrenzungsposten oder als Aufwendungen. Welche Methode zu wählen ist, kann auch aus IAS 38 nicht eindeutig geschlossen werden.

Die Webseite als Vermögensgegenstand: Um eine Domain (und/oder die Webseite) als Vermögen bzw. als Wirtschaftsgut zu qualifizieren, sie also zu aktivieren, müßte sie

- im steuerrechtlichen Sinne einen wirtschaftlichen Wert verkörpern, selbständig bewertbar sein, von den Ausgaben abgrenzbar sein und einen mehrjährigen greifbaren Nutzen vermitteln und
- im Sinne der IFRS als Ergebnis vergangener Ereignisse eine vom Unternehmen kontrollierte Ressource sein, die einen zukünftigen wirtschaftlichen Nutzen vermittelt.

Selbständige Bewertbarkeit setzt die Möglichkeit der Zuweisung eines Einzelwertes voraus. Dies ist u.U. gegeben, wenn Entwicklungskosten einem Web-Projekt einzeln zurechenbar sind. Für die zugrundeliegende Domain ist oft ein Kaufpreis identifizierbar. Dies erlaubt oft eine steuerliche Aktivierung; im Handelsrecht müssen für die Bilanzierungsfähigkeit mehr Kriterien erfüllt sein. Vielfach ist keine selbständige Nutzbarkeit gegeben, selbst dann nicht, wenn das Unternehmen eine Projektionsfläche für fremde Banner zur Verfügung stellt, weil die konkrete einzelne Webseite keinem anderen Unternehmen einen Nutzen vermitteln würde. Im Rahmen der internationalen Rechnungslegung ist eine Aktivierung allerdings vielfach zu bejahen, weil die Webseite bzw. die Domain stets durch vergangene Ereignisse in den Einflußbereich der Unternehmung kommt und in der Regel einen zukünftigen wirtschaftlichen Nutzen verspricht, nicht nur dann, wenn über die Webseite verkauft wird, sondern schon dann, wenn die Webseite zur Bekanntmachung des Unternehmens bzw. zu seiner Werbung beiträgt. Bei der Umstellung auf IAS müssen also oft Webseiten bewertet und bilanziert werden, die zuvor im handelsrechtlichen Sinne nicht bilanzierungsfähig gewesen wären.

Die Webseite als Aufwendung: Eine Webseite kann stets als Aufwand qualifiziert werden, wenn zu ihrer Erstellung Mittel verbraucht worden sind. Steuerlich handelt es sich dann um Betriebsausgaben. Die Behandlung als Aufwand bietet sich an, wenn eine Aktivierung unmöglich ist. Webseiten, die primär der Produkt- oder Unternehmenswerbung dienen, sind i.d.R. als Aufwand zu qualifizieren, schon alleine aufgrund der Analogie zu herkömmlichen Werbefeldzügen, die auch stets »nur« als Aufwand behandelt wurden. Wenn die bilanzielle Behandlung nach IAS

38 und die nach deutschem Steuerrecht sich voneinander unterscheiden, kann eine *temporary difference* im Sinne des IAS 12 entstehen.

Die Verbindung zum Firmenwert: Unter dem sogenannten Geschäfts- oder Firmenwert versteht man den Teil des realisierten oder erwarteten Verkaufspreises für ein Unternehmen, der die Summe der Werte der Aktiva abzüglich der Passiva übersteigt (IFRS 3). Der Firmenwert (*goodwill*) artikuliert damit die nicht bewerteten Vermögensgegenstände, die sich jedoch dennoch im Unternehmen befinden, und stellt den wirklichen Marktwert der Unternehmensgesamtheit dar. Selbst wenn eine Webseite als Aufwendung behandelt worden ist, also keinen bilanziellen Niederschlag gefunden hat, kann sie oft den Firmenwert steigern. Sie wird damit indirekt zu einem Wirtschaftsgut, wenn das Unternehmen als Ganzes verkauft wird, etwa bei einer Übernahme. Die Webseiten teilen damit das Schicksal zahlreicher immaterieller Wirtschaftsgüter. Bei Aktivierung nach IAS 38 fällt das Problem nur noch in »entschärfter« Version an, weil eine Bewertung zwar zuvor stattgefunden hat, aber durch den Geschäfts- oder Firmenwert eine Auf- oder Abwertung eintreten kann.

Die Webseite als Rechnungsabgrenzungsposten: Aktive (transistorische) Rechnungsabgrenzungsposten liegen vor, wenn in einer Rechnungsperiode Aufwendungen für die Zeit nach Ende dieser Rechnungsperiode vorweggenommen werden (u.a. § 250 Abs. 1 HGB). Ist die Ertragswirkung einer Webseite klar bestimmbar auf eine spätere Rechnungsperiode anzusetzen, so kann es in Frage kommen, die Aufwendungen einer Periode als aktiven Rechnungsabgrenzungsposten zu behandeln. Das setzt aber mindestens eine statistisch zuverlässige Einschätzung der zu erwartenden Ertragswirkung voraus. Da die meisten Webseiten erst langfristig zu Erträgen, aber sogleich zu Aufwendungen führen, wäre eine solche Situation an sich häufig, aber die Bewertung kann problematisch sein.

5.28. IAS 40: Investment Property

Dieser Standard betrifft Grund und Boden sowie darauf befindliche Investitionen, die als Finanzinvestition gehalten werden. Eine Finanzinvestition liegt nach IAS 40.5 nur vor, wenn die Immobilie entweder zu Spekulationszwecken oder zur Erzielung von Mieterträgen gehalten wird, wobei im zweiten Fall das Erzielen von Mieterträgen nicht das Hauptgeschäft des Unternehmens sein sollte.

Diese Definition schließt eine Vielzahl von Fällen von der Behandlung nach IAS 40 aus, denn selbstgenutzte oder im Bau befindliche Immobilien werden schon nach anderen Standards bilanziert. Die nachfolgende Übersicht bietet eine Erweiterung und Visualisierung nach IAS 40.9.

```
                    ┌─────────────┐
                    │    Start    │
                    └──────┬──────┘
                           ▼
                  ╱ Zum Verkauf ╲         ja      ┌──────────────────┐
                 ╱  im Rahmen des ╲───────────────▶│ IAS 2 anwenden   │
                 ╲   gewöhnlichen ╱                └──────────────────┘
                  ╲  Geschäftes? ╱
                           │ nein
                           ▼
                  ╱ Für Dritte im Bau? ╲  ja      ┌──────────────────┐
                  ╲                    ╱─────────▶│ IAS 11 anwenden  │
                           │ nein                 └──────────────────┘
                           ▼
                  ╱ Früher eigengenutzt, ╲ ja     ┌──────────────────┐
                 ╱  aber nunmehr still-   ╲───────▶│ IFRS 5 anwenden  │
                 ╲  gelegt und zur Ver-   ╱       └──────────────────┘
                  ╲ äußerung gehalten?   ╱
                           │ nein
                           ▼
                  ╱ Eigennutzung durch ╲  ja      ┌──────────────────┐
                  ╲  den Eigentümer?   ╱─────────▶│ IAS 16 anwenden  │
                           │ nein                 └──────────────────┘
                           ▼
                  ╱    Im Bau          ╲  ja      ┌──────────────────┐
                 ╱  für zukünftige      ╲────────▶│ IAS 16 anwenden  │
                 ╲ Nutzung als Finanz-  ╱         └──────────────────┘
                  ╲   investition?     ╱
                           │ nein
                           ▼
                  ╱ Als Finanzierungs- ╲  ja      ┌──────────────────┐
                 ╱  leasing an andere   ╲────────▶│ Keine Bilanzierung│
                 ╲    Unternehmer      ╱          └──────────────────┘
                  ╲    vermietet?     ╱
                           │ nein
                           ▼
                    ┌──────────────────┐
                    │ Gegenstand ist ein│
                    │ investment property│
                    └──────────────────┘
```

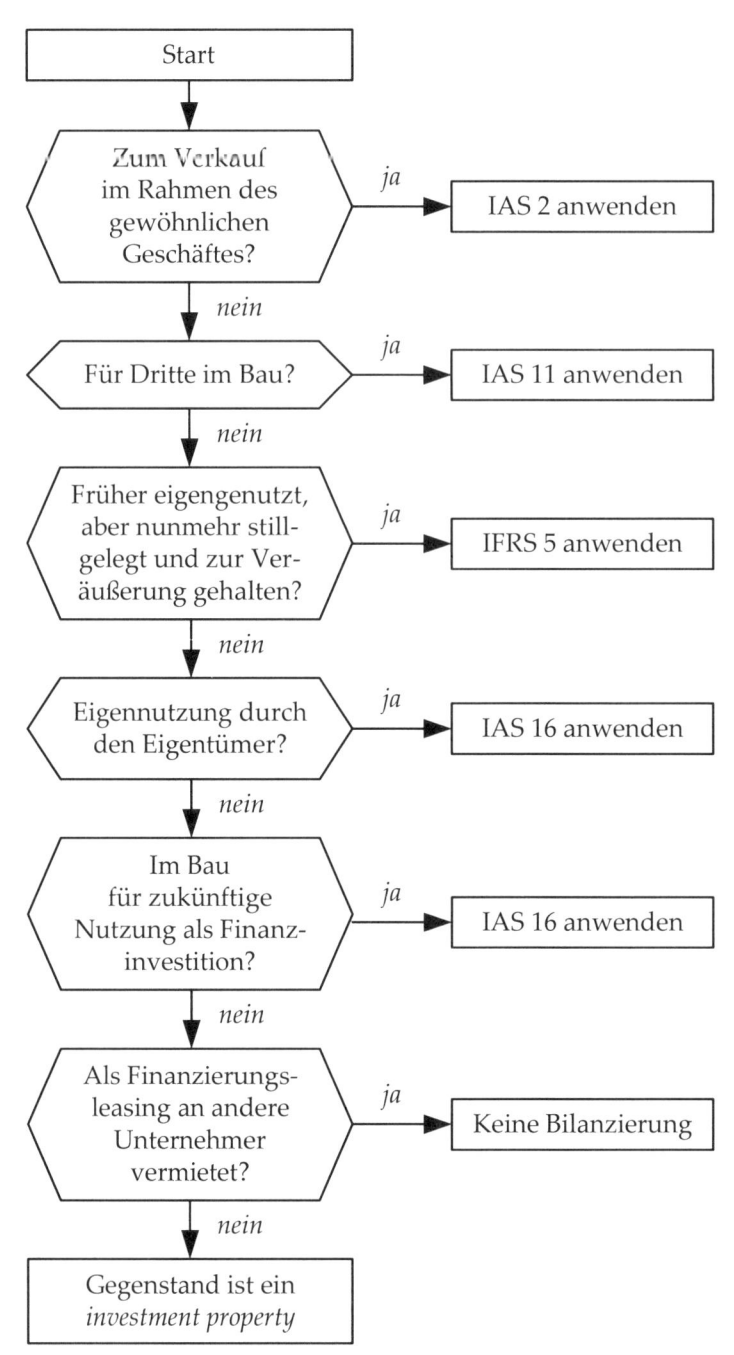

Abbildung 5.18: Abgrenzung des IAS 40 zu anderen Standards

IAS 40 schließt hingegen nicht das Vorhandensein eines Leasingverhältnisses aus, d.h., auch eine im Rahmen eines *Finance-leasing*-Verhältnisses gehaltene Immobilie kann neben der Bilanzierung als Leasingobjekt auch als *investment property* behandelt werden.

Wird eine Immobilie nur teilweise als Finanzinvestition gehalten, so soll der Bilanzierende versuchen, diese Teile separat zu bilanzieren. Das entspricht der Aufteilung einer Immobilie nach Funktionszusammenhängen nach R 13 EStR und ist nicht selten: Wohnungen im Verwaltungsgebäude könnten Finanzinvestitionen sein, während das Verwaltungsgebäude selbst nach IAS 16 zu bilanzieren wäre. Auch hier ist aber wieder die Abwägung zu IFRS 5 bedeutsam: Wird ein Grundstück nicht mehr genutzt, so kann es zwar eine Finanzinvestition sein; es kann aber auch nach IAS 16 behandelt werden, wenn eine spätere neue Eigennutzung beabsichtigt wird, oder nach IFRS 5, wenn die Schließung eines Geschäftsbereiches ansteht. Es kann auch gemäß IFRS 5 mit den darauf befindlichen Gebäuden und Anlagen eine Veräußerungsgruppe darstellen.

Die auf einem Grundstück stehenden landwirtschaftlichen (»biologischen«) Vermögensgegenstände schließlich werden immer nach dem nachfolgenden IAS 41 behandelt. Wird die Nutzung einer Immobilie hingegen verändert, so ist auch die entsprechende bilanzielle Behandlung zu verändern, d.h., die Immobilie ist umzugruppieren (IAS 40.57).

Insgesamt sind also nur recht wenige Arten von Immobilieneigentum erfaßt!

In der Erstbewertung sind als Finanzinvestition gehaltene Immobilien, wie andere Vermögensgegenstände auch, zu Anschaffungs- oder Herstellungskosten zu bewerten (IAS 40.20). Wird die als Finanzinvestition gehaltene Immobilie im Rahmen eines Finanzierungsleasing gehalten, so besteht der Anschaffungskostenwert aus dem beizulegenden Zeitwert oder der Höhe der Mindestleasingzahlungen (IAS 40.25 verweist auf IAS 17.20) und ist mit einer Verbindlichkeit zu hinterlegen.

Für die Folgebewertung unterscheidet IAS 40.30 zwei Bewertungsmodelle:

- Das *fair value model* bewertet die Vermögensgegenstände zunächst nach dem beizulegenden Zeitwert, bucht dann Änderungen des Wertes erfolgswirksam in die GuV-Rechnung aus;
- das *cost model* bewertet die Vermögensgegenstände zu Herstellungskosten.

Dieses Wahlrecht ist unternehmensweit für alle Finanzinvestitionen einheitlich anzuwenden (IAS 40.32a). Ist eine als Finanzinvestition gehaltene Immobilie Teil eines *operate leasings* (selten!), dann ist stets das *fair value model* anzuwenden. IAS 40.32 legt dem Unternehmen nahe, den *fair value* durch einen Gutachter bestimmen zu lassen. *Fair value* (beizulegender Zeitwert) ist stets der Wert, der unter sachverständigen, vertragswilligen und voneinander unabhängigen Vertragsparteien erzielbar wäre (IAS 40.5) und hat nichts mit einer deutschen Einheitsbewertung zu tun.

Beim Anschaffungskostenmodell (*cost model*) soll das Unternehmen die entsprechenden Abschreibungen erfassen. IAS 40 macht keine detaillierten Regelungen über Abschreibungen, die nur für Finanzinvestitionen gelten, fordert aber die Offenlegung der angewandten Abschreibungsmethoden.

Die bilanziellen Offenlegungspflichten nach IAS 40 sind kumulativ zu anderen Angabepflichten z.B. nach IAS 17, wenn der Gegenstand geleast ist (IAS 40.74), und umfassen nach IAS 40.75 eine Vielzahl von Details zu Bilanzierung, Bewertung und Abgrenzung von anderen Immobilienarten.

5.29. IAS 41: Agriculture

Dieser letzte noch vom alten IASC in Kraft gesetzte Standard ist nur anzuwenden auf

- biologische Vermögenswerte (*biological assets*),
- landwirtschaftliche Erzeugnisse zum Zeitpunkt der Ernte und
- Subventionen, die mit der Landwirtschaft im Zusammenhang stehen, was im Rahmen der EU häufig sein dürfte.

Der Standard ist ausdrücklich nicht anwendbar auf Grundstücke, die landwirtschaftlich genutzt werden (diese sind nach IAS 16 zu behandeln), und immaterielle Vermögenswerte im Zusammenhang mit der Landwirtschaft, wie gentechnische Verfahren, oder den gewerblichen Rechtsschutz für neue Tier- oder Pflanzensorten, die nach IAS 38 zu behandeln sind.

Zum Zeitpunkt der Ernte findet der Standard nur Anwendung auf die landwirtschaftlichen Erzeugnisse, die die Früchte der biologischen Vermögenswerte darstellen. Im Anschluß daran ist jedoch IAS 2 anwendbar. IAS 41 ist damit zeitlich auf den unmittelbaren Ernteprozeß, nicht aber auf die weitergehende bilanzielle Behandlung landwirtschaftlicher Produkte bezogen. Die nachstehende Übersicht aus IAS 41.4 (leicht verändert) verdeutlicht das sehr gut.

Biologische Vermögenswerte und landwirtschaftliche Erzeugnisse dürfen nach IAS 41.10 nur und nur dann angesetzt werden, wenn

- das Unternehmen den Wert dieser Produkte aufgrund von Ereignissen der Vergangenheit kontrolliert,
- ein künftiger wirtschaftlicher Nutzen wahrscheinlich ist und
- ein beizulegender Zeitwert verläßlich bestimmt werden kann.

Das ist nicht nur beim Vorhandensein eines aktiven Marktes mit homogenen Preisen für gehandelte Produkte und vertragswilligen Käufern und Verkäufern der Fall (IAS 41.8), sondern auch dann, wenn die EU eine definierte Vernichtungsprämie oder einen planwirtschaftlichen Aufkaufpreis für die landwirtschaftlichen Produkte zahlt.

Landwirtschaftliche Produkte und IAS 41:

Biologisches Vermögen	Landwirtschaftliches Erzeugnis	Produkt aus Weiterverarbeitung
Schafe	Wolle	Garne, Teppiche
Bäume im Wald	Gefällte Stämme	Bau- und Nutzholz
Pflanzen	Baumwolle	Fäden, Kleidung
	Geerntete Zuckerrüben	Zucker
Milchvieh	Milch	Käse, Joghurt
Schweine	Rümpfe geschlachteter Tiere	Würste, Räucherware, Schinken
Büsche	Blätter	Tee, Tabak
Weinstöcke	Weintrauben	Wein, Sekt
Obstbäume	Gepflücktes Obst	Obstkonserven, Obstprodukte, Marmelade

Der biologische Vermögenswert ist beim Erstansatz mit beizulegendem Zeitwert (*fair value*) abzüglich Verkaufskosten anzusetzen (IAS 41.13). Landwirtschaftliche Erzeugnisse, die von solchen biologischen Vermögenswerten geerntet wurden, sind ebenfalls zum *fair value* minus Verkaufskosten anzusetzen, was jedoch einen höheren Wert darstellen kann. Werden die Produkte im Anschluß an die Ernte beim Landwirt gelagert, so ist der *fair value* zum Zeitpunkt der Ernte der Anschaffungs- oder Herstellungskostenwert, der in IAS 2 verlangt wird (IAS 41.13).

Subventionen, die einforderbar sind, sollen als Ertrag behandelt werden (IAS 41.34). Gleiches gilt für Zahlungen, die für die Nichtausübung einer landwirtschaftlichen Tätigkeit geleistet werden (IAS 41.35), wie zum Beispiel das Brachliegenlassen von Äckern oder das »Stillegen« von Kühen, also den normalen Wahnsinn in der Europäischen Union.

Die offenlegungspflichtigen Tatbestände sind nach IAS 41.40 ff:

- der Gesamtbetrag des Gewinnes oder Verlustes beim erstmaligen Ansatz landwirtschaftlicher Erzeugnisse,
- eine Beschreibung jeder Gruppe biologischer Vermögensgegenstände,
- Art der Tätigkeit, die mit jeder Art biologischer Vermögenswerte verbunden ist, sowie zugehörige finanzielle Maßgrößen und Produktmengen,
- Bilanzierungs- und Bewertungsmethoden,
- beizulegende Zeitwerte aller Gruppen von Vermögensgegenständen,
- Beschränkungen von Eigentumsrechten, Verpflichtungen für die Entwicklung und den Erwerb biologischer Vermögenswerte und

Finanzrisikomanagementstrategien,
- eine Überleitungsrechnung vom Buchwert der Vermögenswerte am Ende der Vorperiode auf den Buchwert der Vermögenswerte am Ende der Berichtsperiode.

5.30. Die nächsten Standards

Weitere Standards erscheinen nunmehr unter IFRS-Denomination und werden im folgenden Kapitel dieses Werkes dargestellt. Dies widerspricht zwar der Reihenfolge der Darstellung der Standards in den offiziellen Publikationen, ist aber sachlogischer, denn wir konnten den Hauptteil dieses Werkes oben mit den grundlegendsten Überlegungen in IAS 1 beginnen. Die bisherigen IAS werden ab 2005 bereits erstmalig durch neue IFRS ersetzt. Es ist davon auszugehen, daß in längerer Zeit viele bisherigen IAS in neue IFRS übergehen und nur noch eine kleine Restmenge als IAS übrig bleibt.

Insbesondere steht eine Einführung der IFRS für kleine und mittelständische Unternehmens an. Sind die Standards bisher das zunehmend weltweit übliche Regelwerk für Konzerngesellschaften, also bisher eher für Großunternehmen, so ist eine Einführung auch für Personengesellschaften und Unternehmen, die im Sinne der hierfür möglichen (verschiedenen) Definitionen als »Mittelstand« bezeichnet werden können, geplant. Wie das aussehen wird, ist aber zum Zeitpunkt der Herstellung dieser Version des vorliegenden Werkes noch nicht absehbar. Theoretisch würden ja alle Standards Regelungen enthalten, die auch für Kleinunternehmen anwendbar wären. Es wird daher überlegt, das gesamte Regelwerk auch für den Mittelstand einzuführen. Abweichende Meinungen wollen nur eine Teilmenge der Standards für kleinere Unternehmen verbindlich machen. Wie es am Ende ausgehen wird, ist derzeit nicht nicht abzusehen, kann aber auf den Webseiten des Deutschen Rechnungslegungs Standards Committee e.V. (http://www.drsc.de) und natürlich beim IASB in London (http://www.iasb.org) verfolgt werden.

6.
Übersicht über die einzelnen IFRS

Da nur neue Standards unter der Bezeichnung »IFRS« bekanntgegeben werden, bieten wir den Gepflogenheiten in verschiedenen Büchern sowie auch den Textausgaben widersprechend die Übersicht über die IFRS hinter der Diskussion der IAS. Sie sind viel eher eine Fortsetzung des bisherigen Regelwerkes, denn als IFRS erscheinen neue Probleme, die den bisherigen Regelungsgehalt erweitern und/oder alte Standards ablösen.

Selbstverständlich besitzen alle Standards stets insgesamt volle Gültigkeit, ganz gleich ob sie »IAS« oder »IFRS« heißen. Die neue Denomination ist nur eine Umbenennung durch das neue IASB, das das IASC abgelöst hat.

6.1. IFRS 1: First-time Adoption of International Financial Reporting Standards

Dieser Standard regelt die Vorgehensweise, wenn eine Unternehmung von einem anderen Regelwerk erstmalig zu IFRS wechseln will. »*First-time adoption*« ist dabei definiert als der erstmalige ausdrückliche und vorbehaltlose Übergang zur internationalen Rechnungslegung – was beispielsweise beim Umstieg von HGB auf IFRS der Fall wäre.

Eine Unternehmung kann auch ein *first-time adopter* sein, wenn der letzte veröffentlichte Jahresabschluß

- die Konformität zu einigen, aber nicht allen Standards feststellt und
- einen Abgleich oder Vergleich der Bewertungen nach den vorherigen Regelungen und nach IAS/IFRS enthält.

Eine Unternehmung ist kein *first-time adopter*, wenn der vorangegangene Jahresabschluß

- die Konformität zu IAS/IFRS erklärt, aber dies bei der Abschlußprüfung eingeschränkt wurde oder
- die Konformität zu IAS/IFRS und gleichzeitig zu einem anderen Regelwerk bestand.

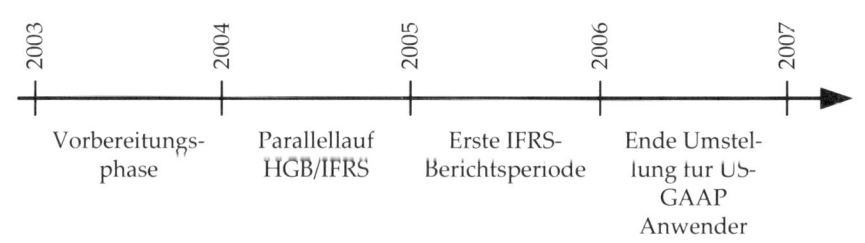

Abbildung 6.1: Zeitlicher Ablauf der Umstellung von HGB auf IAS

Der Übergang zu IAS/IFRS besteht nach IFRS 1 aus den folgenden Schritten:

Rechnungswesengrundsätze: Festlegung der Rechnungswesengrundsätze, die das Unternehmen anwenden will. Hierbei ist bedeutsam, daß i.d.R. nur ein Teil der Standards in einem konkreten Fall anwendbar ist.

Geschäftsjahr: Übergang zu den *reporting periods* gemäß IAS 1 (ein Jahr, entspricht der bisherigen HGB-Regelung).

Entfernen alter Vermögensgegenstände und Schulden: Alle Werte, die nach früheren Regeln erlaubt, aber nach IAS verboten sind, müssen angegeben werden. Dies betrifft insbesondere häufig Bewertungen nach IAS 38 (Forschung und Entwicklung).

Einbeziehen neuer Vermögensgegenstände und Schulden: Es sind aber umgekehrt nach IAS neu einzubeziehen: derivative Finanzierungsinstrumente nach IAS 39, Pensionsrückstellungen nach IAS 19, Rückstellungen als Verbindlichkeiten (IAS 37), weil dieser Unterschied in den IFRS nicht explizit gemacht wird, und latente Steuern nach IAS 12.

Reklassifikation: Einige Positionen müssen neu in das Bilanzgliederungsschema eingefügt werden. Dies betrifft Dividenden, die nach IAS 10 nicht als Verbindlichkeiten ausgewiesen werden dürfen, wenn sie nach dem Jahresabschlußstichtag von der Hauptversammlung beschlossen werden, sowie die Grundsätze der Klassifikation von Verbindlichkeiten oder Eigenkapital nach IAS 32. Diese Reklassifizierungen sind insgesamt nicht besonders häufig. Eine weitere Anwendung des Gliederungsschemas der Bilanz und der GuV nach HGB ist im Prinzip möglich und kann aus Gründen der Vergleichbarkeit oft empfohlen werden. Zudem kann sich der Konsolidierungskreis im Konzernabschluß ändern. Schließlich müssen die Segmente der Segmentberichterstattung vielfach neu festgelegt werden.

Neubewertung und Anpassungen: Schließlich unterscheiden sich die Bewertungsgrundsätze nach IAS/IFRS vielfach von denen nach HGB oder anderen früheren Rechnungslegungsvorschriften und müssen angepaßt werden. Insbesondere Sachanlagen dürfen nach beizulegendem Zeitwert oder fortgeführten Anschaffungs- oder Herstellungskosten nach IFRS neubewertet werden (IFRS 1.17).

Ausnahmen von Bewertungsregeln nach IAS/IFRS: In einigen Fällen werden Ausnahmen anläßlich der »normalen« Bewertung nach IAS/IFRS zugelassen.

Diese sind:

- Wahlrechte: In einigen Fällen wird der Unternehmung die Entscheidung überlassen, ob und in welcher Weise sie Neu- oder Umbewertungen vornehmen will. Dies betrifft Fusionen, die vor dem Datum des Überganges stattgefunden haben, nach *cost* bewertete Vermögensgegenstände, die finanzmathematische Bewertung der Leistungen an Arbeitnehmer (IAS 19) und bestimmte Barwerte von Fremdwährungsrückstellungen, die in beiden Fällen auf null neu festgesetzt werden dürfen.
- Verpflichtende Ausnahmen: Kein Wahlrecht besteht im Verbot, *financial instruments* zu bewerten, die nach dem vorher angewandten Regelwerk nicht bewertet werden dürfen (IAS 39). Diese Regel hat den Zweck, den Übergang auf IAS/IFRS nicht durch Bewertungen zu motivieren, die bisher nicht möglich waren. Der erstmalige Einsatz derivativer Finanzinstrumente, insbesondere *Hedging* (IAS 39.122–152), ist erlaubt, aber die Bewertung schon bestehender Instrumente darf nicht verändert werden.

IFRS 1 erfordert die Offenlegung, wie der Übergang zu IFRS die Situation der Unternehmung verändert hat. Dies umfaßt:

1. Vergleich des Eigenkapitals nach bisherigen Regelungen und nach IFRS/IAS für Berichtsjahr und Vorjahr,
2. Vergleich der Gewinn- und Verlustrechnung für Berichtsjahr und Vorjahr,
3. Erläuterungen materiell bedeutsamer Neu- oder Umbewertungen, die im Rahmen des Überganges auf IFRS in der Bilanz, in der G&V oder im *Cash-flow-statement* durchgeführt worden sind,
4. Offenlegung eventuell im Rahmen der Umstellung entdeckter Fehler in früheren Abschlüssen nach früheren Regelwerken,
5. außerordentliche Abschreibungen oder Zuschreibungen, die in der IFRS-Eröffnungsbilanz vorgenommen wurden,
6. Erläuterungen zu allen gemäß IFRS 1 gemachten Ausnahmen.

Dieser Standard ist offensichtlich für die Unternehmen, die ab 2005 auf IFRS umsteigen wollen (oder müssen), von großer Wichtigkeit. Er kann als Leitlinie zum Übergang von HGB nach IFRS verwendet werden.

Ein besonderes Problem stellen dabei die Vorjahreszahlen dar, die im IFRS-Abschluß, genau wie im HGB-Abschluß, erforderlich sind. Die IFRS müssen daher auch retrospektiv angewandt werden, d.h. nachträglich auf das das letzte Jahr vor dem Umstieg, denn anders kommt man nicht zu den erforderlichen Vorjahresangaben. Nach IFRS 1.26 gibt es jedoch eine Zahl von Ausnahmen, bei denen die rückwirkende Anwendung nicht gestattet ist.

Der Umstieg auf IFRS ist in einem Konzern auch zu unterschiedlichen Zeitpunkten möglich. Das ist sinnvoll, weil nationale Regelungen den Umstieg zu unterschiedlichen Zeitpunkten erlauben oder vorschreiben können. Falls ein Tochterunternehmen vor oder nach seinem Mutterunternehmen Erstanwender wird, sind in IFRS 1.24 f spezielle Regelungen gegeben. Anhang B zu IFRS 1 enthält weitere besondere Regeln für die Erstanwendung bei Unternehmenszusammenschlüssen.

6.2. IFRS 2: Share-based Payment

Eine anteilsbasierte Vergütung (*share-based payment*) ist eine Transaktion, in der die Unternehmung Güter oder Dienste entweder als Gegenleistung für ihre Anteilsscheine oder gegen Verbindlichkeiten aufgrund des Wertes der Aktien oder sonstigen Anteilsscheine erhält oder erwirbt. Das kann Dritten gegenüber erfolgen, betrifft aber in der Praxis meist Mitarbeiter-Aktienoptionen und -programme.

IFRS 2 unterscheidet drei Typen von anteilsbasierten Vergütungen:

- Transaktionen, die durch Eigenkapitalinstrumente ausgeglichen werden,
- Transaktionen, die zwar in bar ausgeglichen werden, deren Höhe aber von einem Eigenkapitalinstrument des Unternehmens abhängig ist, und
- Transaktionen, bei denen einer oder beide Beteiligten die Wahl haben, ob der Ausgleich durch ein Eigenkapitalinstrument oder in bar zu erfolgen habe.

Diese Art von Transaktion kommt typischerwesie auf zwei verschiedene Arten vor: Entweder gewähren die Anteilseigner der Unternehmung Anteile oder Optionen z.B. durch Verzicht auf Bezugsrechte, und die Unternehmung verwendet diese als Leistung an Arbeitnehmer (häufiger) oder Dritte (seltener):

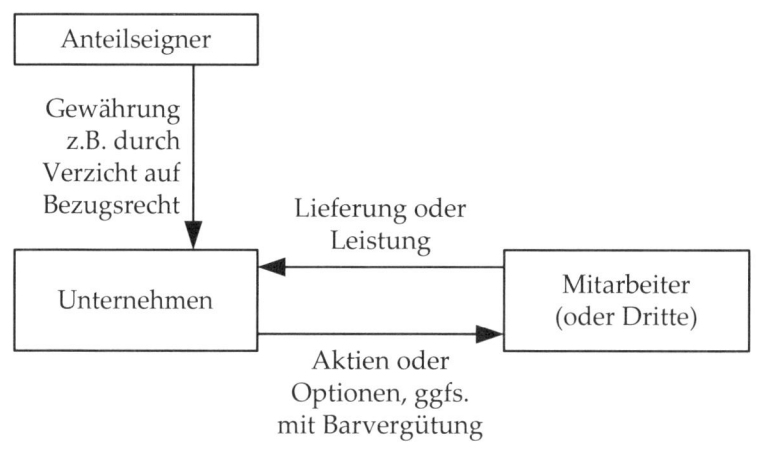

Abbildung 6.2: Share-based payments, Variante 1

Alternativ können die Anteilseigner die Aktien oder Aktienoptionen direkt an die Dritten oder Mitarbeiter leisten, die im Gegenzug Lieferungen oder Leistungen an das Unternehmen erbringen (IFRS 2.3):

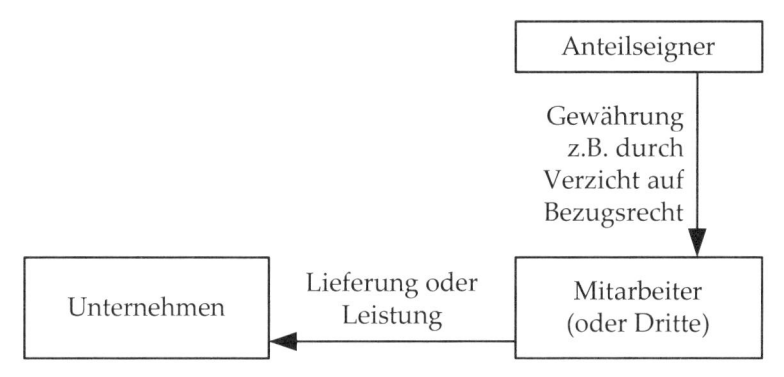

Abbildung 6.3: Share-based payments, Variante 2

Hauptzweck dieses Standards ist, eine einheitliche Bewertung solcher Transaktionen herbeizuführen. Generell hat die Bewertung nach dem *Fair-value*-Prinzip zu erfolgen. Der Standard unterscheidet jedoch eine Vielzahl spezieller Fälle insbesondere für den Fall, daß sich der Wert solcher Zahlungen nicht explizit und zuverlässig feststellen läßt. Bei Mitarbeiteraktien oder vergleichbaren *Share-based* Transaktionen mit Mitarbeitern soll der Wert der gewährten Anteilsscheine oder Wertpapiere zugrunde gelegt werden, weil ein *fair value* der Arbeitsleistung des Mitarbeiters nicht oder nur schwer feststellbar ist (IFRS 2.10). Der Zeitpunkt der Bewertung ist der Zeitpunkt der Gewährung der Anteilsscheine oder Wertpapiere bzw. des Empfanges der Güter oder Dienste (IFRS 2.7).

Bewertungszeitpunkt ist jeweils der Termin, zu dem die jeweiligen Güter erworben oder Leistungen erhalten wurden. Da aktienbasierte Vergütungen an Mitarbeiter oft an eine bestimmte künftige Betriebszugehörigkeit gebunden sind, kann dies bedeuten, daß die Bewertung der *share-based payments* über diesen Zeitraum zu verteilen ist.

Dies kann man gut an einem *Beispiel* verdeutlichen: Eine Unternehmung habe 200 Angestellten jeweils 100 Aktienoptionen gewährt. Diese werden mit einem beizulegenden Zeitwert von je 30 € bewertet und sind an die Bedingung gebunden, daß die Mitarbeiter jeweils drei Jahre für die Unternehmung arbeiten. Würden alle Mitarbeiter während der gesamten drei Jahre auch tatsächlich weiterhin für das Unternehmen arbeiten, wäre ein Gesamtaufwand i.H.v. $100 \times 200 \times 30 = 600.000$ € über den gesamten Dreijahreszeitraum zu erfassen, also 200.000 € pro Jahr. Scheiden aber pro Jahr 10 % der mit den Aktienoptionen bedachten Mitarbeiter aus, so sind nur noch insgesamt 540.000 € als Aufwand zu erfassen, und zwar 180.000 € pro Jahr:

Jahr	Aufwand	Kumulativ
1	180.000 €	180.000 €
2	180.000 €	360.000 €
3	180.000 €	540.000 €

Sinkt die Treuerate der Mitarbeiter auf 80 %, d.h., scheiden tatsächlich pro Jahr 20 % aus, so würde der jährliche Aufwand weiter auf insgesamt 480.000 € sinken:

Jahr	Aufwand	Kumulativ
1	160.000 €	160.000 €
2	160.000 €	320.000 €
3	160.000 €	480.000 €

Die Annahme über den Anteil der ausscheidenden Mitarbeiter kann auch pro Jahr wechseln. Scheiden beispielsweise im ersten Jahr 10 % der Mitarbeiter aus, so wären wie oben demonstriert 180.000 € als Aufwand zu erfassen. Im zweiten Jahr verlassen aber 20 % der Mitarbeiter das Unternehmen und verzichten auf diese Art auf ihre 20.000 Aktienoptionen, die ja an eine dreijährige Fortsetzung des Arbeitsverhältnisses gekoppelt waren. Dies führt zu $20.000 \times 80\% \times 30 \times 2/3 - 180.000 = 140.000$ € Aufwand. Im dritten Jahr beträgt die Treuequote aber wieder 90 %, d.h., es scheiden nur noch 10 % der Mitarbeiter aus dem Unternehmen aus. Der Aufwand wäre nunmehr $20.000 \times 90\% \times 30 \times 1 - (180.000 + 140.000) = 220.000$ €.

Jahr	Ausscheider	Aufwand	Kumulativ
1	10 %	180.000 €	180.000 €
2	20 %	140.000 €	320.000 €
3	10 %	220.000 €	540.000 €

Ändert sich die Bewertung der Aktienoptionen, so ist die Bewertung vom Moment der Neubewertung an auf die restlichen Perioden zu verteilen. Auch dies kann man wiederum an unserem Beispiel verdeutlichen. Wäre beispielsweise im obersten Fall (10 % Ausscheider pro Jahr) die Bewertung der Aktienoptionen nicht 30 €/Stück sondern 40 €/Stück gewesen, so wären insgesamt über die drei Jahre $100 \times 200 \times 90\% \times 40 = 720.000$ € als Aufwand zu verrechnen gewesen. Ergibt sich die Neubewertung (*repricing*) aber erst in der zweiten Rechnungsperiode, so wären als Aufwand zu erfassen:

Jahr	Fair Value	Aufwand	Kumulativ
1	30 €/Stück	180.000 €	180.000 €
2	40 €/Stück	270.000 €	450.000 €
3	40 €/Stück	270.000 €	720.000 €

Alternativ zu den vorstehenden Beispielen wäre auch eine Verteilung nach *service units* möglich gewesen, wenn z.B. während der drei Jahre sehr unterschiedlich hohe Arbeitsleistungen erbracht werden – etwa bei vorübergehendem Ausscheiden. Auch die Höhe des Aufwandes wäre dann nach diesen Leistungseinheiten zu bemessen gewesen.

Das Unternehmen hat eine entsprechende Zunahme im Eigenkapital zu erfassen, wenn Güter oder Leistungen gegen eine anteilsbasierte Vergütung mit Ausgleich durch Eigenkapitalinstrumente erhalten wurden oder eine Schuld anzusetzen, wenn die Güter oder Dienstleistungen gegen eine anteilsbasierte Vergütung mit Barausgleich erworben wurden (IFRS 2.7). Dies bedeutet:

- Bei anteilsbasierten Vergütungen, die durch Eigenkapitalinstrumente beglichen werden, sind die erhaltenen Güter oder Dienstleistungen und die entsprechende Erhöhung des Eigenkapitals direkt mit dem beizulegenden Zeitwert der Güter oder Leistungen anzusetzen.
- Bei anteilsbasierten Vergütungen, die in bar abgegolten werden, sind die erworbenen Güter oder Leistungen und die entstandene Schuld zu erfassen, wobei eine Rückstellung zu erfassen ist, soweit das Unternehmen die Lieferungen bzw. Leistungen bereits erhalten hat und diese Rückstellung jeweils zum *fair value* der Zahlungsverpflichtung zu bewerten ist.
- Haben das Unternehmen und/oder die Gegenpartei die Wahl, ob die Transaktion in bar oder durch die Ausgabe von Eigenkapitalinstrumenten abgegolten wird, so ist der Geschäftsfall als anteilsbasierte Vergütung mit Barausgleich zu bilanzieren, wenn das Unternehmen zum Ausgleich in bar verpflichtet ist, oder wie eine anteilsbasierte Vergütung durch Eigenkapital, wenn keine Verpflichtung zur Barzahlung vorhanden ist.

Bei *Share-based*-Geschäften ist oft die Bewertung ein Problem. Grundsätzlich verlangt der Standard ja die *Fair-value*-Bewertung. Hierbei sind Marktpreise zugrunde zu legen (IFRS 2.16). Gibt es keine Marktpreise, was bei manchen Eigenkapitalinstrumenten, die nicht an Börsen oder anderen öffentlichen Marktpreisen gehandelt werden, der Fall sein dürfte, so muß geschätzt werden (IFRS 2.17). Hierbei ist der Preis zugrunde zu legen, der am Bewertungsstichtag zwischen vertragswilligen, voneinander unabhängigen und sachkundigen Parteien zu marktüblichen Bedingungen erzielt worden wäre. Die Bewertung soll den allgemeinen Bewertungsverfahren für Finanzinstrumente folgen, ist dann aber auf jeden Fall vergleichsweise ungewiß – insbesondere bei Instrumenten, die einer hohen Volatilität unterliegen. Anhang B zu IFRS 2 enthält eine Vielzahl von Bewertungsrichtlinien für diese Schätzungen, die auch die erwartete Volatilität oder das erwartete Verhalten der Marktteilnehmer berücksichtigen – was bei Arbeitnehmern z.B. die Prognose der frühzeitigen Ausübung von Optionsrechten enthält, da solche Rechte meist nicht übertragbar sind und daher den Inhabern keine andere Wahl bleibt.

Die Offenlegungspflichten umfassen nach IFRS 2.44 ff:

- detaillierte Angaben zu Art und Umfang solcher Geschäfte im Berichtszeitraum,
- Anzahl und gewichteter Durchschnitt der Ausübungspreise der Aktienoptionen für jeweils zu Beginn der Berichtsperiode ausstehende Optionen, in der Berichtsperiode gewährte, verwirkte, ausgeübte und verfallene Optionen sowie am Ende der Berichtsperiode ausstehende und ausübbare Optionen,
- in der Berichtsperiode insgesamt ausgeübte Optionen mit gewichtetem Durchschnittskurs zum Zeitpunkt der Ausübung,
- der *fair value* der empfangenen Güter oder Leistungen sowie der Anteilsscheine oder Wertpapiere und
- der Effekt der offengelegten Geschäfte auf den Gewinn oder Verlust der Unternehmung.

IFRS 2 gilt für alle Unternehmen und erlaubt keine Erleichterungen für kleinere bilanzierungspflichtige Unternehmen. *Share-based payments* im Zusammenhang mit einem Unternehmenskauf bzw. einer Übernahme sollten jedoch nach IFRS 3 ausgewiesen werden.

6.3. IFRS 3: Business Combinations

Eine »*Business Combination*« ist die Zusammenbringung verschiedener Unternehmen in eine neue, einheitlich berichtende Einheit. Der häufigste Fall ist der Unternehmenskauf oder was sonst noch an Arten der Fusion denkbar ist. Dieser neue Standard gilt bereits für alle ab dem 1. April 2004 durchgeführten Zusammenführungen und hat den bisherigen IAS 22 *Business Combinations* ersetzt.

IFRS 3 ist nicht anwendbar auf die Zusammenführung separater Unternehmen in ein *Joint Venture*, auf Unternehmenszusammenschlüsse, an denen Unternehmen unter gemeinsamer Beherrschung beteiligt sind, d.h., die bereits einen Konzern bilden, auf Unternehmenszusammenführungen unter gegenseitiger Beteiligung und Unternehmenszusammenschlüsse, die nur gegründet werden, um ein berichterstattendes Unternehmen zu gründen, ohne daß diesem eine über die Berichterstattung hinausgehende wirtschaftliche Substanz zugrunde läge.

Eine Unternehmenszusammenführung liegt also nur vor, wenn ein Unternehmen ein anderes übernimmt. Die Übernahme von Einheiten ohne Geschäftsbetrieb stellt keine Unternehmenszusammenführung dar; ebenso ist der Erwerb einer Gruppe von Vermögensgegenständen, die in sich kein Unternehmen darstellt, keine Unternehmensübernahme. Letzteres ist insbesondere nach der Zerschlagung insolventer Unternehmen bei der Veräußerung der Vermögenswerte häufig.

Die Unternehmenszusammenführung darf nicht in einer Mutter-Tochter-Beziehung enden; ist das der Fall, so ist das Konzernrechnungswesen anwendbar (IAS 27). IFRS 3 befaßt sich lediglich mit der Übernahme.

Dies ist der Grund, weshalb IFRS 3.14 die Erwerbsmethode als ausschließliche Methode vorschreibt. Diese besteht aus drei Schritten:

1. Identifizierung des Erwerbers,
2. Ermittlung der Anschaffungskosten des Unternehmenszusammenschlusses und
3. Verteilung dieser Anschaffungskosten auf die erworbenen Vermögenswerte, Schulden und Eventualverbindlichkeiten zum Zeitpunkt des Erwerbes.

Erwerber ist, wer die Beherrschung ausübt (IFRS 3.17). Beherrschung ist die Möglichkeit, die Finanz- und Geschäftspolitik eines Unternehmens zu bestimmen (control relation), was sich mit den Regelungen zum Konzernrechnungswesen deckt. Die Anschaffungskosten werden wiederum aus den beizulegenden Zeitwerten (fair value) plus den dem Unternehmenszusammenschluß direkt zurechenbaren Kosten ermittelt (IFRS 3.24 ff). Die Verteilung dieser Anschaffungskosten besteht darin, daß alle identifizierbaren Vermögenswerte, Verbindlichkeiten und Eventualverbindlichkeiten bewertet werden (IFRS 3.36 ff). Da der dabei entstehende Gesamtwert selten genau dem Kaufpreis entspricht, entsteht in aller Regel ein Geschäfts- oder Firmenwert (goodwill) oder ein negativer Geschäfts- oder Firmenwert (badwill).

Das kann man gut an einem kleinen *Beispiel* demonstrieren. Die kaufende Gesellschaft:

Übernehmende Gesellschaft

Aktiva			Passiva
Anlagevermögen	110	Eigenkapital	85
Vorräte	60	Fremdkapital	115
Geldmittel	30		
	200		200

übernimmt diese Gesellschaft

Übernommene Gesellschaft

Aktiva			Passiva
Anlagevermögen	25	Eigenkapital	25
Vorräte	15	Fremdkapital	25
Geldmittel	10		
	50		50

zu einem Kaufpreis von 45, der in bar gezahlt werde. Wie schaut nach dem Kauf die Bilanz des Käufers aus, wenn wir zugrunde legen, daß keinerlei Umbewertungen erforderlich war, d.h. alle Vermögensgegenstände nach der Übernahme so bewertet werden konnten, wie sie vorher schon bewertet worden waren?

Da zu einem Preis gekauft wurde, der um 15 über dem ausgewiesenen (und hier als zutreffend angenommenen) Wert des Eigenkapitals des

Übernahmekandidaten liegt, haben wir es mit einem positiven Geschäfts- oder Firmenwert, d.h. mit einem *goodwill* zu tun:

Aktiva	Käufer nach Übernahme		Passiva
Anlagevermögen	135	Eigenkapital	85
Vorräte	75	Fremdkapital	145
Firmenwert	20		
	230		230

Da der Kaufpreis die Summe der insgesamt verfügbaren Geldmittel von 30 des Übernehmenden und 10 der Übernommenen übersteigt, ist hierbei die Summe der Verbindlichkeiten zugleich angestiegen.

Wäre hingegen der Kauf zu einem Preis von nur 20 durchgeführt worden, so wäre ein negativer Geschäfts- oder Firmenwert, ein sogenannter *badwill*, entstanden:

Aktiva	Käufer nach Übernahme		Passiva
Anlagevermögen	135	Eigenkapital	85
Vorräte	75	Badwill	5
Firmenwert	20	Fremdkapital	140
	230		230

Dieser erscheint als Eigenkapital, weil weniger als das Reinvermögen (*equity*) des Gekauften an die Anteilseigner des übernommenen Unternehmens gezahlt worden ist.

Zu einem vergleichbaren Geschäfts- oder Firmenwert kommt es auch, wenn Vermögensgegenstände umbewertet werden. Hätte man beispielsweise im Fall des Kaufes zu einer Summe von 40 (oben) bei der Bilanzierung der Aktiva festgestellt, daß das Anlagevermögen nicht 135, sondern nur 125 wert ist, so wäre der Geschäfts- oder Firmenwert um 10 angestiegen:

Aktiva	Käufer nach Übernahme		Passiva
Anlagevermögen	125	Eigenkapital	85
Vorräte	75	Fremdkapital	145
Firmenwert	30		
	230		230

Der Geschäfts- oder Firmenwert deckt damit insgesamt den durch die Kaufpreisverhandlung entstandenen Wertunterschied zwischen »wirklichem« und bewertetem Wert auf. Die Grundlage der Bildung eines Geschäfts- oder Firmenwertes bilden in aller Regel immaterielle Vermögenswerte. Die zur IFRS 2 gehörenden Beispiele unterscheiden in diesem Zusammenhang fünf Kategorien immaterieller Wirtschaftsgüter, die gut zeigen, wieviel weiter der *Asset*-Begriff gefaßt ist als der deutsche steuer- oder handelsrechtliche Vermögensbegriff:

- marketingbezogene *intangible assets*: Markenschutzrechte, Internet-Domains, Geschmacksmuster (und andere gewerbliche Schutzrechte), Marktvereinbarungen mit Konkurrenten;
- kundenbezogene *intangible assets*: Kundenlisten, Bestell- und/oder Produktionsrückstand, Kundenverträge und vergleichbare geldwerte Kundenbeziehungen, außervertragliche Kundenbeziehungen (die z.B. nach § 7 UWG die Kontaktaufnahme per Fernkommunikationsmittel erlauben würden);
- künstlerische *intangible assets* sind insbesondere Urheberrechte an einer Vielzahl von möglichen Materialien, die marktfähig sind oder wären;
- vertragliche *intangible assets*: Lizenz- oder Nutzungsverträge, Stillhalteabkommen mit Rechteinhabern oder Konkurrenten, Werbeverträge, Leasingverträge, Franchiseverträge, Senderechte, Nutzungsrechte, Explorations- und Ausbeutungsrechte (insbesondere bei natürlichen Ressourcen), Dienstleistungs- und Wartungsverträge, Arbeitsverträge mit Mitarbeitern, die unter Marktpreis für vergleichbare Leistungen geschlossen wurden;
- technologiebasierte *intangible assets*: Patente und Gebrauchsmuster, Computersoftware und vergleichbare Urheberrechte, unpatentierte, aber dennoch über dem Stand der Technik liegende Verfahren, Datenbanken und Datenbestände, Handelsgeheimnisse wie Formeln oder Rezepte.

Alle diese Arten von Vermögensgegenständen, die in Deutschland meist dem Aktivierungsverbot des § 248 Abs. 2 HGB unterliegen würden, vermitteln stille Reserven. Sie können, auch wenn sie nicht bilanziert wurden, z.B. wenn ein bisher nach HGB bilanzierendes Unternehmen übernommen und erst durch diese Übernahme auf IFRS umgestellt hat, zukünftigen wirtschaftlichen Nutzen vermitteln und werden daher spätestens als Geschäfts- oder Firmenwert aktiviert.

Für Geschäfts- oder Firmenwerte besteht jetzt ein generelles Verbot planmäßiger Abschreibung. Allerdings ist eine regelmäßige Prüfung auf Wertminderung (*impairment test*) vorgeschrieben.

Restrukturierungsaufwendungen werden im Sachzusammenhang mit *business combinations* nur anerkannt, wenn hierfür Verbindlichkeiten oder Verpflichtungen zum Zeitpunkt des Kaufes bestanden.

Die Offenlegungsanforderungen umfassen (IFRS 3.67):

- Namen und Beschreibungen der zusammengeführten Unternehmen,
- das Datum des Kaufes oder der Fusion,
- Prozentanteile der erworbenen Anteilsscheine,
- Kosten der Zusammenführung,
- Bewertungen am Tag der Zusammenführung für jede Klasse an Vermögensgegenständen, Schulden und Eventualverbindlichkei-

ten des Käufers und, soweit machbar, der Zeitwert dieser Klassen unmittelbar vor dem Kauf,
- der Betrag des positiven oder negativen Firmenwertes,
- Details der Faktoren, die zu einem positiven Firmenwert geführt haben,
- der Betrag des Gewinnes oder Verlustes des gekauften Unternehmens, soweit in die GuV-Rechnung des Käufers einbezogen.

Von der Offenlegung der folgenden Sachverhalte kann abgesehen werden, wenn sich dies als nicht durchführbar erweisen sollte (IFRS 3.70):

- Ertrag des Gesamtunternehmens nach dem Kauf in der Periode des Kaufes und
- Gewinn oder Verlust des Gesamtunternehmens in der Periode des Kaufes.

6.4. IFRS 4: Insurance Contracts

Dieser Standard enthält eine Regelung der Rechnungslegung über Versicherungsverträge, die ein Versicherer im Bestand hat. Entprechend § 1 Abs. 1 VVG wird der Versicherungsvertrag in IFRS 4 definiert als Vertrag, in dem ein Versicherer ein versichertes Risiko von einem Versicherungsnehmer in der Weise übernimmt, daß er sich verpflichtet, für ein ungewisses zukünftiges Ereignis (den Versicherungsvertrag) eine Entschädigung zu zahlen.

Schon diese scheinbar einfache Definition kann problematisch sein, weil der Erfindungsreichtum der Finanzdienstleister keine Grenzen zu kennen scheint. Das IASB gibt daher eine Vielzahl von Beispielen zur Abgrenzung zwischen Versicherungsverträgen und anderen Vertragsarten. So ist beispielsweise ein Darlehensvertrag mit einer Vorfälligkeitsgebühr, auf die verzichtet wird, wenn die vorfällige Zahlung auf dem Tod des Kreditnehmers (und einer daraus folgenden vorzeitigen Kredittilgung) beruht, kein Versicherungsvertrag, weil der Versicherer nicht in ein vorher bereits bestehendes Risiko einsteigt. IFRS 4 wäre daher nicht anwendbar. Ein Katastrophenfonds, bei dem Einzahlungen und/ oder Zinszahlungen durch ein bestimmtes Schadensereignis verändert werden, ist hingegen ein Versicherungs- und ein Einlagevertrag gleichermaßen, wobei die Aufteilung zwischen beiden Vertragsarten von der jeweiligen Vertragsgestaltung abhängt. Wartungsverträge über Maschinen sind stets Versicherungsverträge, weil der Versicherer das Maschinenbruchrisiko übernimmt, aber nicht wissen kann, ob überhaupt und wie oft der Versicherungsfall eintritt – aber nur, wenn sie vorausgezahlt werden. Die allgemeine Produktgewährleistung z.B. nach bürgerlichem Recht ist kein Versicherungsvertrag im Sinne des IFRS 4, weil diese Gewährleistung dem Verkauf des Produktes selbst zu nahe steht.

Sie kann aber sehr wohl zu einer Rückstellung führen. Insbesondere in der Landwirtschaft entwickelte Vertragstypen, bei denen eine Zahlungspflicht vom Eintritt oder Nichteintritt bestimmter physikalischer Gegebenheiten wie Regenfall oder Trockenheit abhängt, sind Versicherungsverträge, wenn der Versicherer nur zu einer bestimmten Zahlung aufgrund des Eintretens oder Ausbleibens des Ereignisses verpflichtet ist, wenn dieses Ereignis oder Ausbleiben den anderen Vertragsteil (Versicherungsnehmer) beeinträchtigt, z.B. durch Verlust der Ernte; ist eine Zahlungspflicht nur an ein Ereignis oder Ausbleiben geknüpft, das aber nicht notwendigerweise ein Schadensereignis darstellt, so ist der Vertrag »nur« ein Finanzinstrument und fällt unter IAS 39.

IFRS 4 gilt generell nicht für

- Produktgewährleistungen des Herstellers oder Händlers, denn hierfür gelten IAS 18 und IAS 37,
- Verbindlichkeiten von Arbeitgebern aufgrund von Versorgungsplänen ihren Arbeitnehmern gegenüber, denn hier gelten IFRS 2 und IAS 19,
- Rechte und Pflichten, die sich aus dem künftigen Gebrauch oder Gebrauchsrecht nicht-finanzieller Güter ergeben, was insbesondere Leasing (IAS 17), aber auch viele immaterielle Vermögensgegenstände (IAS 38) betrifft,
- finanzielle Garantien, die ebenfalls in IAS 39 geregelt sind,
- bei Unternehmenszusammenschlüssen nach IFRS 3 zu zahlende bedingte Gegenleistungen und
- vom Unternehmen als Versicherungsnehmer geschlossene Verträge.

Um diese Ausschlüsse zu verstehen, ist es wichtig, sich den Charakter eines Versicherungsvertrages zu verdeutlichen. Dieser Vertragstyp richtet sich auf ein ungewisses zukünftiges Ereignis, das möglicherweise niemals eintritt. Der Versicherungsvertrag steht damit auf seiten des Versicherers der Eventualverbindlichkeit nahe, denn viele Versicherungsverträge ähneln Bürgschaften. Anders als diese dürfen sie aber nicht als Eventualschulden des Versicherers ausgewiesen werden. IFRS 4 ist damit eine Spezialregelung zu dem nicht auf Versicherungsverträge anwendbaren IAS 37.

Ein weiteres wesentliches Problem ist der derivative Charakter vieler Versicherungsverträge. Ein Derivat wird in IAS 39.9 ähnlich wie in § 1 Abs. 1 Satz 4 KWG definiert als ein Finanzinstrument oder »anderer Vertrag« – also z.B. Versicherungsvertrag –,

- dessen Wert sich infolge einer Zins- oder Marktpreisänderung selbst verändert,
- der ohne Anschaffungsauszahlung erworben werden kann und
- der zu einem künftigen Zeitpunkt beglichen wird, also »auf Termin« lautet.

Dies ist bedeutsam, denn viele Terminkontrakte sind ihrem Wesen nach Sicherungsgeschäfte (»*hedge accounting*«). So könnte eine Unternehmung einen steigenden Rohstoffpreis durch ein Termingeschäft absichern, d.h. eine Vorausvereinbarung des zukünftigen Kaufpreises. Diese Vorausvereinbarung selbst wird ohne Anschaffungsauszahlung erworben (ggfs. mit Ausnahme einer vergleichsweise geringen Abschlußgebühr) und hat während ihrer Laufzeit einen Wert, der von der Differenz zwischen vereinbartem Kaufpreis und tatsächlichem Wert des Rohstoffes abhängt. Sie ist also ein Derivat. Auf ähnliche Art könnten auch Marktzinsen oder Währungsrisiken durch Termingeschäfte abgesichert werden. Daß anstelle einer solchen derivativen Vereinbarung auch eine »Preisversicherung« treten könnte, erklärt die sachliche Nähe zwischen Versicherungs- und Derivatkontrakten.

Liegt insgesamt ein Derivat vor, so ist dieses u.a. nach IAS 39 auszuweisen. Vielfach ist aber nur ein Teil eines Versicherungsvertrages derivativen Charakters. Nach IAS 39 müßte der Versicherer diesen Teil bilanziell abtrennen und separat bewerten; diese grundlegende Verpflichtung wird in IFRS 4.7 übernommen. Nach IFRS 4.8 muß er das Recht des Versicherungsnehmers, einen Versicherungsvertrag zu einem bestimmten Wert zurückzukaufen, aber nicht abtrennen und nicht separat zum beizulegenden Zeitwert bewerten. Dies ist insofern eine »Entschärfung« der Einzelausweisregelung.

Auch dies sollte man sich an einem Beispiel verdeutlichen, denn es ist nicht unmittelbar offensichtlich (und der Erfindungsreichtum der Versicherer ist bekanntlich unbegrenzt). Das war auch dem IASB klar, das eine große Zahl solcher Beispiele in den Implementation Guide zu diesem Standard geschrieben hat: So könnte ein Lebensversicherungsvertrag eine Garantie eines Mindestzinses enthalten. Während die Lebensversicherung an sich ein »echter« Versicherungsvertrag ist, wäre die darin enthaltene (»eingebettete«) Zinsgarantie ein Derivat, das vom Hauptvertrag (»*host contract*«) abgetrennt und separat ausgewiesen werden muß. Ähnlich wäre es mit anderen Garantiezahlungen: Hängen sie vom Leben oder Sterben des Versicherungsnehmers ab, so handelt es sich um eigentliche Versicherungsverträge (z.B. auf den Todesfall). Sind sie aber mit anderen Größen verbunden, etwa einem Aktienindex oder Zinsniveau, auch dann, wenn der entsprechende Wert zum Todeszeitpunkt maßgeblich sein soll, so handelt es sich um eingebettete Derivate. Die Bedeutung solcher Konstruktionen nimmt zu, weil immer mehr Versicherungsnehmer auch persönliche Zukunftsrisiken – wie z.B. das Zinsrisiko beim Eigenheimbau – durch einen Versicherungsvertrag mit derivativer Komponente (und nicht mehr auf »herkömmliche« Art z.B. durch einen parallel aufgebauten Bausparvertrag) absichern wollen. Während viele Optionen Derivate sind, ist die – in der Praxis häufige – Option, am Ende eines Lebensversicherungsvertrages eine Einmalzahlung oder eine Lebenszeitrente zu wählen (das sogenannte »Kapitalwahlrecht«), hingegen kein Indiz für das Vorliegen eines Derivates.

Ein ähnliches Problem ergibt sich aber in diesem Zusammenhang mit den sogenannten Einlagenkomponenten, die in Sparanteilen von Versicherungsnehmern bestehen, die der Versicherer zusammen mit dem Vertrag verwaltet. Gute Beispiele sind etwa Risikolebens- und Rentenversicherungen, die ihrem Wesen nach eigentlich Sparverträge sind. Eine bilanzielle Entflechtung (»*unbundling*«) dieser Sparanteile ist erforderlich, wenn die Einlageanteile separat bewertbar sind und eine solche Entflechtung durch die jeweils anwendbaren nationalen versicherungsaufsichtsrechtlichen Regelungen vorgeschrieben ist, und erlaubt, wenn sie möglich und vom Versicherer selbst erwünscht ist.

Wird der Einlageanteil der Versicherungsnehmer separat erfaßt, so ist auf diese Komponente ebenfalls IAS 39 anzuwenden.

Während eingebettete Derivate und Einlagekomponenten nach IAS 39 der *Fair-value*-Bewertung unterliegen, verlangt IFRS 4.15 einen *liability adequacy test* für alle Versicherungsverbindlichkeiten. Durch diesen Test soll zu jedem Bilanzstichtag festgestellt werden, ob die Annahmen über künftige Zahlungsströme, die ja auf Risikovorhersagen wie z.B. Schadensstatistiken oder Sterbetafeln beruhen, noch angemessen (adäquat) sind. Dies ist sozusagen das Gegenstück zu dem *impairment test* auf Wertminderung bei Vermögensgegenständen nach IAS 36. Entsteht ein Unterschied zwischen bewerteten und erwarteten künftigen Zahlungsströmen, so ist dieser als Gewinn oder Verlust auszuweisen.

Dies kann man gut an Beispielen veranschaulichen: Die Lebenserwartung der Menschen steigt bekanntlich. Das läßt die Summe künftiger Auszahlungen aus Rentenversicherungen steigen. Gleichermaßen steigen die Schäden aus wetterbedingten Risiken, aber nicht wegen der globalen Erwärmung, deren Existenz von vielen Wissenschaftlern bestritten wird, sondern oftmals eher, weil immer mehr Menschen Häuser in flutgefährdeten Regionen bauen, in denen früher niemand gebaut hätte (oder bauen durfte). Auch hier wäre ein Verlust zu erfassen. Andererseits sinken manche Krankheitsrisiken, weil gesetzliche Leistungspflichten gekürzt und gesundheitliche Risiken vermieden werden. Dies kann zu einem Ertragsausweis führen.

Der *liability adequacy test* muß Annahmen über alle künftigen vertraglichen Zahlungsströme und Kosten enthalten (IFRS 4.16) und kann auf der Ebene des jeweiligen Portfolios, d.h. der entsprechenden Vertragsart angewandt werden. Eine Einzelbewertung einzelner Verträge ist also in diesem Standard nicht erforderlich, aber ggfs. aus anderen Ursachen heraus erforderlich – z.B. wenn die Zahlungsfähigkeit des Versicherungsnehmers zweifelhaft ist.

IFRS 4 gilt für die Versicherung dem Endkunden gegenüber und für die Rückversicherung der Versicherer untereinander gleichermaßen, da diese beiden Versicherungsarten einander dem Wesen nach entsprechen. Es würde daher keinen Sinn machen, für beide Vertragstypen unterschiedliche Regelungen auszustellen.

Spezielle Rechnungslegungsgrundsätze umfassen

- das Verbot der Rückstellungsbildung für am Bilanzstichtag noch nicht bestehende Verträge,
- eine Prüfung auf Angemessenheit der Rückversicherungen und einen *impairment test* der entsprechenden Vermögensgegenstände sowie
- den Ausweis der Versicherungsverbindlichkeiten, bis sie auslaufen oder verfallen, und verbietet in diesem Zusammenhang die Verrechnung von Versicherungsverbindlichkeiten und Versicherungsforderungen.

Offenlegungspflichten hinsichtlich Versicherungsverträgen umfassen:

- alle Informationen, die der Jahresabschlußleser benötigt, um die ausgewiesenen Beträge zu verstehen, was die angewandten Rechnungswesengrundsätze, die ausgewiesenen Vermögensgegenstände und Schulden und ihre Bewertung, eventuell vorliegende Zessionen und alle anderen Umstände umfaßt,
- alle Informationen, die der Jahresabschlußleser benötigt, um Betrag, Zeitpunkt und Unsicherheitsgrad künftiger Zahlungsströme aus Versicherungsverträgen zu verstehen, was eine Risikoanalyse, Details des Risikomanagement-Systems und die jeweiligen Versicherungsbedingungen umfaßt,
- Informationen über das versicherte Risiko, insbesondere inwieweit das Versicherungsrisiko mit Gewinn, Verlust und Eigenkapital zusammenhängt, und
- Informationen über Kreditrisiken, insbesondere auch hinsichtlich derivativer Finanzierungsinstrumente.

6.5. IFRS 5: Non-current Assets Held for Sale and Discontinued Operations

Dieser Standard führt eine Klassifizierung »zur Veräußerung gehalten« (*held for sale*) ein, in die alle Vermögensgegenstände einzustellen sind, die gemeinsam oder in einzelnen Transaktionen durch Verkauf oder auf andere Art einzeln oder ggfs. zusammen mit den mit ihnen in Verbindung stehenden Schulden veräußert werden sollen. Hier sind natürlich nicht Waren oder Fertigprodukte gemeint, sondern nicht mehr benötigte Anlagevermögensgegenstände, was auch begründet, daß dies oft im Zusammenhang mit der Aufgabe von Geschäftsfeldern vorkommt. Zudem kann die Auflösung ganzer Geschäftsbereiche Gegenstand des Standards sein. Das kann man gut auf die folgende Art visualisieren:

```
┌─────────────────────────────────────────────────┐
│      Langfristiger Vermögensgegenstand,         │
│           zur Veräußerung gehalten              │
├─────────────────────────────────────────────────┤
│  Veräußerungsgruppe aus mindestens einem lang-  │
│  fristigen Vermögensgegenstand plus zugehörigen │
│  Verbindlichkeiten (z.B. Hypotheken),           │
│           zur Veräußerung gehalten              │
├─────────────────────────────────────────────────┤
│  Gesamtheit von Vermögensgegenständen eines     │
│  Geschäftsfeldes (geographisch, sachlich oder   │
│  als Tochtergesellschaft definiert),            │
│           zur Veräußerung gehalten              │
└─────────────────────────────────────────────────┘
```

Abbildung 6.4: Aufgabe von Vermögensgegenständen, Veräußerungsgruppen und ganzen Geschäftsfeldern

Die in die *Held-for-sale*-Kategorie klassifizierten Vermögensgegenstände sind

- zum niedrigeren Wert aus Buchwert und *fair value* abzüglich Veräußerungskosten zu bewerten und
- als gesonderter Posten in der Bilanz und die Ergebnisse ausgegebener Geschäftsbereiche als gesonderter Posten in der Gewinn- und Verlustrechnung

auszuweisen. Mehrere Gegenstände, die gemeinsam veräußert werden sollen, heißen auch Veräußerungsgruppe. Bedingung für die Klassifizierung als »*held for sale*« ist, daß der zugehörige Buchwert durch ein Veräußerungsgeschäft und nicht durch fortgesetzte Nutzung realisiert werden soll (IFRS 5.6). Der Gegenstand oder die Veräußerungsgruppe muß veräußerbar sein und die Veräußerung muß höchstwahrscheinlich sein und binnen eines Jahres stattfinden. »Höchstwahrscheinlich« bedeutet, daß das Management den Verkauf beschlossen und mit der Suche nach einem Käufer begonnen hat (IFRS 5.6–8).

Ein Gegenstand kann auch gekauft und sogleich in die Kategorie *held for sale* eingeordnet werden, wenn die vorstehenden Bedingungen erfüllt werden.

Die Klassifizierung *held for sale* kann länger als ein Jahr andauern, wenn die Umstände, die hierfür zugrunde liegen, sich der Kontrolle des Unternehmens entziehen. Das kann z.B. der Fall sein, wenn staatliche Genehmigungen oder Eintragungen in öffentliche Verzeichnisse wie das Grundbuch so lange dauern.

Langfristige Vermögenswerte oder Veräußerungsgruppen, die als *held for sale* klassifiziert sind, dürfen nicht mehr regelmäßig abgeschrieben werden (denn die *Held-for-sale*-Klassifizierung soll ja nicht länger als ein Jahr dauern). Sie können jedoch außerordentliche Wertminderungen oder Wertsteigerungen erfahren (IFRS 5.20 ff).

Allgemeine Offenlegungspflichten umfassen:

- Anlagevermögensgegenstände und Gruppen von Anlagevermögensgegenständen, die als *held for sale* klassifiziert sind, jeweils separat von den sonstigen Vermögensgegenständen der Bilanz,
- den jeweiligen Gruppen zurechenbare Schulden, ebenfalls separat von den sonstigen Schulden in der Bilanz,
- eine Zahl weiterer Offenlegungen, wie den Grund und die Begleitumstände des Verkaufes und der Stillegung.

Die Veräußerungsgruppe kann eine sogenannte zahlungsmittelgenerierende Einheit (*cash-generating unit*) sein. Diese ist im Anhang zu IFRS 5 definiert als die kleinste identifizierbare Gruppe von Vermögenswerten, die Mittelzuflüsse erzeugt und weitestgehend unabhängig von den Mittelzuflüssen anderer Vermögenswerte oder Gruppen von Vermögenswerten ist. Die zahlungsmittelgenerierende Einheit kann ein Geschäftsfeld sein. Der Veräußerungsbeschluß entspricht dann dem Aufgabebeschluß für diesen Geschäftsbereich.

Die diesbezüglichen Angabepflichten aus IFRS 5.31 ff ähneln daher den Offenlegungspflichten aus der Segmentberichterstattung nach IAS 14 und umfassen:

- eine Beschreibung des eingestellten Bereiches,
- die Bezeichnung des geographischen Segments oder Geschäftssegmentes,
- Art und Zeitpunkt der Schließung,
- den erwarteten Zeitpunkt des Betriebsendes (was nicht mit dem Zeitpunkt der Schließung deckungsgleich sein muß),
- den *carrying amount* der Vermögensgegenstände und Schulden des eingestellten Bereiches,
- den Betrag der Einkünfte, Ausgaben und Vorsteuergewinne oder verluste, der dem eingestellten Bereich zugeordnet werden kann, sowie die Gewinnsteuer,
- den *net cash flow* des eingestellten Bereiches, gegliedert nach *operating*, *investing* und *financing operations*,
- den Betrag des Gewinnes oder Verlustes, der aufgrund der Einstellung entsteht (Aufgabegewinn),
- den Verkaufspreis, der nach der Einstellung für den eingestellten Bereich erzielt wurde.

IFRS 5 ergänzt insofern die Offenlegungspflichten über Sachanlagevermögen nach IAS 16 und zu den Wertminderungen des Anlagevermögens nach IAS 36. IFRS 5 stellt insofern eine Spezialregelung für den Fall der Aufgabe und Verkaufsabsicht bei Vermögensgegenständen dar.

Man kann den Zusammenhang zwischen IAS 16, IAS 36 und IFRS 5 in der folgenden Art und Weise visualisieren:

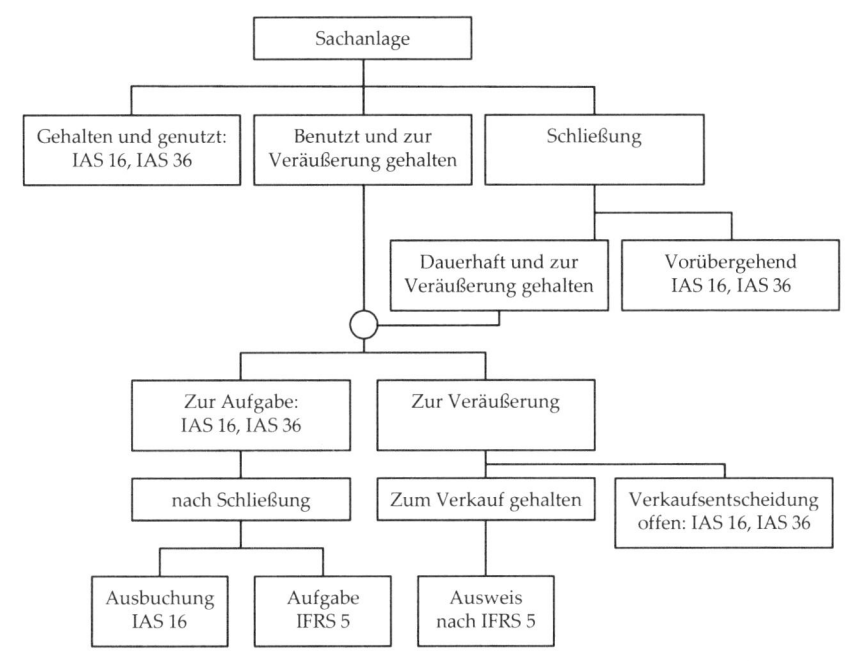

Abbildung 6.5: Ausweis von Sachanlagen im Zusammenhang mit der Aufgabe von Geschäftsfeldern

6.6. IFRS 6: Exploration for and Evaluation of Mineral Assets

Man kann in diesem Standard eine Art Fortsetzung zu IAS 41 sehen, der ja ebenfalls die bilanzielle Behandlung natürlicher Ressourcen regelt. Während sich IAS 41 aber nur mit biologischen *assets* befaßt, geht es in IFRS 6 um »*mineral resources*«. Der Begriff beschreibt allgemein alles, was sich unter der Erdoberfläche befindet, und unterscheidet nicht zwischen Öl, Gas oder anderen Rohstoffen.

IFRS 6 gestattet dem Unternehmen, eine Regelung für die Exploration und Bewertung von Bodenschätzen zu bilden. IFRS 6.6–7 macht hierbei eine Ausnahme zu IAS 8.11–12 in der Weise, daß bereits vor Inkrafttreten des IFRS 6 bestehende *accounting policies* einzelner Unternehmen fortgeführt werden können. IFRS ist damit nur für »Neufälle« verpflichtend und für »Bestandsfälle« bei Unternehmen, die früher schon im Bereich der Exploration von Bodenschätzen tätig waren, gleichsam subsidiär.

Auch vom inhaltlichen Geltungsbereich her ist der Standard eher beschränkt. So gilt IFRS 6 nur für die Aufwendungen für Exploration und Bewertung von Bodenschätzen, aber nicht für die Bodenschätze oder die zu ihrer Hebung erforderlichen Anlagen selbst. Hierfür gelten IAS 2 und 16. Zudem soll der Standard nicht angewandt werden für Ausgaben vor Erwerb der Explorationsrechte und nach Abschluß der technischen Machbarkeitsstudie. Er betrifft also ausschließlich die Bewertung der eigentlichen Forschungstätigkeit und kann insofern als Sonderfall zu IAS 38 gesehen werden, denn als Ergebnis der Explorationstätigkeit entsteht ein immaterieller Vermögensgegenstand.

Typische Gegenstände sind damit der Erwerb der Explorationsrechte, topographische, geophysikalische, chemische und andere Studien, Probebohrungen und die Auswertung von Proben. IFRS 6.9 enthält einen nichtabschließenden Katalog von zu bewertenden Sachverhalten. Diese betreffen stets nur die Erforschung und nicht die Entwicklung des eigentlichen Abbauprozesses (IFRS 6.10).

Kernregelung dieses Standards ist die Verpflichtung zur Erstbewertung nach Anschaffungs- oder Herstellungskosten (»*at cost*«, IFRS 6.8). Nach der Erstbewertung ist das Anschaffungskostenmodell (*cost model*) oder das Neubewertungsmodell (*revaluation model*) des IAS 16 anzuwenden. Das *cost model* verlangt die planmäßige Abschreibung des Vermögenswertes über eine betriebsübliche Nutzungszeit und das *revaluation model* den Ansatz zum Zeitwert am Bilanzstichtag. Hierfür ist ggfs. ein *impairment test* (Werthaltigkeitstest) durchzuführen. Ein solcher Werthaltigkeitstest ist insbesondere durchzuführen, wenn erwartet wird, daß der Zeitwert eines *exploration asset* seinen erzielbaren Wert übersteigen könnte (IFRS 6.18).

IFRS 6 ist ab 2006 in Kraft, darf aber schon 2005 angewandt werden. Offenzulegenden Informationen sind

- die angewandten Rechnungslegungsrichtlinien für Exploration, Bewertung und Aktivierung ungehobener Bodenschätze usw. sowie
- der Wert der bilanzierten einzelnen Vermögensgegenstände und Schulden, der *cash flows*, Erträge und Aufwendungen aus der Exploration und Ausbeutung der Bodenschätze.

Im Vergleich zu den anderen Standards ist dieser vergleichsweise knapp; die Bedeutung des Gegenstandes dürfte aber in der Zukunft mit Blick auf den Ressourcenbedarf aufstrebender Industrienationen wie Indien oder China erheblich zunehmen. Das IASB antizipiert mit diesem Standard möglicherweise die schon seit Jahrzehnten erwartete (oder befürchtete) Verknappung von Rohstoffen. Schon der Club of Rome hatte einst das Ende einer Vielzahl von natürlichen Ressourcen in den 80er und 90er Jahren des vergangenen Jahrhunderts vorhergesagt. Tatsächlich sind die heute bekannten Lagerstätten für fast alle Rohstoffe größer als je zuvor und Preise z.B. bei Öl steigen nicht aus Verknappung, sondern aus Angst davor – und wegen der Spekulation.

7.
Anhang

7.1. Synoptische Übersicht HGB–IFRS/IAS

Die folgende Übersicht vergleicht ausgewählte Regelungsgehalte der beiden Regelwerke und zeigt damit, daß noch immer ein vergleichsweise großer Unterschied besteht, den der Gesetzgeber trotz seiner erklärten Absicht der Modernisierung des Handelsrechtes bisher nicht eingeebnet hat. Der Modernisierungsdruck ist aber unverändert hoch: So müssen nach drei Urteilen des Bundesverfassungsgerichtes vom 26.07.2005 (Aktenzeichen: 1 BvR 80/95; 1 BvR 782/94 und 1 BvR 957/96) Lebens- und Rentenversicherer ihre Versicherten an den Erträgen der stillen Reserven beteiligen. Die bisherige und handelsrechtlich zulässige Praxis der vorsichtsorientierten Unterbewertung von Vermögensgegenständen ist damit ab 2008 nicht mehr zulässig, denn bis Ende 2007 muß der Gesetzgeber eine Neuregelung gefunden haben – die gleichwohl aber (bisherigen) handelsrechtlichen Vorsichtsgrundsätzen widersprechen dürfte. Es bleibt also spannend. Ob und wann man den Mut findet, die altdeutschen Vorschriften des 3. Buches des Handelsrechts gänzlich abzuschaffen und durch die IFRS zu ersetzen, wie es einige osteuropäische Staaten im Zusammenhang mit ihrem EU-Beitritt gemacht haben, bleibt jedoch abzuwarten.

Grundlegendes Regelungsmodell

Grundstruktur des Regelwerkes

HGB	IFRS/IAS
• Gesetzestext mit zahlreichen Änderungen über mehr als ein Jahrhundert. Vielfach daher unsystematische Gesamtstruktur. Zentrale Prinzipien und Grundannahmen stehen an völlig unerwarteter Stelle mitten im Regelwerk (z.B. §252 HGB). Die Gesamtstruktur des 3. Buches des HGB ist schwer nachzuvollziehen. • Neue Paragraphen werden mehr oder weniger unsystematisch eingefügt, aber alte Regelungen bleiben an Ort und Stelle.	• Kasuistische Regelung von Detailfragen, aber alle Definitionen, Grundannahmen und Prinzipien an zentraler Stelle hinterlegt. Obwohl die Unterscheidung zwischen IAS und IFRS vielen Nutzern nicht aufgeht, dennoch im Prinzip nutzerfreundliche Gesamtstruktur. • Neue Paragraphen ändern oft die Nummern anderer Vorschriften. Das macht Zitierungen umständlich und mißverständlich.

Zustandekommen von Regelungen

HGB	IFRS/IAS
• Politischer Regelungsgeber mit abwechslungsreicher Geschichte seit dem Kaiserreich. • Parlamentarischer Prozeß ohne Beteiligung (und meist Kenntnis) der Öffentlichkeit. Betroffene haben faktisch kein Mitspracherecht. • »Durchwursteln« mit zahlreichen Detailkorrekturen, aber keiner grundsätzlichen Überarbeitung seit 1985 (Bilanzrichtliniengesetz).	• Privates Regelungsgremium (erst IASC, jetzt IASB), das mit Fachleuten (und nicht mit Beamten) besetzt ist. • Fachberatungen unter Beteiligung der Öffentlichkeit. Betroffene können Vorschläge und Stellungnahmen abgeben, die angehört werden. • Ständige Anpassungen an Neues, was Totalrevisionen ganzer Standards bedingt; daher hoher Änderungs- und Aktualisierungsdruck.

Zentrales Leitprinzip

HGB	IFRS/IAS
• Vorsicht und Gläubigerschutz dominieren alle Bereiche. Dies bedeutet oder verhindert oft die Vermittlung eines den tatsächlichen Verhältnissen entsprechenden Bildes.	• *True and fair view presentation* und damit der Nutzen für wirtschaftliche Entscheidungen des Abschlußlesers.

Reichweite der Vorschriften

HGB	IFRS/IAS
• Ausgeprägte rechtsformenspezifische Vorschriften. Auf einen allgemeinen Teil für alle Kaufleute folgen Sondervorschriften für Kapitalgesellschaften und Genossenschaften. Weitere rechtsformenspezifische Vorschriften befinden sich in Einzelgesetzen, z.B. im AktG oder im GmbHG. • Spezifische Vorschriften für Kreditinstitute, Finanzdienstleister und Versicherer (§§ 340 ff HGB). • Separates Konzernrechnungswesen mit speziellen Regelungen für den Konzernabschluß.	• Keine rechtsformenspezifischen Komponenten. Die IFRS erheben den Anspruch, für sämtliche Rechtsformen weltweit gleichermaßen anwendbar zu sein. Nationale rechtsformenspezifische Vorschriften (z.B. im AktG oder im GmbHG) werden ergänzt und gelten parallel. • Rechtsformenspezifische Standards (z.B. IFRS 4 für Versicherer, IAS 30 für Banken und Finanzdienstleister). • Keine Grundsatzunterscheidung zwischen Konzern und Einzelabschluß. Alle Regelungen gelten in Konzernen wie in Einzelgesellschaften.

Vorschriften für den gesamten Jahresabschluß

Umfang und Bestandteile

HGB	IFRS/IAS
• Bilanz • Gewinn- und Verlustrechnung (Gesamt- oder Umsatzkostenverfahren) • Anhang • Lagebericht • Keine eigenen Vorschriften zur *Cash-flow*-Rechnung	• Bilanz • Eigenkapitalveränderungsrechnung • Gewinn- und Verlustrechnung (Gesamt- oder Umsatzkostenverfahren) • Anhang • (keine Entsprechung; schon in den anderen Offenlegungen enthalten) • *Cash-flow*-Rechnung

Vergleichbarkeit

HGB	IFRS/IAS
• Starres Schema nur für Kapitalgesellschaften; führt bei diesen aber zu Einheitlichkeit und Vergleichbarkeit. • Kein festes Schema für Personengesellschaften. • Viele formale Wahlrechte. • Jahresabschluß nur mit finanziellen Positionen.	• Kein starres Schema vorgeschrieben, nur Mindestumfang (IAS 1.68 und IAS 1.81) mit Sondervorschriften für Banken (IAS 30). • Keine grundsätzliche Unterscheidung nach Rechtsformen. • Wenige formale Wahlrechte, dafür viele Ermessensspielräume und Schätzungen. • Ausdehnung des Jahresabschlusses auf Hintergrundinformationen, z.B. zu nahestehenden Personen (IAS 24).

Wichtige Vorschriften zur Bilanz

Sachanlagen

HGB	IFRS/IAS
• Strikte Bewertungsobergrenze sind die Anschaffungs- oder Herstellkosten (AK oder HK). Niederstwertprinzip. Verschiedene Abschreibungswerkzeuge bei späterer Wertminderung vorgesehen. • Neubewertung nach HGB unzulässig. • Nutzungsdauerverlängerung ist im HGB nicht vorgesehen; Abschreibungsmethode sollte grundsätzlich beibehalten werden.	• Im Zugangsjahr Bewertung zu Anschaffungs- oder Herstellkosten (IAS 16.15). In Folgejahren zu fortgeführten Anschaffungs- oder Herstellkosten (IAS 16.7, 16.29); ggfs. auf niedrigeren *recoverable amount* abschreiben (IAS 16.7, 16.29), auch dann, wenn dieser nur vorübergehenden Charakter hat (IAS 16.36). Dies entspricht dem »beizulegenden Wert«. Angabe in *notes*, wenn erheblich (IAS 16.71 d). • Neubewertung von Sachanlagen gruppenweise zulässig, auch über AK oder HK. Für Aufwertungsbetrag (*revaluation surplus*) muß ggfs. eine Neubewertungsrücklage gebildet werden (IAS 16.39). • Abschreibungsdauer und Abschreibungsmethode sind regelmäßig zu überprüfen und anzupassen (IAS 16.52, 16.55).

HGB	IFRS/IAS
• Steuerliche Abschreibungen können vorgenommen werden.	• Keine steuerlichen Abschreibungen möglich.
• Wahlrecht für gegebenenfalls notwendige Wertaufholung verfällt nicht, kann also nachgeholt werden.	• Gegebenenfalls muß eine Wertaufholung erfolgswirksam vorgenommen werden (*write back*, IAS 16.59, 16.39), und zwar bis zum Wert der früheren Neubewertung (IAS 16.60).

Umlauf- und Vorratsvermögen

HGB	IFRS/IAS
• Handelswaren werden nicht gesondert ausgewiesen.	• Handelswaren größeren Umfanges müssen gesondert ausgewiesen werden (IAS 2.34 b i.V.m. 2.35).
• Bewertung wahlweise zu Teil- oder Vollkosten möglich. Verwaltungskosten dürfen aktiviert werden, Vertriebskosten jedoch nicht.	• Bewertung muß zu Vollkosten erfolgen. Transportkosten sind zu aktivieren. Nicht unmittelbar fertigungsbezogene Kosten dürfen nicht aktiviert werden (IAS 2.10). Bei der Kostenrechnung ist Normalbeschäftigung zu unterstellen (IAS 2.11).
• Niederstwertprinzip mit Abweichungen und Lockerungen.	• Die Bestimmung des niedrigeren realisierbaren Verkaufswertes (*net realisable value*) richtet sich stets nach dem Absatzmarkt (IAS 2.6). Der geschätzte Verkaufspreis bei normalem Geschäftsgang ist zugrunde zu legen; die Gewinnspanne bleibt enthalten (IAS 2.4 i.V.m. F 101).
• LIFO, FIFO und Durchschnittsbewertung sind zulässige Verfahren; diverse steuerrechtliche Einschränkungen. Die Abschaffung von LIFO wird seit längerer Zeit diskutiert.	• FIFO und gewogener Durchschnitt sind das empfohlene Bewertungsverfahren (IAS 2.23ff). Die Anwendung der LIFO-Methode ist nicht mehr möglich, da diese keine »wahren« Ergebnisse liefert.
• Wahlweise Festbewertung bei nachrangiger Bedeutung und regelmäßigem Ersatz; alle drei Jahre Inventur erforderlich.	• Festwertverfahren nicht erwähnt, aber möglich (*Materiality*-Prinzip).
• Abschreibung auf »niedrigeren Zukunftswert« möglich.	• Die Abschreibung auf »niedrigeren Zukunftswert« ist unzulässig.
• Zuschreibungen und Wertaufholungen *dürfen* vorgenommen werden (vgl. insbesondere § 6 Abs. 1 Nr. 2 EStG).	• Wertaufholungen *müssen* vorgenommen werden.
• Fremdkapitalzinsen dürfen aktiviert werden, nicht aber die Nebenkosten.	• Alle Fremdkapitalkosten können aktiviert werden (IAS 23.5, 23.11).

Finanzanlagevermögen

HGB	IFRS/IAS
• Strikte Bewertungsobergrenze sind die Anschaffungs- oder Herstellkosten (AK oder HK). Niederstwertprinzip. Grundstücke und Gebäude gehören stets zum Sachanlagevermögen.	• Zu den *long term investments* gehören auch *investment properties* (Grundstücke und Gebäude, die im wesentlichen nicht für die Geschäftstätigkeit des Unternehmens benötig werden). Sie können bewertet werden, wenn deren *fair value* höher liegt als der abgeschriebene Wert (IAS 40.30). Bewertungsverfahren: - Anschaffungskosten (*at cost*), - Neubewertung (mit Neubewertungsrücklage), - marktgängige Eigenkapitaltitel (*marketable equity securities*) auch zum niedrigeren Marktwert.
• Abschreibungspflicht bei voraussichtlich dauernder Wertminderung.	• Abschreibung sind *ausschließlich* bei nachhaltiger Wertminderung zulässig.
• Abschreibungswahlrecht bei vorübergehender Wertminderung; steuerliche Maßgeblichkeit.	• Wertaufholung, sofern wesentlich. Bei ursprünglicher Bewertung *at cost* nur empfohlen.
• Anschaffungskostenprinzip; *Equity*-Methode ist bei Einzelabschluß nicht zulässig (sondern nur bei Konzernabschlüssen).	• Beteiligungen (*subsidiaries*), die in den Konzernabschluß einbezogen werden, sind entweder nach *Equity*-Methode auszuweisen (IAS 28) oder zu Anschaffungskosten oder neu zu bewerten (IAS 27.29).

Wertpapiere des Umlaufvermögens

HGB	IFRS/IAS
• Eigene Aktien sind unter den Wertpapieren des Umlaufvermögens gesondert auszuweisen.	• Eigene Aktien gehören nicht in die Wertpapiere des Umlaufvermögens, sondern sind offen vom Eigenkapital abzusetzen.
• Grundsatz der Einzelbewertung; Bewertung zu Anschaffungs- oder Herstellungskosten (AK oder HK) bzw. zum niedrigeren beizulegenden Wert.	• Wahlrecht: Bewertung zum Marktwert (*fair value*) oder nach dem Niederstwertprinzip (bis auf Anschaffungskosten). Bei *fair value*-Bewertung können Wertänderungen erfolgswirksam oder erfolgsneutral verbucht werden.
• Abschreibung auf einen niedrigeren Zukunftswert ist zulässig.	• Bei Bewertung nach dem Niederstwertprinzip ist eine Sammelbewertung (*aggregate portfolio basis*) zulässig.

Liquide Mittel	
HGB	IFRS/IAS
• Keine Vorschriften über verschiedene Arten liquider Mittel, keine eigenen Vorschriften zur *Cash-flow*-Rechnung.	• Unterscheidung in Bargeld (*cash*) und Bargeldäquivalente (*cash equivalents*), F 18. Zudem spezifische Bargeldrechnung nach IAS 7.

Langfristige Auftragsfertigung	
HGB	IFRS/IAS
• Keine Vorschriften; wegen Realisationsprinzips ist es zweifelhaft, ob eine anteilige Gewinnrealisierung ohne Teilabrechnung zulässig ist. Gewinnrealisierung erst nach Abrechnung. • Nur pauschale Angaben im Anhang.	• *Percentage-of-completion-method* vorgeschrieben (IAS 11.22 ff). Gewinnrealisierung entsprechend dem Baufortschritt. • Konkrete *notes* über die langfristigen Fertigungsaufträge sind anzufertigen.

Leasing	
HGB	IFRS/IAS

• Keine Regelung im HGB; es gelten allerdings im Wege des Maßgeblichkeitsprinzips die Leasing-Erlasse der Finanzverwaltung. Nach hM und § 39 AO erfolgt der Ansatz beim wirtschaftlichen Eigentümer. Angabepflicht langfristiger Leasingverbindlichkeiten im Anhang.
• Anhaltspunkt für die Nutzungsdauer sind die amtlichen AfA-Tabellen.
• *Sale-and-lease-back*: Durch Zurechnung beim Leasinggeber kommt es grundsätzlich beim Leasingnehmer zur Realisierung eines Veräußerungsgewinnes, und zwar trotz des übergeordneten Vorsichts- bzw. Realisationsgewinnes.
	• Bilanzierung stets beim wirtschaftlichen Eigentümer:
	  - *Finance leasing*: Aktivierung beim Leasingnehmer; der Leasingzeitraum muß dabei den größeren Teil der gewöhnlichen Nutzungsdauer umfassen (IAS17.8c) und der Barwert der Leasingraten höher als der Verkehrswert (*fair value*) sein (IAS 17.8 d).
	  - *Operate leasing*: Aktivierung beim Leasinggeber.
	• Keine AfA-Tabellen, sondern die betriebsgewöhnliche Nutzungsdauer (IAS 17.16).
	• *Sale-and-lease-back*: Wegen der Bilanzierung beim Leasingnehmer ist die Realisierung eines Veräußerungsgewinnes zum Verkaufszeitpunkt nicht zulässig. Der Überschuß ist passiv abzugrenzen (*deferred*) und über den Leasingzeitraum zu verteilen (*amortize*, IAS 17.57).

Eigenkapital

HGB	IFRS/IAS
• Festes Gliederungsschema, das ergänzt werden darf. Wahlrecht für den Ausweis nicht eingeforderter ausstehender Einlagen.	• Kein starres Gliederungsschema, jedoch viele Angabepflichten in den *notes*. Neben *shareholder-capital* und *capital-reserves* sind unter *retained earnings* Gewinnrücklagen und Gewinn- oder Verlustvorträge auszuweisen.
• Eigene Aktien sind unter den Wertpapieren des Umlaufvermögens gesondert auszuweisen.	• Eigene Aktien sind offen vom Eigenkapital mit ihren Anschaffungskosten abzusetzen (IAS 32.33f).
• Ein nicht durch Eigenkapital gedeckter Fehlbetrag ist am Schluß der Bilanz auf der Aktivseite gesondert auszuweisen.	• Keine Regelung über nicht durch Eigenkapital gedeckte Fehlbeträge.
• Aufgrund steuerrechtlicher Vorschriften und des Maßgeblichkeitsgrundsatzes können Sonderposten mit Rücklageanteil gebildet werden.	• Keine Sonderposten mit Rücklageanteil; der Eigenkapitalanteil sollte den Rücklagen zugeführt werden und der Fremdkapitalanteil als latente Steuern passiviert werden.

Verbindlichkeiten

HGB	IFRS/IAS
• Abgrenzung Verbindlichkeit/Rückstellung/Eventualverbindlichkeit nach Gewißheit hinsichtlich Zeit, Höhe und Wahrscheinlichkeit. Eine Verbindlichkeit muß nach allen diesen drei Kriterien gewiß sein.	• Wie HGB.
• Eigener Bereich in der Bilanz für Verbindlichkeiten (C) und Rückstellungen (B) im Bilanzgliederungsschema.	• Keine klare bilanzielle Abgrenzung, weil kein starres Gliederungsschema besteht.
• Langfristige Verbindlichkeiten sind mit dem Rückzahlungsbetrag anzusetzen.	• Keine ausdrückliche Regelung; langfristige Verbindlichkeiten und Wechselschulden brauchen nicht gesondert ausgewiesen zu werden.
• Fremdwährungsverbindlichkeiten sind zum Kurs der Erstverbuchung und ggfs. zu einem höheren Stichtagskurs anzusetzen.	• Fremdwährungsverbindlichkeiten sind zum Stichtagskurs (*closing rate*) anzusetzen (IAS 21.11).

- Rechnungsabgrenzungsposten sind in einem gesonderten Posten auszuweisen.
- Ein Disagio darf als Rechnungsabgrenzungsposten aktiviert werden (steuerlich besteht Aktivierungspflicht!); anschließende Abschreibung.
- Für Rechnungsabgrenzungsposten ist ein gesonderter Ausweis nur bei wesentlichen Posten erforderlich.
- Weitergehende Angabeverpflichtungen in den *notes*.

Pensionsverpflichtungen

HGB	IFRS/IAS
• Keine speziellen Vorschriften über die Ermittlung der Pensionsrückstellungen, aber: - Passivierungspflicht ab 1. Januar 1987 für Neuzusagen, - keine Pflicht zur Erhöhung von Altzusagen (Passivierungswahlrecht), - keine Passivierungspflicht für mittelbare Verpflichtungen (Unterstützungskassen). Gegebenenfalls besteht jedoch eine Pflicht zur Angabe im Anhang. • Keine Berücksichtigung künftiger Lohn- und Gehaltssteigerungen. Fester Kapitalzinsfuß 6 %. • Die Bilanzierungs- und Bewertungsmethode ist im Anhang zu nennen. • Die Pensionsverpflichtungen sind in der Praxis meistens unterbewertet.	• Grundsätzliche Passivierungspflicht: - Empfohlenes Verfahren: Ansammlungsverfahren (*accrued benefit valuation method*, IAS 19.42), wenn feste Leistungen zugesagt werden (*defined benefit plans*, IAS 19.5). - Zulässig auch: Gleichverteilungsverfahren (*projected benefit valuation method*, IAS 19.44). Basis sind die Arbeitnehmerbezüge und die Berufsjahre (IAS 19.5). Der Aufwand, der auf die im abgelaufenen Jahr verdienten Ansprüche entfällt (*current service cost*, IAS 19.25), ist erfolgswirksam zu erfassen (IAS 19.25). • Pflicht zur Berücksichtigung von Trendannahmen zur Lohn- und Gehaltsentwicklung sowie zur Inflation. Kapitalmarktorientierter Kalkulationszinsfuß (IAS 19.48). • Änderungen im Versorgungsplan von Rentnern sind zum Barwert zu bewerten und erfolgswirksam in dem Geschäftsjahr zu erfassen, in dem sie vorgenommen worden sind. Bei Zusagen aufgrund laufender Beitragszahlungen (*defined contribution plans*, IAS 19.5) wird in einen externen Fonds eingezahlt. Die Ansprüche richten sich später nach diesem Fonds (IAS 19.18). • Die Bewertung ist realitätsnah.

Rückstellungen

HGB	IFRS/IAS
• Der bilanzpolitische Ermessensspielraum ist sehr groß. Rückstellungen können bereits gebildet werden, wenn der Eintritt einer Verpflichtung nur möglich, aber noch keineswegs gewiß ist.	• Sonstige Rückstellungen werden restriktiv gehandhabt: Wahrscheinlichkeit des Eintritts > 50 % und verläßliche Schätzung des Betrages (IAS 37.14c).
• Aufwandsrückstellungen sind zulässig.	• Es dürfen nur Verbindlichkeiten gegenüber Dritten berücksichtigt werden; Aufwandsrückstellungen sind grundsätzlich unzulässig.
• Im Zweifel muß immer der höchste Betrag zurückgestellt werden (Vorrangigkeit des Vorsichtsprinzips).	• Ein wahrscheinlicher Schätzbetrag ist anzugeben: Erwartungswertrechnung und »*best estimate*« (IAS 37.36–39). Nachrangigkeit des Vorsichtsprinzips.
• Da alle »Erfolgsunsicherheiten« in den Rückstellungen zu erfassen sind, erübrigen sich zusätzliche Angaben im Anhang.	• Falls eine der Anforderungen nicht erfüllt ist, handelt es sich um »Erfolgsunsicherheiten«, die in den *notes* erläutert werden müssen.
• Ungewisse Gewinne dürfen keinesfalls ausgewiesen werden (Vorsichtsprinzip).	• Ungewisse Gewinne (*contingent gains*), die wahrscheinlich sind, müssen in den *notes* angegeben werden; solche, die praktisch sicher sind (*virtually certain gains*), sind stets zu aktivieren.

Wichtige Vorschriften zur Gewinn- und Verlustrechnung

Staatliche Subventionen und Beihilfen

HGB	IFRS/IAS

• Keine Vorschriften (aber Analoganwendung von R 34 EStG, Maßgeblichkeit).
• Zuwendungen der öffentlichen Hand dürfen nicht mit entsprechenden Aufwendungen verrechnet werden.
	• *Income approach*: Verbuchung über die GuV (IAS 20.16). Vermögensbezogene Zuwendungen sind auszuweisen und entweder
	  – als passiver Abgrenzungsposten auszuweisen und über die Periode, in der der Vermögensgegenstand genutzt wird, zu verteilen, oder
	  – von dem *asset* zu kürzen (IAS 20.24).
	  Ertragsbezogene Zuwendungen können
	  – als sonstige Erträge ausgewiesen oder
	  – mit den entsprechenden Aufwendungen verrechnet werden (IAS 20.29).
	• Bei einer Rückzahlung von vermögenswirksamen Zuwendungen sind die kumulativen Abschreibungen, die angefallen wären, wenn der Zuschuß nicht gezahlt worden wäre, sofort erfolgswirksam nachzuholen (IAS 20.32).
	• Umfangreiche Angaben sind in den *notes* zu machen.

Forschung und Entwicklung

HGB	IFRS/IAS
• Forschung und Entwicklung ist stets Aufwand. • Entwicklungskosten dürfen nicht aktiviert werden, sofern es sich nicht um auftragsbezogene Entwicklungskosten handelt, die als Sondereinzelkosten der Fertigung gelten. • Berichterstattung ist nur im Konzernlagebericht vorgeschrieben (§ 315 HGB). Keine Einzelausweise vorgeschrieben.	• Forschungskosten sind stets Aufwand (IAS 38.42). • Entwicklungskosten sind zu aktivieren, wenn gewisse Voraussetzungen erfüllt sind (IAS 38.45). • Planmäßige Abschreibung (IAS 38.97 f), aber ohne feste Maximaldauer, d.h. z.B. nach Dauer der Schutznorm.

Fremdkapitalaufwendungen

HGB	IFRS/IAS
• Begrenztes Wahlrecht für die Aktivierung der Zinsen, aber nicht der Nebenkosten. • Keine Vorschrift zur Ermittlung der den Herstellungskosten zurechenbaren Fremdkapitalzinsen. • Keine speziellen Anhangangaben vorgeschrieben.	• Empfohlenes Verfahren: Fremdkapitalkosten (d.h. Zinsen und sonstige Kosten, IAS 23.5) sofort als Aufwand behandeln (IAS 23.7). Weiter zulässiges Verfahren: Aktivierung, soweit direkt den Anschaffungs- bzw. Herstellungskosten zurechenbar (IAS 23.11 ff); dies setzt einen »qualifizierten Vermögensgegenstand« voraus, dem die Finanzierungsaufwendungen direkt zurechenbar sind. • Zur Ermittlung der bei den Anschaffungs- oder Herstellungskosten zurechenbaren Fremdkapitalkosten gibt es detaillierte Vorschriften. • Im Anhang sind Angaben über den gewählten Ansatz zu machen.

Außerordentliche Aufwendungen und Erträge

HGB	IFRS/IAS
• Außerordentliche Posten sind nur unklar definiert. In der Praxis weiter ausgelegt als in den IAS. • Aufwendungen und Erträge von besonderer Bedeutung aus gewöhnlicher Geschäftstätigkeit müssen nicht gesondert ausgewiesen werden. • Im Anhang sind Angaben über Steueraufwand für die außerordentlichen Posten zu machen. • Keine Differenzierung nach Geschäftsfeldern vorgesehen.	• Grundsätzliches Verbot (IAS 1.85): sogar Schäden durch Naturkatastrophen oder Terrorismus (!) führen nicht mehr zur Bildung außergewöhnlicher Posten! • Unterscheidungskriterium ist nicht die Häufigkeit eines Ereignisses, sondern dessen sachliche/inhaltliche Unterscheidung vom normalen Geschäftsverkehr. Art und Betrag jedes einzelnen Postens sind in der GuV und in den *notes* anzugeben (IAS 8.16). • Aufwendungen und Erträge, die mit der Aufgabe von Geschäftsfeldern (*discontinued operations*) zusammenhängen, sind gesondert auszuweisen.

Abschreibungen

HGB	IFRS/IAS
• Steuerrechtliche Abschreibungen sind durch das Prinzip der Maßgeblichkeit auch in der Handelsbilanz anwendbar. • Nur degressive und lineare Abschreibungen sind als planmäßiges Verfahren zulässig. • Niederstwertprinzip; keine Pflicht zur Wertaufholung bei Personengesellschaften.	• Keine Maßgeblichkeit. Steuerliche Abschreibungen spielen keine Rolle. • Keine Vorschrift über bestimmte anwendbare Methoden. Möglichst realistische Methode ist zu verwenden. • Die planmäßige Abschreibung ist ein nachrangiges Verfahren; es ist stets möglichst realistisch zu bewerten. Abwertungen und Zuschreibungen sind jederzeit vorzunehmen, wenn sie erforderlich sind.

7.2. Glossar wichtiger Begriffe

In der nachfolgenden Zusammenfassung wird eine Übersicht über wichtige Begriffe geboten. Wir haben dabei entschieden, die Originalbegriffe in Englisch zu verwenden und nur deutsche Übersetzungen zu bieten, nicht aber die deutsche Version der jeweiligen Begriffe als Stichwörter einzufügen, weil die Verwendung von Deutsch im Zusammenhang mit der internationalen Rechnungslegung immer mehr zurückgeht und zudem die Verwendung des englischen Originalwerkes (Bound Volume oder CD) empfohlen wird und gefördert werden soll.

Dieses Glossar liefert nur knappe Hinweise; weitergehende Definitionen und Hintergründe finden sich im vorliegenden Werk, den weiteren Schriften des Autors und natürlich in den sehr umfangreichen Definitionen und Begriffserläuterungen im IFRS-Originaltext.

Alle Übersetzungen sind eigene Übersetzungen.

Alle Übersetzungen dienen lediglich Zwecken der Aus- und Fortbildung. Keine Haftung bei Fehlern oder Auslassungen oder Folgeschäden infolge von Fehlern oder Auslassungen.

Accounting policy: Spezifische Prinzipien, Basisannahmen, Vereinbarungen, Regeln und Praktiken, die von einem Unternehmen bei der Erstellung und Offenlegung des Jahresabschlusses angewandt werden (IAS 8.5; 14.8).

Accounting profit: Gewinn oder Verlust vor Steuern (IAS 12.5).

Acquistion: Eine → business combination, bei der ein Käufer ein anderes Unternehmen durch Kauf übernimmt (IFRS 3.4).

Active market: Ein Markt, auf dem homogene Güter gehandelt werden, auf dem kaufwillige Käufer und Verkäufer sich zu jeder Zeit treffen und auf dem Preise öffentlich bekannt sind (IAS 36.6; 38.8).

Actuarial present value: Barwert der versprochenen zukünftigen Zahlungen aus einem Pensionsplan. Die zukünftigen Zahlungen müssen gemäß der Kapitalwertmethode abgezinst werden (IAS 26.8).

Agricultural activity: Management der Transformation oder Produktion oder Verkauf biologischer Vermögensgegenstände (→ biological asset) (IAS 41.5).

Agricultural produce: Die Ernte (IAS 41.5).

Amortisation: Die systematische Zuweisung des → depreciable amounts eines → assets über sein → useful life (IAS 38.8).

Asset: Vermögensgegenstand; Wirtschaftsgut. Eine Ressource, die vom Unternehmen als Ergebnis vergangener Ereignisse kontrolliert wird und aus der in der Zukunft wirtschaftliche Vorteile der Unternehmung zufließen werden (F 49; IAS 38.8).

Associate: Ein Unternehmen, in welches ein Investor → significant influence besitzt, das aber kein subsidiary ist (IAS 28.2).

Available-for-sale financial assets: Alle → financial assets, die keine gewährten Darlehen und keine → held-to-maturity investments und keine → financial assets held for trading sind (IAS 39.9).

Badwill: Fehlbetrag der → cost des Erwerbes eines Unternehmens unter dem → fair value seiner → assets. Gegenteil: → goodwill.

Biological asset: Lebendes Tier oder lebende Pflanze, also ein Sonderfall des allgemeinen → asset (IAS 41.5).

Biological transformation: Prozeß des Wachstums, der Degeneration, der Produktion, der Erschaffung oder sonstigen Veränderung, die qualitative oder quantitative Veränderungen an einem → biological asset erzeugt (IAS 41.5).

Borrowing costs: Zinsen und andere Kosten im Zusammenhang mit der Bereitstellung von Fremdkapital (IAS 23.4).

Business combination: Fusion zweier separater Unternehmen in eine wirtschaftliche Einheit (IFRS 3.4).

Business segment: Eine unterscheidbare Geschäftseinheit (IAS 14.8).

Carrying amount: Zeitwert nach akkumulierter → depreciation (IAS 16.6; 36.6; 38.8; 40.5).

Cash: Verfügbare gesetzliche Zahlungsmittel und Kautionen und Pfandgelder, die sofort zurückgefordert werden können (IAS 7.6).

Cash equivalents: Kurzfristige, hochliquide Forderungen, die jederzeit in zuverlässig (ohne signifikantes Risiko) vorhersagbare Geldmittel konvertierbar (eintreibbar) sind (IAS 7.6).

Cash flows: Zu- oder Abflüsse an → Cash.

Cash generating unit: Die kleinste identifizierbare Gruppe von → assets, der Zuflüsse an → cash direkt zurechenbar sind (IAS 36.6).

Closing rate: Die → exchange rate zum Bilanzstichtag (IAS 21.8).

Consolidated financial statements: Der Konzernabschluß (IAS 28.2; 27.4).

Contingent asset: Ein → asset, das dem Grunde nach ungewiß ist (IAS 37.10).

Contingent liability: Eine → liability, die dem Grunde nach ungewiß ist, also eine Eventualverbindlichkeit (IAS 37.10).

Control: Die Macht, ein Unternehmen zu leiten und von seinen Aktivitäten zu profitieren (IFRS 3.4; 27.6; 28.2; 31.2); Eigentum, direkt oder indirekt durch → subsidiaries, über mehr als die Hälfte der Stimmrechte einer Unternehmung, oder ein substanzieller Anteil an Stimmrechten und zugleich die Macht, durch Satzung oder Vereinbarung die Geschäftsführung eines Unternehmens zu bestimmen (IAS 24.5).

Corporate asset: Ein → asset, das kein Geschäfts- oder Firmenwert ist und zukünftige → cash flows sowie → cash generating units unterstützt, ohne selbst ein cash generating unit zu sein (IAS 36.6).

Cost: Betrag an → cash oder → cash equivalents erforderlich zum Erwerb eines → asset zum Zeitpunkt seines Erwerbes oder seiner Herstellung (IAS 16.6; 38.8; 40.5). Der Begriff ist rein pagatorisch und hat absolut (!) nichts mit der Kostendefinition der Kosten- und Leistungsrechnung zu tun!

Cost method: Abrechnungsmethode im Konzernabschluß, bei der die Anteile am → subsidiary nach → cost abgerechnet werden (IAS 27.4). Gegenteil: → equity method.

Cost of disposal: Der negative Schrottwert eines Vermögensgegenstandes, also die direkt dem Gegenstand zurechenbaren Entsorgungskosten, ausschließlich Finanzierung und Einkommensteuer (IAS 36.6).

Cost plus contract: Ein Bauauftrag, bei dem der contractor die definierten oder sonst zulässigen Kosten plus bestimmter Zuschläge oder einer festen Gebühr in den Preis einrechnen darf (IAS 11.3).

Current tax: Der Betrag, der aus Einkommensteuern für eine Periode geschuldet oder gefordert wird (IAS 12.5).

Deferred tax assets: Der Betrag, der aus Steuern in zukünftigen Perioden aufgrund von → temporary differences gefordert werden wird (IAS 12.5).

Deferred tax liabilities: Der Betrag, der aus Steuern in zukünftigen Perioden aufgrund von → temporary differences geschuldet werden wird (IAS 12.5).

Defined benefit plans: → Post employment plans, die keine → defined contribution plans sind (IAS 19.7); → retirement benefit plans, nach denen fest vereinbarte Leistungen durch den Arbeitgeber zu leisten sind (IAS 19.54).

Defined contribution plans: → Post employment benefit plans, nach denen feste Beiträge in eine separate Stelle (z.B. einen Fonds) zu zahlen sind (IAS 19.7); → retirement benefit plans, nach denen feste Beiträge zu einer Vermögensmasse (z.B. einem Fonds) zu leisten sind (IAS 26.8).

Depreciable amount: Die Anschaffungskosten (→ cost) eines → asset abzüglich seines → residual value (IAS 36.6; 38.8), also der Wert, der der Abschreibung (→ depreciation) unterliegt.

Depreciation: Planmäßige Abschreibung über die Lebenszeit (→ useful life) (IAS 16.6; 36.6).

Derecognition: Einen Vermögensgegenstand (→ asset) oder eine Verbindlichkeit (→ liability) aus dem Jahresabschluß entfernen, definiert nur in IAS 39.9, aber generell anwendbar. Gegenteil: → recognize.

Derivative: Ein → financial instrument, dessen Wert sich in Beziehung zur Veränderung eines Zinssatzes, eines Wechselkurses, eines Marktwertes oder eines anderen relevanten Wertes verändert, also ein Derivat (IAS 39.9).

Development: Anwendung der Ergebnisse von → research oder anderem Wissen zur Gestaltung oder Produktion neuer oder wesentlich verbesserter Materialien, Geräte, Produkte, Prozesse, Systeme oder Dienste vor ihrer kommerziellen Markteinführung oder kommerziellen Produktion (IAS 38.8).

Discontinuing operation: Ein Geschäftsbereich, der aufgegeben wird (IFRS 5.A).

Economic life: Die Zeit oder die Maximalzahl hergestellter Einheiten, über die ein Gegenstand wirtschaftlich nützlich sein wird (IAS 17.4); vgl. auch → useful life.

Employee benefit: Alle Formen der Entlohnung, die ein Unternehmen für geleistete Dienste an die Arbeitnehmer leistet (IAS 19.7).

Equipment: Ausrüstungsgegenstände; materielle Vermögensgegenstände (→ asset), die für die Leistungserstellung über mehr als eine Periode verwendet werden (IAS 16.6).

Equity: Reinvermögen, Eigenkapital. Der Restbetrag aller Vermögenswerte (→ asset), der nach Abzug sämtlicher Verbindlichkeiten (→ liability) übrig bleibt.

Equity method: Abrechnungsmethode im Konzernabschluß nach Anteil, den die Muttergesellschaft (→ parent) an der Tochtergesellschaft (→ subsidiary) besitzt (IAS 28.2). Gegenteil: → cost method.

Exchange rate: Wechselkurs zwischen zwei Währungen (IAS 21.8).

Expenses: Verringerung der economic benefits während einer Rechnungsperiode (F 70), also im wesentlichen mit dem Aufwand deckungsgleich. Gegenteil: → income.

Extraordinary items: Einkommen oder Aufwendungen, die aus Aktivitäten herrühren, die eindeutig außerhalb der normalen geschäftlichen Aktivitäten liegen (IAS 8.6).

Fair value: Wert, gegen den ein → asset zwischen sachkundigen und bereiten Parteien ausgetauscht werden könnte (IAS 2.6; 16.6; 17.4; 18.7; 19.7; 20.3; 21.8; 32.11; 38.8; 40.5; IFRS 1.A; IFRS 2.A; IFRS 3.4).

Finance lease: Ein Leasingvertrag, bei dem alle Risiken und Nutzungen auf den Leasingnehmer übergehen (IAS 17.3). Gegenteil zu → operating lease.

Financial asset: → cash, Forderungen oder potentiell vorteilhafte Optionen (IAS 32.5).

Financial assets held for trading: Alle → financial assets, die primär für Spekulationszwecke erworben und bereitgehalten werden (IAS 39.9).

Financial liability: Jede → liability in → cash oder potentiell nachteilige Option (IAS 32.5).

Financial instrument: Vertrag, der ein → financial asset entstehen läßt (IAS 32.5).

Financing activities: Aktivitäten, die in Änderungen des Umfanges und der Zusammensetzung des Kapitals und der der Unternehmung gewährten Darlehen resultieren (IAS 7.6).

Firm commitment: Die bindende Verpflichtung auf den Austausch einer spezifischen Menge einer Ressource zu einem bestimmten Preis zu einem bestimmten zukünftigen Datum (IAS 39.9). Diese Definition ist besonders bei den Derivaten bedeutsam (→ derivative).

Fixed price contract: Ein Bauauftrag mit Festpreisvereinbarung (IAS 11.3).

Foreign currency: Fremdwährung; jede Währung, die nicht die → reporting currency ist (IAS 21.8).

Foreign entity: Ausländische Körperschaft (IAS 21.8).

Foreign operation: Geschäftsbetrieb im Ausland (IAS 21.8).

Forgivable loan: Ein Darlehen, das unter bestimmten Umständen nicht zurückzahlbar ist (IAS 20.3).

Fundamental errors: Fehler, die in der gegenwärtigen Periode entdeckt werden und von solcher Bedeutung sind, daß der Jahresabschluß einer oder mehrerer voraufgehender Perioden nicht mehr als zuverlässig betrachtet werden kann.

Funding: Bereitstellen von Mitteln, separat vom Unternehmen eines Arbeitgebers, im Rahmen von → retirement benefit plans (IAS 19.49; 26.8).

Future economic benefit: Das Potential, in der Zukunft für einen Zufluß an → cash oder → cash equivalents an die Unternehmung zu sorgen (F 53).

Gain: Zuwachs in ökonomischem Nutzen (F 75).

Geographical segment: Eine nach geographischen Gesichtspunkten unterscheidbare Geschäftseinheit, → segment (IAS 14.8).

Going concern: Grundsatz der Unternehmensfortführung (F 23, IAS 1.23–24).

Goodwill: Überschuß der → cost des Erwerbes eines Unternehmens über den → fair value seiner → assets (IFRS 3.51). Gegenteil: → badwill.

Government: Alle Formen der Regierung, Behörden und ähnlichen Körperschaften, ob lokal, national oder international (IAS 20.3).

Government assistance: Handlungen eines → government, die in wirtschaftlichen Vorteilen für die Unternehmung resultieren, nicht aber direkt Ressourcen übertragen (IAS 20.3).

Government grant: Unterstützung durch ein → government in der Form des Transfers von Ressourcen an die Unternehmung (IAS 20.3).

Group: → Parent und alle zugehörigen → subsidiaries (IAS 21.8; 27.4).

Group of biological assets: Aggregation ähnlicher biologischer Vermögensgegenstände (→ biological asset), zum Beispiel ein bebautes Feld mit ungeernteten Pflanzen (IAS 41.5).

Harvest: Loslösung des Produkts vom → biological assets oder Beendigung des Lebens eines → biological asset (IAS 41.5).

Hedging: Die Absicherung zukünftiger Geschäfte (IAS 39.9).

Hedging instrument: Ein → derivative oder anderes → financial asset, das zur Absicherung zukünftiger Geschäfte verwendet wird (IAS 39.9).

Held-to-maturity investments: → financial assets, die bis zur endgültigen Fälligkeit behalten werden sollen (IAS 39.9).

Impairment loss: Betrag, zu dem der → carrying amount eines → asset seinen → recoverable amount übersteigt (IAS 16.6; 36.6; 38.8).

Income: Erhöhung der economic benefits während einer Rechnungsperiode (F 70), daher im wesentlichen mit dem Ertrag deckungsgleich. Gegenteil: → expenses.

Insurance contract: Versicherungsvertrag (IFRS 4.A).

Intangible asset: Nicht-monetärer immaterieller Vermögensgegenstand (→ asset; → monetary asset) (IAS 38.8).

Interim financial report: Abschluß einer → interim period (IAS 34.4).

Interim period: Eine Berichtsperiode, die kürzer als ein Jahr ist (IAS 34.4).

Inventory: Ein → Asset, das zum Verkauf bereitgehalten wird, sich in Produktion befindet oder Roh-, Hilfs- und Betriebsstoffe, die zur Produktion erforderlich sind (IAS 2.4).

Investing activities: Erwerb und Veräußerung langfristig nutzbarer assets (→ asset) ausschließlich der → cash equivalents (IAS 7.6).

Investment property: Grundstücke und Gebäude, die weder für Produktion oder Verwaltung oder Versorgung mit Gütern oder Verkauf, sondern zur Vermietung oder Verzinsung gehalten werden (IAS 40.5).

Joint control: → control, gemeinschaftlich ausgeübt (IAS 24.9; 28.2; 31.3)

Joint Venture: Vertragliche Vereinbarung, nach der zwei oder mehr Parteien eine wirtschaftliche Aktivität unternehmen, die gemeinsamer Leitung unterworfen ist (IAS 31.3).

Lease term: Die unkündbare Zeit eines Leasingvertrages (IAS 17.4).

Legal obligation: Eine Verpflichtung, in der Regel eine → liability oder eine sonstige Leistungsverpflichtung, die aus einem Vertrag (→ obligating event), einer Rechtsprechung oder einem Gesetz resultiert (IAS 37.10).

Liability: Verbindlichkeit, Verpflichtung. Eine gegenwärtige Verpflichtung der Gesellschaft, die aus Ereignissen der Vergangenheit resultiert und deren Erfüllung im Abfluß wirtschaftlicher Werte resultieren wird (F 49; IAS 37.10).

Loss: Verlust; praktisch mit → expenses identisch (F 79).

Market value: Der durch Verkauf realisierbare Marktwert eines → financial instruments auf einem aktiven Markt (IAS 32.5).

Mineral: Jeder natürliche Bestandteil des physischen Erdbodens (IFRS 6.A)

Minority interest: Der Teil der Ergebnisse der Unternehmung und der Teil der Vermögensgegenstände (→ asset) eines → subsidiary, der nicht auf die Muttergesellschaft (→ parent) entfällt (IFRS 3.4).

Monetary asset: Forderungen mit festen oder fest bestimmbaren Beträgen (IAS 38.8).

Monetary items: Forderungen (→ asset) oder Verbindlichkeiten (→ liability), die zu bestimmbaren Werten geführt werden (IAS 21.8; 29.12; 38.8).

Net realizable value: Der für ein → inventory im Rahmen des normalen Geschäftsganges erzielbare Preis abzüglich der Kosten der Fertigstellung und der Kosten des Verkaufes selbst (IAS 2.6–7).

Net selling price: der erzielbare Einzelverkaufspreis für einen Vermögensgegenstand unter sachkundigen Vertragsparteien abzüglich der Entsorgungskosten (IAS 36.6). Hierbei denkt IAS 36 eher an den Verkauf von Anlagevermögensgegenständen; der Verkauf von Waren, Produkten usw. ist in IAS 2 mit dem → net realizable value geregelt.

Neutrality: Grundsatz, daß der Bilanzierende neutral sein soll und keine Vorurteile in die Informationen bringen darf, die im Jahresabschluß dargestellt werden (F 36).

Obligating event: Ein Ereignis, das eine → liability erzeugt (IAS 37.10).

Obligation: Jede Form einer Verpflichtung (IAS 37.10), nicht nur als → liability, sondern auch als Leistungsverpflichtung, vgl. → legal obligation (F 60).

Onerous contract: Ein Vertrag, dessen bindende Verpflichtung (→ obligation) die erwarteten wirtschaftlichen Vorteile aus dem Vertrag übersteigt (IAS 37.10).

Operating activities: Die hauptsächlichen, einkommenserzeugenden Aktivitäten des Unternehmens (IAS 7.6).

Operating lease: Jeder Leasingvertrag, der kein → finance lease ist (IAS 17.4).

Option: Ein → financial instrument, das dem Inhaber das Recht zum Kauf von Stammaktien (→ ordinary share) gewährt (IAS 33.5). → Warrant.

Ordinary activities: Aktivitäten, die von einer Unternehmung im Rahmen ihres Geschäftes unternommen werden (IAS 8.6).

Ordinary share: Stammaktie (IAS 33.5).

Parent: Muttergesellschaft (IFRS 3.4; 27.6).

Percentage of completion method: Methode des Ausweises des Baufortschrittes bei langfristiger Auftragsfertigung nach Baufortschritt gemäß IAS 11.

Plan assets: Die → assets, die im Rahmen von → employee benefits z.B. in einem Fond angesammelt werden (IAS 19.7).

Plant: Anlagen; materielle Vermögensgegenstände (→ asset), die für die Leistungserstellung über mehr als eine Periode verwendet werden (IAS 16.6).

Post employment benefits: Alle → employee benefits, die nach Ende des Beschäftigungsverhältnisses geleistet werden, mit Ausnahme der Abfindungen (IAS 19.7).

Post employment benefit plans: Formale oder informelle Vereinbarungen zur Leistung von → post employment benefits (IAS 19.7).

Potential ordinary share: Ein → financial instrument oder anderer Vertrag, der seinen Inhaber zum Bezug von Stammaktien (→ ordinary share) berechtigen kann (IAS 33.5).

Present value: der Gegenwartswert, also der abgezinste Wert einer zukünftigen Zahlungsverpflichtung. Der Begriff erscheint direkt in IAS 19.7 und wird indirekt bei der Bewertung verschiedener Gegenstände angewandt, etwa bei → Value in use (IAS 36.6) oder beim → actuarial present value (IAS 26.8).

Probable: »Wahrscheinlich«, d.h. eher wahrscheinlich als unwahrscheinlich = mit einer Wahrscheinlichkeit > 50 % (IFRS 3.A; 5.A)

Profit: Die Differenz zwischen → income und → expenses in einer Rechnungsperiode (F 105; F 107).

Property: Materielle Vermögensgegenstände (→ asset), die für die Leistungserstellung über mehr als eine Periode verwendet werden (IAS 16.6).

Provision: Eine Verbindlichkeit, die der Höhe oder Zeit nach ungewiß ist (IAS 37.10), also eine Rückstellung.

Prudence: Grundsatz der Vorsicht (F 37).

Qualifying asset: Ein → asset, das notwendigerweise eine bestimmte (längere) Zeit für seine Fertigstellung oder für seinen Verkauf benötigt (IAS 23.4).

Recgognize: Ein → asset oder eine → liablity im Jahresabschluß dem Grunde nach berücksichtigen. Gegenteil: → derecognize.

Recoverable amount: Der für einen Vermögensgegenstand erzielbare Wert, jeweils der höhere Wert aus Marktwert und »value in use«, d.h. Barwert (→ present value) aller erwarteten künftigen Zahlungsströme, die der Vermögensgegenstand vermittelt (IAS 36.6).

Reinsurance contract: Ein Versicherungsvertrag (→ insurance contract), den ein Versicherer zur Absicherung eigener Risiken bei einem anderen Versicherer (dem Rückversicherer) aufnimmt (IFRS 4.A).

Related party: Jede Person, die über eine andere Person (die Unternehmung) signifikanten Einfluß hinsichtlich finanzieller Entscheidungen ausüben kann (IAS 24.9).

Related party transactions: Transfer von Ressourcen oder Verpflichtungen zwischen related parties (→ related party), ganz gleich, ob hierfür ein Entgelt verlangt wird oder nicht (IAS 24.9).

Reporting currency: Die Währung, in der der Jahresabschluß aufgestellt wird (IAS 21.8).

Reporting entity: Das Unternehmen, das einen Jahresabschluß aufstellt (F 8).

Revenue: Gesamtzufluß wirtschaftlicher Vorteile während einer Periode aus → ordinary activities (IAS 18.7).

Reportable segment: Ein → segment, das in der Segmentberichterstattung angegeben werden muß (IAS 14.9).

Research: Forschung, die sich auf neue wissenschaftliche oder technische Kenntnisse richtet (IAS 38.8), zu unterscheiden von → development.

Residual value: Restwert eines → asset am Ende seines → useful life abzüglich der Kosten für Entsorgung (IAS 16.6).

Restructuring: Bewußte und geplante Veränderung des Geschäftszweckes oder der Art und Weise der Geschäftsausübung der Unternehmung (IAS 37.10).

Retirement benefit plan: Vereinbarungen für Leistungen an Mitarbeiter nach Ende ihrer Beschäftigung (IAS 26.8).

Segment: Eine unterscheidbare Geschäftseinheit (IAS 14.8).

Significant influence: Teilnahme an der Geschäftsführung einer Unternehmung ohne → control (IAS 24.5; 28.2; 31.2).

Solvency: Die Fähigkeit, über einen längeren Zeitraum Zahlungsverpflichtungen zeitgerecht nachzukommen; Solvenz (F 16).

Subsidiary: Tochtergesellschaft (IFRS 3.4; IAS 27.6; 28.2).

Tax base: Der Wert eines → asset oder einer → liability, die für Zwecke der Besteuerung zugewiesen wird (und sich daher u.U. vom Bilanzwert unterscheidet) (IAS 12.5).

Tax expense (tax income): Nachzahlungen oder Rückzahlungen aus Steuern (IAS 12.5).

Taxable profit (tax loss): Gewinn oder Verlust einer Periode, ermittelt nach den Regeln des jeweils anwendbaren Steuerrechts (IAS 12.5).

Temporary differences: Differenzen zwischen Zeitwert und → tax base.

Termination benefits: Abfindungen am Ende des Arbeitsverhältnisses (IAS 19.7).

Transaction costs: Die Kosten (→ cost), die direkt dem Kauf oder der Veräußerung eines → financial asset zurechenbar sind (IAS 39.9).

Unbundle: Die Auflösung eines Vertrages in Komponenten, die bilanziell unterschiedlich zu behandeln sind, z.B. Versicherungsvertrag und in diesen eingebettetes Derivat (IFRS 4.A).

Useful life: Betriebsübliche (erwartete) Nutzungsdauer oder erwartete Gesamtzahl hergestellter Einheiten (IAS 16.6), vgl. auch → economic life. Auch die erwartete verbleibende Periode ab Beginn des → lease term, über die wirtschaftliche Vorteile von einem → asset durch das Unternehmen erwartet werden (IAS 17.4; 36.6; 38.8).

Value in use: der Gegenwartswert (→ present value) aller künftigen erwarteten Zahlungsströme, die ein Vermögensgegenstand vermittelt, einschließlich seiner erwarteten Entsorgungskosten (IFRS 5.A).

Venturer: Wer an einem → joint venture beteiligt ist (IAS 31.3).

Vested benefits: Wirtschaftliche Vorteile im Rahmen eines → retirement benefit plans, die nicht mehr von einer Bedingung abhängig sind (IAS 19.7; 26.8).

Warrant: Ein → financial instrument, das dem Inhaber das Recht zum Kauf von Stammaktien (→ ordinary share) gewährt (IAS 33.5). → Option.

7.3. Abkürzungen

AASB	Australian Accounting Standards Board.
AcSB	Accounting Standards Board (Kanada).
AG	Abgabenordnung.
AG	Application guide.
AG	Amtsgericht.
AktG	Aktiengesetz.
ARAP	Aktiver Rechnungsabgrenzungsposten.
ASB	Accounting Standards Board (United Kingdom).
ASBJ	Accounting Standards Board (Japan).
A_t	Auszahlung zum Zeitpunkt t.
BaFin	Bundesamt für Finanzdienstleistungsaufsicht.
BAG	Bundesarbeitsgericht.
BFH	Bundesfinanzhof.
BGH	Bundesgerichtshof.
BilKoG	Gesetz zur Kontrolle von Unternehmensabschlüssen (Bilanzkontrollgesetz).
BilKoUmV	Verordnung über die Umlegung von Kosten der Bilanzkontrolle nach § 17 des Finanzdienstleistungsaufsichtsgesetzes (Bilanzkontrollkosten-Umlageverordnung).
BilReG	Gesetz zur Einführung internationaler Rechnungslegungsstandards und zur Sicherung der Qualität der Abschlussprüfung (Bilanzrechtsreformgesetz).
BiRiLiG	Gesetz zur Durchführung der Vierten, Siebenten und Achten Richtlinie des Rates der Europäischen Gemeinschaften zur Koordinierung des Gesellschaftsrechts (Bilanzrichtliniengesetz).
BJ	Berichtsjahr.
BMF	Bundesminister der Finanzen.
BSG	Bundessozialgericht.
BStBl	Bundessteuerblatt.
BVG	Bundesverwaltungsgericht.
CNC	Conseil Nationale de la Comptabilité.
DRM	Digital Right Management.
DRSC	Deutsches Rechnungswesenstandards Committee.
ED	Exposure Draft.
EFRAG	European Financials Reporting System Advisory Group.
EGV	Vertrag zur Gründung der Europäischen Gemeinschaft (EG-Vertrag).
EStG	Einkommensteuergesetz.
E_t	Einzahlung zum Zeitpunkt t.
EU	Europäische Union.
EUV	Vertrag zur Änderung des Vertrages über die Europäische Union, der Verträge zur Gründung der Europäischen Gemeinschaften sowie einiger damit zusammenhängender Rechtsakte (EU-Vertrag).
F	Framework for the Preparation and Presentation of Financial Statements.
ff	Fortfolgende [Paragraphen, Absätze, Seiten usw.].
FASB	Financial Accounting Standards Board (United States).
FIFO	First In First Out.
FRSB	Financial Reporting Standards Board (New Zealand).
GAAP	Generally Accepted Accounting Principles.
GASC	German Accounting Standards Committee.
GG	Grundgesetz.
GmbHG	Gesetz betreffend die Gesellschaften mit beschränkter Haftung (GmbH-Gesetz).

GoB	Grundsätze der ordnungsgemäßen Buchführung.
GuV	Gewinn- und Verlustrechnung.
HGB	Handelsgesetzbuch.
HTML	Hypertext Markup Language.
i	Zinssatz.
IAS	International Accounting Standard.
IASB	International Accounting Standards Board.
IASC	International Accounting Standards Committee.
IASCF	International Accounting Standards Committee Foundation.
IE	Illustrative Example.
IFAC	International Federation of Accountants.
IFRIC	International Financial Reporting Interpretations Committee.
IFRS	International Financial Reporting Standard; Oberbegriff, umfaßt eigene Standards, IAS und SIC Interpretations.
IG	Implementation Guide.
IMF	International Monetary Fund.
KapAEG	Kapitalaufnahmeerleichterungsgesetz.
KStG	Körperschaftsteuergesetz.
KWG	Gesetz über das Kreditwesen (Kreditwesengesetz).
LG	Landgericht.
LIFO	Last In First Out.
MD&A	Management's Discussion and Analysis [of Financial Condition and Results of Operations].
OCI	Other comprehensive income.
OLG	Oberlandesgericht.
OTC	Over The Counter [Geschäfte, Derivate] = grauer, außerbörslicher Kapitalmarkt.
POC	Percentage-of-completion [method].
POI	Pooling of interests [method].
q	Preis eines Gutes (in Formeln).
PRAP	Passiver Rechnungsabgrenzungsposten.
RAP	Rechnungsabgrenzungsposten.
SAC	Standards Advisory Council.
SEC	Securities and Exchange Comission.
SIC	Standing Interpretations Committee.
SOC	Stage-of-completion [method].
StBerG	Steuerberatergesetz.
t	Zeit, Zeitpunkt.
TCG	Trusted Computing Group.
TCPA	Trusted Computing Platform Alliance.
TransPuG	Gesetz zur weiteren Reform des Aktien- und Bilanzrechts, zu Transparenz und Publizität (Transparenz- und Publizitätsgesetz).
US-GAAP	United States Generally Accepted Accounting Principles.
UStG	Umsatzsteuergesetz.
UWG	Gesetz gegen den unlauteren Wettbewerb.
VJ	Vorjahr.
X	Menge (in Formeln).
XBRL	Extensible Business Reporting Language.
XML	Extensible Markup Language.

7.4. Literatur

7.4.1. Print

Die Originaltexte sind die absolut unerläßliche Grundlage jeder Arbeit mit den Standards:

International Accounting Standards Board (Hrsg.), »International Financial Reporting Standards (IFRSs™) 2005. Including International Accounting Standards (IASs™) and Interpretations as at 1 January 2005«, London 2005, ISBN 1-904230-79-2.

International Accounting Standards Board (Hrsg.), »International Financial Reporting Standards (IFRSs™) 2005. Einschließlich International Accounting Standards (IASs™) und Interpretationen per 1. Januar 2005«, autorisierte Übersetzung des englischen Originaltextes, Loseblattsammlung, Schäffer/Poeschel, ISBN 3-8202-2802-0.

Weitere Werke:

Adler/Düring/Schmaltz, »Rechnungslegung nach Internationalen Standards«, Schäffer/Poeschel, 2005, ISBN 3-8202-2600-1.

Amman/Müller, »IFRS - International Financial Reporting Standards. Bilanzierungs-, Steuerungs- und Analysemöglichkeiten«, NWB, Herne/Berlin 2004, ISBN 3-482-52581-1.

Farr/von Keitz, »Checkliste für die Aufstellung und Prüfung des Anhangs nach IAS/IFRS«, IDW-Verlag, 2005, ISBN 3-8021-1174-5.

Grünberger/Grünberger, »IAS/IFRS 2005. Ein systematischer Praxis-Leitfaden«, NWB, Herne/Berlin 2005, ISBN 3-482-52243-X-3.

Hillmer, »Neue Bilanzierungsregeln für den Mittelstand empfehlenswert? Tagungsbericht zum 10. Siegener Workshop für Rechnungslegung, Prüfungswesen und Steuerlehre«, in: »Kapitalmarktorientierte Rechnungslegung« (KoR), 4/2005, S. 176

Lüdenbach, N., »IFRS – Der Ratgeber zur erfolgreichen Umstellung von HGB auf IFRS«, Haufe-Verlag, Freiburg 2005, ISBN 3-448-06571-4.

Lüdenbach/Hoffmann, »IFRS-Kommentar«, inkl. CD, Haufe-Verlag, Freiburg 2005, ISBN 3-448-06611-7.

Lüdenbach/Hoffmann, »Die komplizierte IFRS-Rechnungslegung für mittelständische Unternehmen, Systematik und Fallstudie«, in: »Deutsches Steuerrecht« (DStR) 20/2005, S. 884.

Mandler, U., »Der deutsche Mittelstand vor der IAS-Umstellung 2005. Konzepte und empirische Befunde zur Umsetzung der IAS-Verordnung«, NWB, Herne/Berlin 2004, ISBN 3-482-52721-0.

Petersen/Bansbach/Dornbach, »IFRS-Praxishandbuch. Ein Leitfaden für die Rechnungslegung mit Fallbeispielen«, Vahlen, München 2005, ISBN 3-8006-3083-4.

7.4.2. Internet

Die Web-Quellen sind oft aktueller als Bücher und geben Auskunft über neuste Entwicklungen. Amtliche Quellen und Publikationen von Standards finden sich unter:

- International Accounting Standards Board:
  http://www.iasb.org/
- Deutsches Rechnungslegungs Standards Committee e.V.:
  http://www.standardsetter.de/drsc/news/news.php
- EU-Amtsblatt - Veröffentlichung von Standards:
  http://europa.eu.int/eur-lex/de/archive/2003/l_26120031013de.html
- Aktuelle Nachrichten zum EU Endorsement:
  http://europa.eu.int/comm/internal_market/accounting/ias_de.htm

Weitere wichtige Webseiten, zum Teil in englischer Sprache:

- Deloitte IAS Plus:
  http://www.iasplus.com/index.htm
- Ernst & Young
  http://www.ey.com/
- IFRS/IAS-Portal
  http://www.ifrs-portal.com/
- PriceWaterhouseCoopers
  http://www.pwc.com/
- Web-Archiv zur internationalen Rechnungslegung (IAS/IFRS):
  http://www.ax-net.de/
- Webseite des Autoren:
  http://www.zingel.de

7.5. Index

0-9

1 BvR 80/95 207
1 BvR 957/96 207

A

A.C. Nielsen 178
AASB 27
Abbau- und Schürfrechte 44
ABC-Analyse 88
Abgang von Sachanlagen 68
Abgeld 127
Abgeltungen 118
Abschlußgebühr 108, 126
Abschlußleser 41
Abschlußposten 34
Abschlußprüfung 84
Abschreibung 36, 102, 163, 219
Abschreibung von Darlehensforderungen 148
Abschreibungsmethode 102, 175
Abschreibungsverbot 143, 197
Absicherung eines zugrundeliegenden Realgeschäfts 156
Abstimmung von Konten 59
Abwägung der qualitativen Anforderungen an den Abschluß 34
Abwägung von Nutzen und Kosten 32
Abwertung von Vorräten in der Handelsbilanz 93
Accounting and Reporting by Retirement Benefit Plans 35, 113
Accounting Estimates 80
Accounting for Government Grants and Disclosure 35, 120
Accounting for Investments 37
Accounting for Research and Development Activities 37
Accounting Policies 35, 72, 80
Accounting Policies, Changes in Accounting Estimates, and Errors 35
Accounting Regulatory Committee 14
Accounting Responses to Changing Prices 37
Accounting Standards Board 27
Accrual 53
Accrual Basis 32, 40
Accrual Basis of Accounting 62, 89, 90
Accrued Benefit Valuation Method 215
Accumulating Compensated Absences 113
AcSB 27
Actual Substance 41
Actuarial Assumptions 116
Actuarial Gains and Losses 118
Actuarial Present Value 49, 50, 119
Adjusting Events 86
Administrative Expenses 69
Advisory Council 26
AfA-Tabelle 102

Afrika 124
AG 22
Agenturverträge 129
Agio 54, 101
Agriculture 36, 184
Akkreditive im Außenwirtschaftsverkehr 169
AktG 85, 155
Aktienkultur 24
Aktienoptionen 17
Aktiva 53
Aktive latente Steuern 92
Aktiver Markt 42
Aktivierung der Fremdkapitalaufwendungen 128
Aktivierungsverbot 173, 197
Aktuartätigkeit 17
Akzept 153
Allgemeine Verwaltungsaufwendungen 146
Allowed Alternative Treatment 51
als Finanzinvestition gehaltene Immobilien 36
Amtsblatt der EU 15
Amtsgericht 22
Analyse von Verbindlichkeiten 59
andere aufgenommene Gelder 147
andere Aufwendungen 68
andere Geldmarktgeschäfte 147
andere Verbindlichkeiten aus Geldmarktgeschäften 147
andere Vermögensgegenstände 64
andere vertragliche Schulden 127
andere Wertpapiere 66
Änderungen in bestehenden Verbindlichkeiten zur Stillegung, Wiederherstellung und ähnlichen Verpflichtungen 38
Angabe – Tausch von Dienstleistungslizenzen 38
Angaben im Abschluß von Banken und ähnlichen Finanzinstitutionen 35
Angaben über Beziehungen zu nahestehenden Unternehmen und Personen 35
angemessene Präsentation 42
Anhang 52, 57, 146, 175, 209
Anlageberatung 169
Anlagevermögen 53, 66
Anlegerschutz 15, 18, 19
Annuitätentabelle 108
Anpassung 13
Anschaffungs- oder Herstellkosten 51, 75, 10, 48, 100, 101, 188, 206
Anschaffungs- oder Herstellungskostenbewertung 163
Anschaffungskosten 75, 87, 100, 124, 134, 195
Anschaffungskosten des Unternehmenszusammenschlusses 195
Anschaffungskostenmodell 102, 174, 184
Anschaffungspreisminderungen 75
Ansparphase 114
Ansprüche von Anlegern bei Falschinformationen 16

Anteile an assoziierten Unternehmen 35
Anteile an Joint Ventures 35
Anteile der Mitglieder von Genossenschaften und ähnliche Instrumente 38
anteilsbasierte Vergütung 36, 190, 113, 193
Antritt der rot-grünen Bundesregierung 11
Anwendung des Stetigkeitsgrundsatzes zwischen Jahres- und Zwischenabschluß 163
Anwendung internationaler Rechnungslegungsstandards 11
AO 106
Arbeitsgemeinschaft 140
Arbeitsverhältnis 114
ARC 14
ASB 27
ASBJ 27
Asset 34, 43, 49, 91, 197, 217
Asset Revaluation Reserve 67
Associate 46, 140, 142, 143, 145, 150, 152
Aufgabe von Geschäftsbereichen 68
Aufgabe von Geschäftsfeldern 37
Aufgegebene Geschäftstätigkeit 69
Aufstellungsfristen für den Jahresabschluß 57
Auftragsfertigung 74, 88
Aufwands- und Ertragskonsolidierung 137
Aufwendungen 10, 34, 47
Aufwendungen für Roh-, Hilfs- und Betriebsstoffe 68
Ausfluß des Gleichheitsgrundsatzes 120
Ausgegebene Anteilsscheine 53
Ausnahmen von Bewertungsregeln nach IAS/IFRS 188
Ausschüttungen an Anteilseigner 55
Außerordentliche Aufwendungen und Erträge 47
Außerplanmäßige Abschreibungen 68
Australian Accounting Standards Board 27
Ausweis der Gemeinschaftsunternehmen 138
Ausweis des Eigenkapitals 47
Ausweis des Wertverlustes 166
Auswirkungen von Änderungen der Wechselkurse 35
Autohaus 114
Available-for-Sale 158, 159

B

Badwill 136, 167, 173, 195, 196
BaFin 18
BAG 22
Balance Between Benefit and Cost 34
Balance Between Qualitative Characteristics 34, 42
Balance Sheet 51
Balance zwischen den einzelnen Merkmalen 42
Bank 145
Bankkonto 128
bankspezifische Risiken 148
Bargeld 66
Barreserven 147
Barwert 49, 50
Barwertrechnung 107

Basel-II-Abkommen 10
Basic Earnings per Share 160, 161
Bau- und Nutzholz 184
Bauauftrag 89
Bauauftrag mit Festpreis 89
Bauherr 90
Baukosten 90
Bauleiter 141
Bäume im Wald 184
Baumwolle 184
Baustelle 141
Bedeutsamkeit 40, 41
Beendigung von Rechtsstreitigkeiten 68
Behandlung von Bilanzfehlern 81
Beherrschung 195
Beihilfen der öffentlichen Hand 37
Beilegung gerichtlicher Streitigkeiten 87
Beispiel für die Percentage-of-completion-method 90
beitragsorientierte Pläne 114
Beitragszahlungen 115
Benchmark Treatment 51
Benefit Valuation Method 215
Berichterstattung in hyperinflationären Umgebungen 147
Berichtigung eines unrichtigen Bilanzansatzes 83
Berichtswährung 122
Beschränkungen für relevante und verläßliche Informationen 32
Best Estimate 170
Bestandsveränderungen Fertig- und Unfertigerzeugnisse 68
Beteiligungen 66
betriebliche Übung 113
betriebsübliche Nutzungsdauer 166
Beurteilung des wirtschaftlichen Gehalts von Transaktionen in der rechtlichen Form von Leasingverträgen 38
Beurteilungsverfahren 91
Bewertung der Bestände 10
Bewertung der Eventualverbindlichkeiten 170
Bewertung von Abschlußpositionen 34
Bewertung zu Anschaffungskosten 134
Bewertungsgutachten 17
Bewertungsprobleme 48
Bewertungsvereinfachungsrechte 15
Bewertungsvorschriften 51
Bewertungsvorschriften für Umlaufvermögensgegenstände 74
BFH 22
BFH vom 11.2.1988 – BStBl II S. 825 84
BFH vom 12.10.1977 – BStBl 1978 II S. 191 83
BFH vom 14.12.1982 – BStBl 1983 II S. 303 84
BFH vom 2.5.1984 – BStBl II S. 695 84
BFH vom 21.10.1976 – BStBl 1977 II S. 148 83
BFH vom 22.1.1985 – BStBl II S. 308 84
BFH vom 26.2.1976 – BStBl II S. 378 84
BFH vom 27.3.1962 – BStBl III S. 273 83
BFH vom 29.11.1965 – BStBl 1966 III S. 142 83
BFH vom 3.7.1956 – BStBl III S. 250 83

BFH vom 8.12.1988 – BStBl 1989 II S. 407 84
BFH vom 9.6.1994 – BStBl 1965 III S. 48 84
BGB 22, 105
BGB-Gesellschaft 141
BGH 22
Bilanz 51, 64, 209, 210
bilanzielle Entflechtung 201
bilanzielle Zuordnung des Leasinggegenstandes 105
Bilanzierung und Berichterstattung von Altersvorsorgeplänen 35
Bilanzierung und Darstellung von Zuwendungen der öffentlichen Hand 35
Bilanzierung von Webseiten 179
Bilanzierungs- und Bewertungsmethoden 35, 80
Bilanzierungs- und Bewertungsmethoden, Änderungen 35
Bilanzierungsfähigkeit nach IAS 38 179
Bilanzierungsmethoden 41
Bilanzkontrolle 18
Bilanzkontrollgesetz 17
Bilanzkontrollverfahren 84
Bilanzpolizei 85
Bilanzrechtsmodernisierungsgesetz 16
Bilanzrechtsreformgesetz 15, 16
BilKoG 17
BilReG 15
Biological Assets 184
biologische Vermögensgegenstände 44, 74
biologische Vermögenswerte 184
Blätter 184
BMF-Schreiben vom 19.04.1971, IV B/2 - S 2170 - 31 106
BMF-Schreiben vom 21.3.1972, F/IV B 2 – S 2170 – 1 106
Bodenschätze 206
Boni 100
Borrowing Costs 35, 126
Börse 133
Börsen- oder Marktpreis der Anteile der Konzerntochter 136
Börsenreform 17
Bottom-up 167
Brachliegenlassen von Äckern 185
Bruttogewinn 68, 69
Bruttosozialprodukt 19
Bruttozufluß wirtschaftlichen Nutzens 111
BSG 22
Buchungen des Leasingverhältnisses 109
Bundesamt für Finanzdienstleistungsaufsicht 18
Bundesarbeitsgericht 22
Bundesfinanzhof 22
Bundesgerichtshof 22
Bundesgesetze 21
Bundesjustizministerium 15
Bundessozialgericht 22
Bundesverfassungsgericht 22
Bundesverwaltungsgericht 22
Bürgschaft 130, 169
Büsche 184

Business Combinations 36, 37, 194
BVG 22

C

Calls 155
Capital Disclosures 36
Caps 155
Carrying Amount 49, 92, 166
Case Law 21, 24, 31
Cash 49, 52
Cash and Cash Equivalents 66
Cash Equivalents 49, 52
Cash Flow 78
Cash Flow 165
Cash Flow aus Finanzierungstätigkeit 71
Cash Flow aus Investitionstätigkeit 70
Cash Flow aus laufender Geschäftstätigkeit 70
Cash Flow from Financing Activities 71, 78
Cash Flow from Investing Activities 70, 78
Cash Flow from Operating Activities 70, 78
Cash Flow Hedges 157
Cash Flow Rechnung 52, 57, 209
Cash Flow Statement 35, 52, 70, 77
Cash Flow Zinsrisiko 160
Cash Flow-Rechnung 77
Cash Generating Unit 165, 166, 167
Cash-Flow-Verfahren 178
Changes in Existing Decommissioning, Restoration and Similar Liabilities 38
Closed Shop 24
Closing Rate 49, 51
Club of Rome 206
CNC 27
CO_2-»Markt« 88
Code Law 21, 24, 32
Common law 21, 24, 32
Comparability 32, 41
Comparative Information 64
Completed-Contract-Method 89
Completeness 32, 41
Comprehensive Income 55
Concepts of Capital and Capital Maintenance 34
Condensed Balance Sheet 162
Condensed Cash Flow Statement 162
Condensed Income Statement 162
Conseil Nationale de la Comptabilité 27
Consistency of Presentation 63
Consolidated and Separate Financial Statements 35, 132
Consolidated Balance Sheet 66
Consolidated Cash Flow Statement 70
Consolidated Financial Statements 36
Consolidated Income Statement 69
Consolidated Statement of Changes in Equity 72
Consolidation – Special Purpose Entities 37
Constraints on Relevant and Reliable Information 32
Construction Contracts 35, 88
Contingent Assets 46

Contingent Gains 216
Contingent Liabilities 46, 169
Control 150
Control-Verhältnis 129, 132
Controlling-Software 59
Convertible Bonds 67
Corporate Governance Kodex 17
Corridor Amortization 119
Cost 49
Cost Method 143
Cost Model 183, 184
Cost of Disposal 49
Cost of Sale 69
Cost Plus Contract 89
Cost-Benefit-Balance 42
CSS 151, 179
Current 52, 64
Current Asset 53, 64, 66
Current Cost 49
Current Cost Method 145
Current Liabilities 65, 67
Current Service Cost 215
Current Service Cost 118
Current Tax 93
Customization 13

D

Damnum 127
Darlehen 67
Darlehensvertrag 198
Darstellung des Abschlusses 31, 35
Darstellung von Umlaufvermögen und kurzfristigen Verbindlichkeiten 37
Darstellungswährung 126
Dauer bis zum Beginn der Rente 114
Debitoren 59
Decision Usefulness 39
Deferred Income Tax Liabilities 67
Deferred Tax Assets 93
Deferred Tax Liabilities 93
Defined Benefit Plan 114, 117
Defined Contribution Plan 114, 115, 117, 119, 215
degressive Abschreibung 102
Deposit Rate 147
Depotstimmrecht 169
Depreciation Accounting 36
Derivat 155, 156, 199
Derivatgeschäfte 147
Determining Whether an Arrangement Contains a Lease 38
deutsche Neidkultur 131
Devisenhandel 146
Devisentermingeschäfte 66, 67
Dienstleistungsentgelte und Provisionserträge 146
Dienstleistungsfreiheit 9, 13
Dienstzeitaufwand 118
Digital Rights Management 151
Diluted Earnings per Share 160, 161
Disagio 101, 126, 127

Disclosure – Service Concession Arrangements 38
Disclosures in the Financial Statements of Banks and Similar Financial Institutions 35, 145
Discontinued Operations 37, 69, 218
Dividendenerträge 146
Domain 179
Domainname 179
Dreieckskompensation 101
DRM 151
DRSC 17, 27
Durchschnittsmethode 75, 94

E

Earnings per Share 35, 160
Effektivzins 107
EFRAG 14
eigene Aktien 155
eigene Akzepte und andere verbriefte Schulden 147
eigene Anteile 67, 154
Eigenheimbau 200
Eigenkapital 34, 53, 54, 67, 138, 154, 157, 214
Eigenkapitalinstrument 152, 190, 193
Eigenkapitalspiegel 56
Eigenkapitalveränderung der Periode 55
Eigenkapitalveränderungsrechnung 51, 54, 56, 71, 72, 209
Einbeziehen neuer Vermögensgegenstände und Schulden 188
Einführung des Emissionshandels 88
Einführung des Euro 37
Einheitlichkeit der Abschlußstichtage 139
Einheitlichkeit der Bewertung 139
Einheitlichkeit der Bilanzierung 139
Einheitsbewertung 183
Einheitsbilanz 43
Einkaufskommission 154
Einkommensbegriff 47
Einkommensteuer 31
Einlageanteil der Versicherungsnehmer 201
Einlagenkomponente 201
Einlagezertifikate 147
Einzelabschluß 10, 52
Einzelbewertung 63
Elements of Financial Statements 34
Embedded Derivatives 157
Emerging Issues 31
Emission 160
Emission Rights 38
Emissionshandel 88, 155
Emissionsrechte 38
Emissionszertifikat 88
Employee Benefits 35, 113
Ende des kalten Krieges 9
Endorsement Mechanism 14
Energierationierung 155
Enforcement 17
Entfernen alter Vermögensgegenstände und Schulden 188

Absender

Fachbuchhandlung
Gaby Schäfers GmbH
Merlostraße 4 · 50668 Köln
Tel.: 0221/737597, Fax 738037

Empfänger: Frau Glatzer

Lieferschein

Nr.
Datum: 25.4.06
Ort: Köln
Bestellung:
Bestell-Nr.:
vom:
Vermerk:

Sie erhalten: ☐ frei ☐ unfrei per
☐ Boten ☐ Fracht ☐ Post ☐ Paketdienst ____
☐ Bahn ☐ Spedition ☐ Express ☐ ____

	Zur Ansicht 8 Tage	
1	Zinsel, LFRS – Formelslg	19,95
1	Zinsel, LFRS – Arbeitsbuch	29,90

1. Ausführung für Warenempfänger

Datum, Unterschrift: 25.4.06

Die gelieferte Ware bleibt bis zur vollständigen Bezahlung Eigentum des Lieferanten.

Entscheidungsnutzen 39, 40, 42
Entsorgungskosten 50
Entwicklungskosten 48, 74, 217
Entwicklungsphase 173
Equity 34, 47, 53, 67
Equity-Bewertung 134
Equity-Methode 141, 142, 212
Ereignisse nach dem Bilanzstichtag 35, 66
Erfassung von Abschlußpositionen 34
Erfindungsreichtum der Versicherer 200
Erfolgsbeteiligungen 113
Ergebnis der gewöhnlichen Geschäftstätigkeit 56
Ergebnis je Aktie 35
Ermessensspielraum 42
Ernte 184
Error 80
Erstanwendung 81
Erstmalige Anwendung der International Financial Reporting Standards 36
erstmalige Anwendung von Standards 81
Ertrag 111
Erträge 34, 35, 56
Erträge – Tausch von Werbeleistungen 38
Erträge aus Beteiligungen 69
Ertragskraft 34
Ertragssteuern 35
Ertragsteuern 38, 69
erwarteter Ertrag des Planvermögens 118
EStG 93
EStR 83
Euro 123, 125
Europa 9
Europäische Zentralbank 147
European Financials Reporting System Advidory Group 14
Evaluating the Substance of Transactions in the Legal Form of a Lease 38
Events After the Balance Sheet Date 35, 85
Eventualforderungen 46
Eventualschulden 46, 199
Eventualverbindlichkeit 19, 46, 145, 147, 151, 168, 169, 170, 171, 195, 199, 214
Exemplum AG 66, 69, 70, 72, 99
Expected Return on Plan Assets 118
Expenses 34, 47
Exploration Asset 206
Exploration for and Evaluation of Mineral Assets 36, 205
Exploration und Bewertung ungehobener Bodenschätze 36
Exploration von Bodenschätzen 205
Explorationsrechte 206
externe Beratungsleistungen 13
EZB 147

F

Factoring 169
Fäden 184
Fair Presentation 23, 34, 42, 61, 73
Fair Value 19, 50, 102, 110, 173, 185, 191, 194, 195, 201, 212
Fair Value des Planvermögens 116
Fair Value Hedges 157
Fair Value Model 183
Fair-Value-Bewertung für Finanzierungsinstrumente 16
Faithful Representation 32, 41
Fällige Ertragsteuern 67
Fälligkeiten von Verbindlichkeiten und Forderungen 147
FASB 27
Fast Close 16, 57
Fast-close-Abschluß 58
Fast-close-Debatte 58
Fast-close-Problem 59
fehlende Bilanzierungsregeln 61
Fehler 81, 82
Fehlerkorrektur 84
Feldfrüchte 44, 46
Fertig- und Unfertigprodukte 53
Fertigprodukte 202
Fertigungsaufträge 35, 88
fertigungsbezogene Verwaltungsgemeinkosten 74
Fertigungseinzelkosten 48, 74
Fertigungsgemeinkosten 48, 74
fester Kapitalzinsfuß 215
Festpreisvertrag 90
Feststellen, ob eine Vereinbarung ein Leasingverhältnis enthält 38
FIFO 59, 75, 76, 94, 211
Finance Cost 69
Finance Income 69
Finance Lease 105
Finance Leasing 41, 46, 107, 183, 213
Financial Accounting Standards Board 27
Financial Asset 53, 152, 153
Financial Instrument 74, 151, 152, 153, 159
Financial Instruments: Disclosure and Presentation 35
Financial Instruments: Recognition and Measurement 36
Financial Liabilitiy 47, 152, 153
Financial Reporting in Hyperinflationary Economies 35, 143
Financial Reporting of Interests in Joint Ventures 148
Financial Reporting Standards 43
Financial Reporting Standards Board 27
Financial Statement 51, 62
Finanzanlagevermögen 212
Finanzderivate 19
Finanzdienstleister 145
finanzielle Schulden 127
Finanzierungsaufwendungen 101
Finanzierungsgeschäfte 130
Finanzierungsinstrumente 151
Finanzierungskosten 47, 56
Finanzinstrument 74, 152, 154, 155, 193, 199
Finanzinstrumente: Angaben und Darstellung 35

Finanzinstrumente: Ansatz und Bewertung 36
Finanzinvestition 134, 181, 183
Finanzinvestitionen 66, 183
Finanzverbindlichkeit 47, 153
Firmenwert 167, 196
First-Time Adopter 187
First-Time Adoption of International Financial Reporting Standards 36, 187
Fiscal Year 163
Fixed Price Contract 89
Floors 155
Folgebewertung 102
Forderungen 53
Forderungen an Kunden 147
Forderungen aus Lieferungen und Leistungen 66
Forderungen und Kredite an andere Banken 147
Forderungsabschreibungen 130
Forderungsabtretung 153
Foreign Currency Hedges 157
Forschung und Entwicklung 130, 172, 173, 217
Forschungskosten 48, 217
Forschungsphase 173
Fortführung der Unternehmenstätigkeit 40
Forward Currency Transactions 66, 67
Forward Rate Agreements 155
Forwards 155
Framework 29, 30, 31, 34, 39, 47, 80, 111
freiwillige Korrektur 83
Fremdkapital 53
Fremdkapitalaufwendungen 127, 218
Fremdkapitalkosten 35, 126, 218
Fremdkapitalzinsen 48
Fremdwährung 122
Fremdwährungsdarlehen 126
Fundamental Accounting Assumptions 31
Fundamentalstandard 31
funktionale Währung 122, 123, 125, 126, 143
Fusion 194
Futures 155

G

Gantt-Chart 58
Garantie 169
Garantiegewährungen 130
Garne 184
Gas 205
Gebrauchsmuster 175
geerntete Zuckerrüben 184
Gefahrenabwehr 23, 24
gefällte Stämme 184
Gegenwartswert 50
Gehälter 113
Gehaltserhöhung 116
Gehaltstrend 116
geldwerte Leistungen 113
geleistete Anzahlungen 66
gemeinschaftlich geführte Einheiten 37
Gemeinschaftsunternehmen 138, 149
generelles Abschreibungsverbot 197

gentechnische Verfahren 184
gepflücktes Obst 184
Gerichtsverfassungsgesetz 22
German Accounting Standards Committee 27
Gesamt- oder Umsatzkosten 68
Gesamtaufwand 68
Gesamtkostenverfahren 56, 68
Gesamtrechtsnachfolge 154
Gesamtveränderung des Eigenkapitals 56
Geschäfts- oder Firmenwert 47, 136, 142, 172, 196, 197
Geschäftsarten einer Bank 146
Geschäftsjahr 188
Geschmacksmuster 175
gesetzliche Regelungsdichte 24
Gewährleistungsrückstellung 95
Gewährleistungsverträge 169
Gewährung planwirtschaftlicher Zwangspreise 120
Gewerkschaften 113
Gewinn oder Verlust aus außerordentlichen Ereignissen 56
Gewinn vor Steuern 69
Gewinn- und Erfolgsbeteiligungen 113
Gewinn- und Verlustrechnung 51, 56, 67, 70, 209, 217
Gewinne abzüglich Verluste aus dem Devisenhandel 146
Gewinnrücklage 67, 214
Gewohnheitsrecht 21
Gläubigerschutz 10, 42, 51, 208
glaubwürdige Darstellung 32, 41
Global Player 139
globalisierte Standards 9
Globalmodelle 176
GoB 39
Going Concern 32, 40, 62, 85, 87
Goodwill 136, 142, 167, 173, 195, 196
Government Assistance 37
Government Grants 67
Gross Profit 69
Grundannahmen 31
Grundgesetz 21, 22
Grundkapital 67
Grundlegendes Regelungsmodell 208
Grundsatz der Methodenstetigkeit 63
Grundsatz der Stetigkeit 162
Grundsatz der Unternehmensfortführung 62, 85, 87
Grundsatz der Wesentlichkeit 63
Grundsatz der Einzelbewertung 63
Grundsätze der ordnungsgemäßen Buchführung 39
Grundsätze deutscher Rechnungslegung 9
Grundsätzliche Prinzipien 62
Grundsatzwirkung 22
Grundstruktur des Regelwerkes 208
Grundstücke 184
Gruppe von Arbeitnehmern 113
Guthaben bei der Zentralbank 147
Guthaben bei Kreditinstituten 66
GuV 56, 119, 188
GuV-Rechnung 57, 67, 126, 146

H

Haftung von Vorstands- und Aufsichtsratsmitgliedern 16
Hamsterkäufe 144
Hedge Accounting 146, 151, 200
Hedging 71, 189
Hedonischer Ansatz 177
Held for Sale 202, 203
Held for Trading 158, 159
Held to Maturity 158, 159
Herstellkosten 48
herstellungsbezogene Zinsen 75
Herstellungskosten 74, 183, 206
HGB 10, 15, 19, 32, 34, 39, 42, 43, 48, 51, 52, 56, 66, 68, 73, 84, 85, 123, 137, 139, 187, 188, 208, 209, 210, 211, 212, 213, 214, 215, 216, 217, 218, 219
HIFO 59
Historical Cost 49
Historical Cost Method 145
Hochinflation 144
Hochinflationsland 143
Höchstwahrscheinlich 203
Host Contract 157, 170, 200
HTML 151, 179
hybride Finanzinstrumenten 157
Hyperinflation 144
Hypothekendarlehen 128

I

IAS 29, 30, 31, 32, 36, 39, 46, 48, 50, 51, 56, 59, 61, 64, 65, 67, 70, 73, 76, 79, 80, 81, 82, 83, 85, 90, 95, 112, 120, 123, 143, 158, 172, 186, 208, 209, 210, 211, 212, 213, 214, 215, 216, 217, 218, 219
IAS 1   61
IAS 10 85
IAS 11 88
IAS 12 92
IAS 14 96
IAS 16 100
IAS 17 105
IAS 18 111
IAS 19 113
IAS 2   74
IAS 21 122
IAS 23 126
IAS 24 129
IAS 26 113
IAS 28 140
IAS 31 148
IAS 33 160
IAS 34 162
IAS 36 164
IAS 37 168
IAS 38 172
IAS 40 181
IAS 41 184
IAS 7   77
IAS 8   80
IAS-Bewertung 51
IASB 22, 23, 25, 29, 32, 36, 38, 198, 206, 208
IASC 25, 27, 32, 36, 61, 184, 208
IASC Foundation 27
IASC-Stiftung 25
Identifizierbarkeit 172
IFRIC 25, 29, 38, 39, 80
IFRS 9, 11, 12, 13, 14, 15, 22, 29, 30, 31, 32, 34, 35, 36, 39, 40, 41, 43, 47, 48, 51, 52, 54, 56, 59, 61, 63, 64, 65, 66, 68, 69, 73, 80, 84, 85, 86, 89, 94, 95, 106, 116, 122, 129, 131, 132, 139, 154, 155, 172, 175, 180, 186, 187, 193, 207, 208, 209, 210, 211, 212, 213, 214, 215, 216, 217, 218, 219
IFRS 1   187
IFRS 2   190
IFRS 3   194
IFRS 4   198
IFRS 5   202
IFRS 6   205
IFRS-Abschluß 56
IFRS-Denomination 186
IFRS-Einführung ab 2005 15
IFRS-Framework 34
IFRS-Jahresabschluß 64
II. Berechnungsverordnung 90
im Jahresabschluß offenzulegende Informationen 37
IMF 27
immaterielle Vermögensgegenstände 36, 46, 53, 66, 136
immaterielle Vermögenswerte – Web Site Kosten 38
immaterieller Vermögensgegenstand 172
Immobilien 42, 181, 183
Immobilien-Leasing-Erlaß 106
Impairment bei Corporate Assets 167
Impairment bei Goodwill 167
Impairment Loss 50, 167
Impairment of Assets 35, 164
Impairment Test 136, 143, 164, 174, 206
Imparität. Steuerung 24
In an Arm's Length Transaction 165
Incentive-Reise 114
Income 34, 47
Income Statement 51
Income Tax Payable 67
Income Taxes 35, 38, 69, 92
Income Taxes – Recovery of Revalued Non-Depreciable Assets 69
Indexanleihe 157
Inflationspolitik 147
Information to Be Disclosed in Financial Statement 37
Informationsfunktion 10
Innenrevision 17
Insolvenzgefahren 10
Instandsetzungsarbeiten 162
Insurance Contracts 36, 198
Intangible Assets 36, 66, 172, 197

Intangible Assets – Website Costs 38
Interest Cost 118
Interest-Bearing Loans and Borrowings 67
Interest-Swap Contracts 67
Interests in Joint Ventures 35
Interim Financial Reporting 35, 162
Internally Generated Goodwill 170
International Accounting Standard 29
International Accounting Standards Board 22, 25
International Accounting Standards Committee 25
International Accounting Standards Committee Foundation 25
International Financial Reporting Interpretations 25, 26, 29
International Financial Reporting Standards 11, 21, 22, 29
Internationalisierung 58
interne Zinsfußmethode 107
interner Zinsfuß 107
Interpretations 46
Introduction of the Euro 37
Inventar 53
Inventories 35, 44, 66, 74
Investitionen in andere Unternehmen 53
Investment in an associate 66
Investment Property 36, 45, 66, 105, 181, 183
Investmentfond 141
Investments in Associates 35, 140
Issued Capital 67, 71

J

Jahresabschluß 51
Jahresfehlbetrag 160
Jahresüberschuß 160
Joghurt 184
Joint Venture 46, 72, 138, 140, 148, 149, 151, 152, 194
Jointly Controlled Assets 134, 150
Jointly Controlled Entities 37, 150
Jointly Controlled Operations 150
Jubiläen 114
Jubiläumsgelder 119

K

Kalenderjahr 57
KapAEG 11
Kapital- und Kapitalerhaltungskonzepte 34
Kapitalaufnahme-Erleichterungsgesetz 11
Kapitalflußrechnung 70
Kapitalflußrechnungen 35
Kapitalherabsetzung durch Einziehung 154
Kapitalkonsolidierung 135
Kapitalrücklage 67
Kapitaltransaktionen mit Anteilseignern 55
Kapitalverkehrsfreiheit 9
Kapitalwertmethode 49, 107, 165
Käse 184
Kasinowirtschaft 19

Kassakurs 123
Katastrophenfonds 198
Kauf eigener Anteile 160
Kauf oder Verkauf von Gütern im Ausland 122
Kaufkraftverlust des Geldes 144
Key Management Personnel 130, 131
Klagerzwingungsrecht 16
Klarheitsgrundsatz 64
Klassifizierungsvorschriften 63
Kleidung 184
Kleinaktionäre 24
kleine und mittelständische Unternehmen 13
Kodifiziertes Recht 21
Kollateraldienstleistungen 88
Konformität zu IAS/IFRS 187
Konkordanztabelle 31
konsolidierte Abschlüsse von kapitalmarktnahen Gesellschaften 12
konsolidierte Bilanz 66
konsolidierte Eigenkapitalveränderungsrechnung 72
konsolidierte Gewinn- und Verlustrechnung 69
konsolidierte Kapitalflußrechnung 70
konsolidierter Jahresabschluß 141
Konsolidierung 132
Konsolidierung – Zweckgesellschaften 37
Konsolidierungskreis 188
Konsolidierungsprinzipien 72
Konsortium 149
Kontrolle neuer IFRS-Regelungen 14
Konventionalstrafen 89
Konzentrationen von Vermögensgegenständen, Schulden und außerbilanziellen Positionen 148
Konzern 189
Konzern- und Einzelabschluß 52
Konzern- und separate Einzelabschlüsse nach IFRS 35
Konzernabschluß 10, 132, 139, 145, 188
Konzernbilanz 36, 72
Konzernbilanzkonsolidierung 139
Konzerngesellschaft 139
Konzernrechnungswesen 47, 52, 125
Konzernunternehmen 132
Kopierschutz 151
Korrelations- und die Regressionsrechnung 73
Korridor 119
Kosten 10
Kosten der Gründung und Ingangsetzung 172
Kosten des Erwerbes 75
Kosten-Nutzen-Grundsatz 42
Kosten-Nutzen-Verhältnis 42
Kosteneinsparungen 13
Kostenstelle 165
Kostenstellenrechnung 165
Krankengeld 113
Krankheitsrisiken 201
Kreditgeschäft 146
Kreditlinien auf Girokonten 128
Kreditrisiko 160

Kreditzusagen 169
KStG 94
kumulative Inflationsrate 144
kumulierte Ansprüche auf Sonderurlaube 119
kundenbezogene intangible assets 197
künstlerische Intangible Assets 197
künstlich erzeugte Verknappung 145
Kurzfristige Verbindlichkeiten 67
Kurzfristigkeitsgrenze 113
KWG 146

L

Lagebericht 52, 73, 209
Landesgesetze 21
Landeswährung 123
Landgericht 22
Landwirt 185
Landwirtschaft 36, 46
landwirtschaftliche Erzeugnisse 184
landwirtschaftlichen Subventionen 120
langfristige Arbeitszeitguthaben 119
Langfristige Auftragsfertigung 213
langfristige Finanzinstrumente 65
langfristige Verbindlichkeiten 67
langfristige Vermögensgegenstände zum Verkauf gehalten 67
langfristige, verzinsliche Verbindlichkeiten 53
latente Hyperinflation 145
latente Steuern 47
Leases 35, 105
Leasing 169, 213
Leasinggebühren 126
Leasingrate 105
Leasingverhältnisse 35
Leasingverträge 46, 130
Leben oder Sterben des Versicherungsnehmers 200
Lebensversicherungsvertrag 200
Legal Form 41
Legal Right to Set Off 155
Leistung an Arbeitnehmer 190
Leistungen an Arbeitnehmer 35, 113
Leistungen aus Anlaß der Beendigung des Arbeitsverhältnisses 114
Leistungen des Arbeitgebers 113
Leistungsorientierte Pläne 114
Leitung 150
Leitungsgremium 129
LG 22
Liability 34, 46, 53, 65, 91, 169
Liability Adequacy Test 201
LIFO 15, 59, 75, 211
Liquide Mittel 213
Liquidität 65
Liquiditätsrisiko 160
Lizenzrechte 105
Lizenzübereinkünfte 130
Loans 67
LOFO 59

Lohn- und Gehaltssteigerungen 215
Löhne 113
Lohnnebenkosten 113
Loss from Currency Translation 67

M

Management-Vertrag 129, 130
Marke 175
Marken-Bilanz 178
Markenrechte 175
marketingbezogene Intangible Assets 197
Marktrisiko 160
Marktwertorientierte Verfahren 177
Marmelade 184
Maßgeblichkeitsprinzip 9, 10, 24, 43, 59
Materialeinzelkosten 48, 74
Materialgemeinkosten 48, 74
Materiality 32, 40, 154
Materiality and Aggregation 63
Materiality-Grundsatz 57
Measurement of the Elements of Financial Statement 34
medizinische Versorgung nach dem Arbeitsverhältnis 114
mehrstöckiger Konzern 133
Members' Shares in Co-operative Entities and Similar Instruments 38
Methodenstetigkeit 126
Methodenwechsel 81, 83, 102
Mieterträge 69
Milch 184
Milchvieh 184
Minderheitenanteile 56
Mindestreserven 147
Mindestreservepolitik 147
Mindestumfang der Bilanz 52
Mindestumfang der GuV 56
Mindestumfang eines Zwischenabschlusses 162
Mineral Resources 205
Minority interests 53, 56
Mitarbeiteraktien 154
Mitarbeiterfluktuation 118
Mittelstand 186
Mobilien-Leasing-Erlaß 106
Multi-Employer Plan 115
Mutter-Tochter-Beziehung 194

N

nachträgliche und Nebenkosten 75
Nachtwächterstaat 24
nachzuverrechnender Dienstzeitaufwand 118
nahestehende Personen 129, 148
Narrative Informations 64
Naturkatastrophen 218
natürliche Ressourcen 205
Navision 13
Nebenkosten des Geldverkehrs 126
Neidkultur 131

Net Cash Inflows 43
Net Realizable Value 50
Net Selling Price 50, 165
Net Unrealized Gains 67
Nettopensionsaufwand 119
Netzplananalyse 58
Neubewertung 192
Neubewertung und Anpassungen 188
Neubewertungsmodell 102, 174, 206
Neubewertungsrücklage 67
Neutralität 32, 41
Neutrality 32, 41
Nichtaktivierung des derivativen Firmenwerts in der Handelsbilanz 93
Nichtaktivierung des Disagios 93
nichtvertragliche Schulden 127
nichtvertragliche Verbindlichkeiten 47
nichtzugeordnete Aufwendungen 99
Niederstwert 165
Niederstwertprinzip 219
Nielsen, A.C. 178
Nominalzins 127
Non-Current 52, 64
Non-Current assets 53
Non-Current assets as held for sale 67
Non-Current Assets Held for Sale and Discontinued 36, 202
Non-current liabilities 67
Normierungsprojekte 151
Normsetzungsprozeß 24
Notes 162
Notes to Financial Statements 52, 57
Nutzung unternehmenseigener Anlagegegenstände 119

O

Oberlandesgericht 22
oberste Muttergesellschaft 133
Obligating Event 46
Obstbäume 184
Obstkonserven 184
Obstprodukte 184
Offenlegung der Vergütungen für Mitglieder des Managements 130
öffentliche Meinung 172
Offsetting 63
Offsetting 154, 155
Ökologismus 87
Ökosteuer 87
Öl 205, 206
OLG 22
Onerous Contracts 171
Operate Lease 105
Operate Leasing 41, 107, 183, 213
Operate-Leasing – Anreizvereinbarungen 38
Operating Leases – Incentives 38
Other Comprehensive Income 55
Other Expenses 69
Other Financial Assets 66

Other Income 69
Outsourcing 13, 130, 149
Over-the-Counter-Handel 155
Overriding Principle 42

P

parlamentarische Struktur 25
Passiva 53
passive latente Steuern 92
passive Steuerabgrenzung 67
Passivierung von Aufwandsrückstellungen 15
Past Service Cost Amortization 118
Patent 175
Pension Assets 66
Pensionspläne 114
Pensionsrückstellung 116
Pensionsrückstellungen 49, 188
Pensionsvermögen 66
Pensionsverpflichtungen 215
Percentage-of-Completion method 89, 90, 111, 213
Performance 34
Periodenabgrenzung 40, 90
Periodenergebnis 54
Perl-Skript 179
permanente Inventur 58
Personenverkehrsfreiheit 9
Pflanzen 184
PHP 179
Plankürzungen 118
Planmäßige Abschreibung 217
planmäßige Suche nach neuen Anwendungsmöglichkeite 174
planmäßige Suche nach neuen Erkenntnissen 174
Politischer Regelungsgeber 208
Post Employment Benefits 114
Pre-Tax Profit 69
Preisindex 144, 145
Preisnachlässe 100
Premium-Pricing-Verfahren 177
Prepayments 66
Present value 49, 50
Presentation of Current Assets and Current Liabili 37
Presentation of Financial Statements 31, 35, 61
Prinzip der Periodenabgrenzung 32
Prinzip der Unternehmensfortführung 32
Privates Regelungsgremium 208
Probable Future Benefit 43
Produktgewährleistung 198, 199
Produktivität 58
Produktrechtschutz 130
Profit from continuing operations 69
Projected Benefit Valuation Method 215
Projected Unit Credit Method 117
Property, Plant and Equipment 35, 44, 66, 100
Provision 169
Provisions 46, 47, 67
Provisions, Contingent Liabilities and Contingent assets 36, 168

Provisionsaufwendungen 146
Prudence 32, 41
Puts 155

Q

qualifizierter Vermögensgegenstand 127
Qualifying Asset 101, 127
qualitative Anforderungen 40
Qualitative Characteristics of Financial Statement 32
qualitative Eigenschaften des Jahresabschlusses 32
Qualitätsmängel 88
Quartalsabschluß 163
Quasi-Tax Holidays 120
Quotenkonsolidierung 134, 138, 139

R

Rabatte 100
Rahmenkonzept 29, 30, 31, 39, 40, 80, 174
Rating-Prozeß 10
Räucherware 184
Receivables 53
Rechnungsabgrenzung 53, 113
Rechnungslegung bei Preisänderungen 37
Rechnungslegung in Hochinflationsländern 35
Rechnungslegung nach Osteuropa 13
Rechnungslegung über Finanzinvestitionen 37
Rechnungslegung über Forschungs und Entwicklungsaktivitäten 37
Rechnungslegungsvorschriften 9, 21
Rechnungswesengrundsätze 188
rechtsgeschäftlich übertragbar 173
Rechtsprechung 21, 83
Recognition of the Elements of Financial Statement 34
Recoverable Amount 50, 165, 166
rediskontfähige Wechsel 147
Regelungsausschuß 14
Reichweite der Vorschriften 209
Reinvermögen 47
Reklassifikation 188
Related Party 129
Related Party Disclosures 35, 129
Relevance 32, 40
Relevanz 32
Reliability 32
Rental Income 69
Renten- und Lebensversicherungen 114
Reportable Segment 96
Reporting Period 57
Repricing 192
Residual Value 50
Ressourcenbedarf 206
Restatement 145
Retained Earnings 67, 71
retrospektive Korrektur 81
Revaluation Model 206
Revenue 35, 111
Revenue – Barter Transactions Involving Advertising Services 38
Richtlinien 21
Richtlinien der Unternehmenspolitik 129
Rights to Interests Arising from Decommissioning, Restoration and Environmental Rehabilitation Funds 38
Risikkoberichterstattung 147
Risikooffenlegung 148
Roh-, Hilfs- und Betriebsstoffe 53
Rohstoffe 205, 206
Rohstoffpreis 200
Rolle des Abschlußprüfers 17
Rückkaufverpflichtungen 169
Rücklagen 53, 54, 71
Rückstellung 118, 169, 214
Rückstellungen 46, 47, 53, 67, 127, 216
Rückstellungen als Verbindlichkeiten 188
Rückstellungen, Eventualverbindlichkeiten und Eventualforderungen 36
Rückstellungen für drohende Verluste aus schwebenden Geschäften 171
Rückstellungen für drohende Verluste aus zukünftigen Geschäften 171
Rückstellungen für Umstrukturierungen 171
Rückversicherung 201
Rümpfe geschlachteter Tiere 184

S

Sachanlagen 35, 42, 66, 188, 210
Sachanlagevermögensgegenstände 44
Sale of Goods 69
Sale of Services 69
Sale-and-lease-back 110, 213
SAP 13
Schafe 184
Schätzunsicherheiten 72
Schatzwechsel 147
Scheck- und Wechselhaftung 169
Schinken 184
Schrottwert 49
Schuldenkonsolidierung 134
Schulung der Mitarbeiter 13
Schwankungen bei der Kapazitätsauslastung 88
Schwarzmarktverhältnisse 123
Schweine 184
Scoring-Modelle 178
SEC 133
Segment Decision Tree 97
Segment Reporting 35, 96, 99
Segmentberichterstattung 35, 99, 188
Segmentergebnis 99
Seitenbeschreibungssprache 151
Sekt 184
selbstgeschaffener Geschäfts- oder Firmenwert 173
Selling and Distribution Cost 69
Separates Format 56
Service Units 192
Settlement Value 49

Share of Profit of Associate 69
Share Premium 67
Share-Based Payment 36, 113, 152, 190, 194
SIC 29, 30, 39, 80
Sicherung von Fremdwährungsgeschäften 155
Sicherungsgeschäft 156, 200
Sicherungsgeschäfte 151, 157
Significant Influence 134
Skonti 100
Software 172, 179
Soll an Haben 22
Sonderabschreibungen 51
Sondereinzelkosten der Fertigung 48, 74
Sonderurlaub 114
sonstige Auflösungen von Rückstellungen 68
sonstige Aufwendungen 69
sonstige betriebliche Aufwendungen 146
sonstige betriebliche Erträge 146
sonstige Erträge 68, 69
Sozialkosten 113
Sozialversicherungsbeiträge 113
Spaltenformat 56
Spekulation 156, 206
Spekulationsgeschäft 156
Spezialbankprinzip 148
Staatliche Beihilfen 67
staatliche Eingriffe 24
staatliche Subventionen und Beihilfen 217
Staatseigentum an Produktionsmitteln 120
Stage-of-Completion method 89
Standardisierung von Kommunikationsprotokollen 151
Standardmethode 51
Standards Advisory Council 25
Standing Advisory Council 27
Standing Interpretations 37
Standing Interpretations Committee 29
Standortnachteil 11
Start-up 172
State Plans 115
Statement of Changes in Equity 51
Stetigkeitsgrundsatz 68
Stetigkeitsprinzip 81
Steueraufwendungen 56
steuerliche Abschreibungen 219
steuerliche Gewinnermittlung 16
steuerliche Probleme bei Bilanzkorrekturen 83
steuerrechtliche Abschreibungen 219
Steuerschuld 93
Stichprobeninventur 58
stille Reserven 9, 41
Stillegen von Kühen 185
strafbare Handlung 87
Strafvorschriften 18
Struktur der Bilanz 52, 65
Subordinationsrecht 24
Subordinationsstaat 24
Subsidiary 140
Subsidiary Control Prinzip 134

Substance Over Form 32, 41
Subventionen 184
Summary of Accounting Practices 80
Swaps 155
Synergie 73
Synergieeffekte 13

T

Tabak 184
Tabellenkalkulationsprogramme 107
Tarifvertrag 116
tatsächliche Sachherrschaft 106
Tauschgeschäft 101
Tax Base 92, 106
Tax Holidays 120
TCG 151
TCPA 151
technologiebasierte Intangible Assets 197
Tee 184
Teilgewinnrealisierung 89
Teilwertabschreibung 11
Temporary Difference 92
Teppiche 184
Terminbörse 155
Termingeschäft 200
Termingeschäfte 155
Terminkontrakt 156, 200
Terminüberschreitungen 88
Terrorismus 218
The Effects of Changes in Foreign Exchange Rates 35, 122
Time is of Essence 58
Timeliness 32, 41
Timeliness-Grundsatz 57
Tochtergesellschaft 133
Tochterunternehmen 134, 152
Touristikunternehmen 139
Trade and Other Payables 67
Trade and Other Receivables 66
Training 172
Transaktionen in Fremdwährung 122
Transaktionen mit Anteilseignern 71
Transparenz 13
Tratte 152
Treasury shares 67
Trennung von Eigenkapital und eigenen Aktien 54
Treu und Glauben 22
Treuerate der Mitarbeiter 192
Treuhandgeschäfte 169
Triadisierung 12
True and Fair View 23, 34, 42, 73
True and Fair View Presentation 130, 164, 208
Trusted Computing 151
Trusted Computing Group 151
Trusted Computing Platform Alliance 151
Trustees 25, 27
Typen von anteilsbasierten Vergütungen 190
Typendefinition des Mietvertrages 105

U

Übergang zu den IFRS 13
Übergang zu IFRS 189
Übergang zur internationalen Rechnungslegung 187
Übergangsfrist bis 2007 12
Überleitung der Gewinnrücklagen 71
Überleitung des gezeichneten Kapitals 71
Übersicht über die einzelnen IAS 61
Übertragung von Vermögenswerten 121
Überzogene Bankkonten 65
Ultimate Parent 133
umgekehrte Maßgeblichkeit 24
Umlaufvermögen 53, 64, 66, 211
Umlaufvermögensgegenstände 44
Umrechnungsdifferenzen 122, 126
Umsatzkosten 68, 69
Umsatzkostenverfahren 56, 68
Umweltrecht 24
unausgewiesene Erträge 67
Unbundling 201
Underlying Assumptions 32
Understandability 32, 40
Unit Trusts 141
Universalbankprinzip 148
Unternehmensfortführung 40
Unternehmensintegrität 15
Unternehmenskauf 194
Unternehmensübernahme 47, 173
Unternehmenszusammenführung 194
Unternehmenszusammenschlüsse 36, 37, 199
Urheberrecht 175
Urlaubs- und Krankengeld 113
Ursachen für Eventualverbindlichkeiten 169
US-Dollar 124, 125
US-GAAP 12, 13
Useful Life 166

V

Value in Use 50, 165, 166
Venture-Capital-Finanzierung 141
Veräußerung von Finanzanlagen 68
Veräußerungsgruppe 63, 203, 204
Verbesserung des Anlegerschutzes 18
Verbindlichkeiten 34, 46, 51, 65, 168, 214
Verbindlichkeiten aus Lieferungen und Leistungen 67
Verbindlichkeiten aus Schadenersatz 47
Verbindlichkeiten aus Steuern 53
Verbindlichkeiten gegenüber anderen Banken 147
Verbindlichkeiten gegenüber Kunden 147
Verbindlichkeitenspiegel 56
Verbot der Buchführung 17
Verbrauchsfolgeverfahren 59
verbundene Gesellschaften 46
Verfahren der historischen Kosten 176
Verfahren der Markenbewertung 176
Verfahren der Wiederbeschaffungskosten 176
Vergleichbarkeit 32, 41, 210
Vergleichszahlen 64
Verkauf von Gütern 69
Verkauf von Leistungen 69
Verkaufskosten 185
Verkehrswert 42, 43
Verkürzung der Offenlegungsfristen 16
Verlagerung der Buchführung ins Ausland 13
Verläßlichkeit 32
Verläßlichkeit von Unternehmensbewertungen 18
Verlust der Geldfunktion 144
Verlust durch Wertbeeinträchtigung 167
Verluste aus dem Kreditgeschäft 148
Verluste aus Währungsumrechnung 67
Verluste aus Wertpapieren des Anlagebestandes 146
Verluste aus Wertpapieren des Handelsbestandes 146
Vermeidung ungerechtfertigter Gewinnausschüttung 10
Vermietung 45
Vermittlung eines den tatsächlichen Verhältnissen entsprechenden Bildes 34
Vermögensbegriff 44
Vermögensverwaltung 169
Vermögenswerte 34
Vermögenszuschüsse 121
Vernichtungsprämie 184
Verpachtung 45
verpflichtende Ausnahmen 189
Verpflichtung zur Rechnungslegung nach IFRS 11
Verrechnen 63
Versicherer 198
versichertes Risiko 198
versicherungsmathematische Annahmen 115
versicherungsmathematische Gewinne oder Verluste 118
Versicherungsvertrag 199
Versicherungsverträge 36, 152, 198
Verständlichkeit 32, 40, 41
Vertrag von Maastricht 9, 21
vertragliche Intangible Assets 197
Vertriebsaufwendungen 69
Vertriebskosten 48, 68, 75
Verwaltungsakt 24
Verwaltungsaufwendungen 68, 69
Verwaltungskosten 48
Verwaltungsvorschriften 21
Verzicht auf Inventur 58
verzinsliche Ausleihungen 67
vier Freiheiten 9
Virtually Certain Gains 216
Volatilität 193
Vollkonsolidierung 134, 139
Vollständigkeit 32, 41
Vorauszahlungen 112
Vorjahresabschluß 163
Vorkaufsrechte 169
Vorräte 35, 44, 66

Vorratsvermögen 211
Vorsicht 32, 41, 42, 208
Vorsichtsprinzip 9, 10, 19, 24, 51, 216
Vorsteuer-Marktzins 166
Vorsteuergewinn aus laufender Geschäftstätigkeit 69

W

Wagniskapital-Organisationen 141
Wahlrecht 51, 183, 189
wahre und angemessene Darstellung 42
Wahrscheinlichkeit des Eintrittes eines Vermögensabflusses 168
Wahrscheinlichkeit des künftigen Ressourcenabflusses 169
Währungsdifferenzen 126
Währungsgewinn 124
Währungsumrechnungen 132
Währungsverlust 124
Wandelschuldverschreibungen 67
Waren 53, 202
Warenverkehrsfreiheit 9
Wartungsverträge 198
Webseite 179
Webseite als Aufwendung 180
Webseite als Rechnungsabgrenzungsposten 181
Webseite als Vermögensgegenstand 180
Wechsel 152
Wechsel der funktionalen Währung 126
Wechsel von der degressiven zur linearen Methode 102
Wechselkursdifferenzen 101
Wein 184
Weinstöcke 184
Weintrauben 184
Weltabschlußprinzip 132
Weltbank 27
Werbung 172
Werkswohnungen 119
Wertaufholung 219
Wertbeeinträchtigung 164
Werthaltigkeitstest 206
Wertmaßstäbe 49
Wertminderung 164
Wertminderung von Vermögenswerten 35
Wertminderungen von Vermögensgegenständen 46
Wertminderungsaufwendungen 146
Wertpapierdienstleistungen 12
Wertpapiere des Anlagevermögens 147
Wertpapiere des Umlaufvermögens 212
Wertpapierhandelsgesetz 16
Wertpapierte des Handelsbestandes 147

Wesentlichkeit 32, 40
wetterbedingte Risiken 201
wirtschaftliche Betrachtungsweise 32, 41
Wohnungen im Verwaltungsgebäude 183
Wolle 184
Würste 184

X

XBRL 151
XML 151

Z

Zehnpunkteprogramm 16
Zeitbezugsumrechnung 123
Zeitnähe 32, 41
Zeitpunkt der Aktivierung 128
Zensur von Inhalten 151
Zentralbank 147
Zentrales Leitprinzip 208
Zession 169
Zinsanteil 108
Zinsaufwand 118
Zinsaufwendungen 69
Zinsen und ähnliche Aufwendungen 146
Zinsen und ähnliche Erträge 146
Zinserträge 69
Zinsoptionen 155
Zinsrechte aus Stillegung, Wiederherstellung und Umweltschadensfonds 38
Zinsrisiko 200
Zinsstaffelmethode 109
Zinsswap-Geschäfte 67
Zinstermingeschäfte 155
Zucker 184
Zuführung an die Rückstellungen 117
zugrundeliegende Annahmen 32
Zulässige Alternative 51
zum Verkauf gehaltene Wertpapiere 66
zur Veräußerung gehalten 202
zur Veräußerung gehaltene langfristige Vermögenswerte 36
Zusatzurlaub 114
Zuschreibung 219
Zustandekommen von Regelungen 208
Zuverlässigkeitsgrundsatz 41
Zuwendungen an Arbeitnehmer 68
Zwangsrentenversicherung 115
Zwangsversicherungen 113
Zwischenabschluß 162
Zwischenberichterstattung 35
Zwischenberichtstermin 163
Zwischenergebniskonsolidierung 136, 137
Zwischenmuttergesellschaften 133